대인관계능력 의사소통능력

INTERPERSONAL COMPETENCY &
COMMUNICATION COMPETENCY

2020년을 맞이한 지금.

요즘 많은 기업의 관심은 밀레니얼 세대와 기성세대 간의 소통이다. BC 2000년 수메르 점토판에도 "왜 그렇게 버릇이 없느냐? 너의 선생님에게 존경심을 표하고 항상 인사를 드려라."라는 글이 새겨져 있는 것에서 알 수 있듯이 세대 간의 갈등은 늘 존재해 왔고 앞으로도 이어질 것이다.

진정한 관계를 위한 소통은 서로가 다름을 인정하는 데서 출발할 수 있다. 그러나 지금의 젊은 세대와 기성세대 간 괴리는 생각보다 심각하다. 이는 한 통계를 통해서도 알 수 있는데 가까스로 취업 문턱을 넘은 MZ(밀레니얼과 Z)세대, 그들이 보여주는 의외의 선택인 첫 직장 퇴사율은 무려 87.6%에 이른다. 10년 전 조사보다 7.2%p나 상승했다. 어렵게 들어와 더 쉽게 그만두는 데는 다 이유가 있을 터인데 이들이 첫 직장을 퇴사한 이유 중 가장 큰 비중을 차지한 '대인관계 스트레스'는 무려 15.8%로 높은 비중을 차지했다. 다음으로 나타난 '업무 불만(15.6%)'이나 '연봉 불만'(14.6%)보다 높다. 이는 MZ세대와 기성세대가 공존에 실패하고 있다는 것을 반증하는 통계치이다.

이와 같은 갈등 상황을 타개하기 위해 최근 유행하는 우스개 말 중에 '싫존주의'라는 단어가 있다. 이는 서로 다른 성장배경과 가치관을 가진 세대가 공존하기 위한 '시대의 덕목' 중 하나라고 하는데, 쉽게 말하자면 '싫어하는 것도 존중해주자'는 뜻이다. 이젠 직장 내 공존을 위해서는 단순한 화법뿐 아니라, 성별·환경·취향 등 그동안 고려하지 않았던 가치도 의미 있게 돌아보아야 하는 시기가 온 것이다.

특정한 목적을 달성하기 위하여 여러 개체나 요소를 모아놓은 체계 있는 집단인 조직이 말 그대로 성과를 내기 위해서는 무엇이 필요할까? 아마도 통계에서 볼 수 있듯이 대인관계와 의사소통능력이 관계를 이어나가는 가장 중요한 역량이 될 것이다.

'연보상질의 원칙'이라는 말이 있다. '연보상질'이란 직장인이 상사를 보좌하고 업무를 처리하는 지침 중 하나로, '연락하고 보고하고 상의하고 질문하라'의 줄임말이다. 쉽게 말해 소통하라는 것이다. 누구나 의사소통의 중요성을 알고 있지만, 그렇다고 모두가 소통을 잘하는 건 아니다. 특히 혼자가 아닌, 조직이라는 곳에서는 소통이 더욱 중요해질 수밖에 없다.

# PREFACE

이 책에서는 대인관계능력과 의사소통능력을 향상시키기 위한 활용법을 정리 및 기술하고 있다. 인류 역사에서 큰 업적을 이룬 사람들의 특징은 개인의 능력보다는 관계능력이 뛰어났다는 것이다. 사람을 성공하게 하는 요인, 실패하게 하는 요인. 그것은 바로 사람과의 관계에 있다. 대인관계능력과 의사소통능력을 다룬 이 책은 복잡하고도 험난한 현대사회에서 원하는 목적지를 찾도록 돕는 지도의 역할을 할 것이다.

"당신은 지도를 가지고 있는가? 없다고 낙담은 금물이다.
지금부터 당신에게 맞는 지도를 제작하는 여정을 떠나보자."

2020.7 저자 일동

## 활용

대인관계능력이란 직장생활에서 협조적인 관계를 유지하고 조직구성원들에게 도움을 줄 수 있으며 조직의 내외부 갈등을 원만히 해결하고 고객의 요구를 충족시킬 수 있는 능력을 의미한다. 이에 따라 대인관계능력은 팀워크 능력, 리더십 능력, 갈등관리능력, 협상능력, 고객서비스능력으로 구분될 수 있다.

따라서 이 교재는 모든 직장인들에게 필수적으로 요구되는 대인관계능력의 하위요인들을 자기주도적이고 체험 중심형으로 진단하고 학습하는 것을 목적으로 구성되었다.

## 구성

본 대인관계능력 & 의사소통능력 교재는 크게 2파트로 구분되어서 이 둘을 한 권으로 배울 수 있도록 구성되었다.

공통적인 프로세스는 활용 안내, 사전평가, 학습모듈, 사후평가, 참고자료, 학습평가, 정답과 해설로 구성되어 있다.

PART I. 대인관계능력

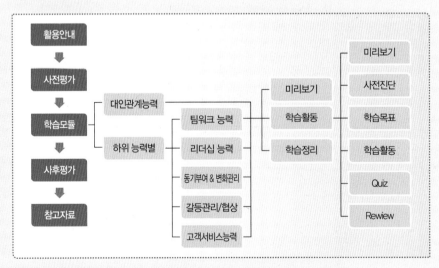

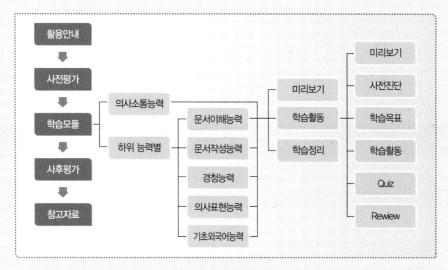

세부적으로 설명하자면 활용안내는 교재의 전체적인 흐름과 구성을 설명하고, 학습자가 스스로 교재를 효과적으로 활용할 수 있도록 가이드하는 역할을 한다.

사전평가는 학습모듈의 학습 전에 문제해결능력에 대한 학습자의 현재 수준을 진단하고, 학습자에게 필요한 학습활동을 안내하는 의미가 있다.

학습모듈은 대인관계능력과 의사소통능력에 대한 학습모듈과 문제해결능력을 구성하는 각 하위능력에 대한 학습모듈로 구성되어 있다. 또한, 학습목표에는 대인관계능력과 의사소통능력을 향상시키기 위한 학습내용과 미리보기를 통해 학습내용의 중요성과 필요성을 인식할 수 있는 사례가 제시되어 있어서 앞으로 전개될 본문의 내용을 예상해 볼 수 있다.

각 학습활동은 사례탐구, Level up Mission, 내용, Quiz, 학습내용 Review 등으로 구성되어 있으며 해당 학습활동과 관련된 다양한 사례를 통해 이해도를 높였다. 또한 학습자가 스스로 생각해 보고 정리할 수 있는 다양한 미션들이 제시되어 있다.

내용에는 해당 학습활동과 관련이 있는 다양한 이론과 정보가 제시되어 있으며, Quiz를 통해 해당 학습활동의 성취 수준을 파악할 수 있는 문항이 제시되어 있다. 그리고 Review를 통해서는 각 학습모듈의 주요 내용이 한눈에 정리될 수 있도록 도왔다.

사후평가를 통해서는 모든 학습모듈에 대한 학습을 마친 뒤 학습자들이 스스로 자신의 성취수준을 평가하고 부족한 부분을 피드백 받을 수 있도록 하기 위한 체크리스트가 제시되어 있다. 참고자료에는 이 책을 집필하기 위해 정보를 얻은 다양한 서적과 인터넷 사이트가 제시되어 있으며 마지막 각 모듈의 Quiz 에 대한 정답과 해설이 정리되어 있다. 이 책의 구성을 따라서 한 단원씩 공부해 가다 보면 어느새 대인관계와 의사소통능력을 폭넓게 이해한 자신을 발견할 수 있을 것이다.

☑ 체크리스트

다음은 모든 직업인에게 일반적으로 요구되는 대인관계능력 수준을 스스로 알아볼 수 있는 체크리스트이다. 본인의 평소 행동을 잘 생각해보고, 행동과 일치하는 것에 체크해 보시오.

| 문항 | 그렇지 않은 편이다. | 보통인 편이다. | 그런 편이다. |
|---|---|---|---|
| 1. 나는 대인관계능력의 의미와 중요성을 설명할 수 있다. | 1 | 2 | 3 |
| 2. 나는 대인관계능력 향상방법을 설명할 수 있다. | 1 | 2 | 3 |
| 3. 나는 팀 구성원들과 효과적으로 의사소통한다. | 1 | 2 | 3 |
| 4. 나는 팀의 규칙 및 규정을 준수한다. | 1 | 2 | 3 |
| 5. 나는 팀내에서 나에게 주어진 업무를 성실하게 수행한다. | 1 | 2 | 3 |
| 6. 나는 팀의 목표 달성에 필요한 자원, 시간을 파악하고 있다. | 1 | 2 | 3 |
| 7. 나는 조직원들을 동기화할 수 있다. | 1 | 2 | 3 |
| 8. 나는 리더의 행동 특성에 맞는 행동을 한다. | 1 | 2 | 3 |
| 9. 나는 조직 성과를 향상시키기 위한 전략을 제시한다. | 1 | 2 | 3 |
| 10. 나는 수시로 조직원에게 코칭을 활용한다. | 1 | 2 | 3 |
| 11. 나는 앞장서서 바람직한 변화를 선도한다. | 1 | 2 | 3 |
| 12. 나는 타인과 의견차이가 있을 때 원인을 파악한다. | 1 | 2 | 3 |
| 13. 나는 타인과 대화할 때 생각과 가치관을 배려한다. | 1 | 2 | 3 |
| 14. 나는 타인과의 갈등을 줄이기 위해서 노력한다. | 1 | 2 | 3 |
| 15. 나는 타인과의 갈등을 조절할 수 있는 방법을 활용한다. | 1 | 2 | 3 |
| 16. 나는 대화 시 쟁점사항이 무엇인지 파악한다. | 1 | 2 | 3 |
| 17. 나는 대화 시 상대방의 핵심요구사항을 파악한다. | 1 | 2 | 3 |
| 18. 나는 대화 시 상대방을 설득하기 위해서 노력한다. | 1 | 2 | 3 |
| 19. 나는 협상할 때 사전에 전략을 수립한다. | 1 | 2 | 3 |
| 20. 나는 고객의 유형에 따라서 대응한다. | 1 | 2 | 3 |
| 21. 나는 고객의 요구를 수시로 파악한다. | 1 | 2 | 3 |
| 22. 나는 고객의 불만사항을 해결하려 노력한다. | 1 | 2 | 3 |

☑ 평가방법

체크리스트의 문항별로 자신이 체크한 결과를 아래 표를 이용해 해당 개수를 적어보자.

| 문항 | 수준 | 개수 | 학습모듈 | 교재 (Chapter) |
|---|---|---|---|---|
| 1~2번 | 그렇지 않은 편이다. | ( )개 | F-1 대인관계능력 | |
| | 보통인 편이다. | ( )개 | | |
| | 그런 편이다. | ( )개 | | |
| 3~6번 | 그렇지 않은 편이다. | ( )개 | F-2-가 팀워크 능력 | |
| | 보통인 편이다. | ( )개 | | |
| | 그런 편이다. | ( )개 | | |
| 7~11번 | 그렇지 않은 편이다. | ( )개 | F-2-나 리더십 능력 | |
| | 보통인 편이다. | ( )개 | | |
| | 그런 편이다. | ( )개 | | |
| 12~15번 | 그렇지 않은 편이다. | ( )개 | F-2-다 갈등관리능력 | |
| | 보통인 편이다. | ( )개 | | |
| | 그런 편이다. | ( )개 | | |
| 16~19번 | 그렇지 않은 편이다. | ( )개 | F-2-라 협상능력 | |
| | 보통인 편이다. | ( )개 | | |
| | 그런 편이다. | ( )개 | | |
| 20~22번 | 그렇지 않은 편이다. | ( )개 | F-2-마 고객서비스능력 | |
| | 보통인 편이다. | ( )개 | | |
| | 그런 편이다. | ( )개 | | |

☑ 대인관계능력 평가 결과

진단방법에 따라 자신의 수준을 진단한 후, 한 문항이라도 '그렇지 않은 편이다'가 나오면 그 부분이 부족한 것이기 때문에, 제시된 학습내용과 교재의 Chapter를 참조해 해당하는 내용을 학습하시오.

## ☑ 체크리스트

다음은 모든 직업인에게 일반적으로 요구되는 의사소통능력 수준을 스스로 알아볼 수 있는 체크리스트이다. 본인의 평소 행동을 잘 생각해보고, 행동과 일치하는 것에 체크해 보시오.

| 문항 | 그렇지 않은 편이다. | 보통인 편이다. | 그런 편이다. |
|---|---|---|---|
| 1. 나는 의사소통능력의 종류를 설명할 수 있다. | 1 | 2 | 3 |
| 2. 나는 의사소통의 중요성을 설명할 수 있다. | 1 | 2 | 3 |
| 3. 나는 의사소통의 저해요인에 대하여 설명할 수 있다. | 1 | 2 | 3 |
| 4. 나는 효과적인 의사소통 개발방법을 설명할 수 있다. | 1 | 2 | 3 |
| 5. 나는 문서이해의 개념 및 특성에 대하여 설명할 수 있다. | 1 | 2 | 3 |
| 6. 나는 문서이해의 중요성에 대하여 설명할 수 있다. | 1 | 2 | 3 |
| 7. 나는 문서이해의 구체적인 절차와 원리를 설명할 수 있다. | 1 | 2 | 3 |
| 8. 나는 문서를 통한 정보획득 및 종합방법을 설명할 수 있다. | 1 | 2 | 3 |
| 9. 나는 체계적인 문서작성의 개념 및 중요성을 설명할 수 있다. | 1 | 2 | 3 |
| 10. 나는 목적과 상황에 맞는 문서의 종류와 유형을 설명할 수 있다. | 1 | 2 | 3 |
| 11. 나는 문서작성의 구체적인 절차와 원리를 설명할 수 있다. | 1 | 2 | 3 |
| 12. 나는 문서작성에서 효과적인 시각적 표현과 연출방법을 안다. | 1 | 2 | 3 |
| 13. 나는 경청의 개념 및 중요성을 설명할 수 있다. | 1 | 2 | 3 |
| 14. 나는 경청을 통해 상대방 의견의 핵심내용을 파악할 수 있다. | 1 | 2 | 3 |
| 15. 나는 올바른 경청을 방해하는 요인들과 고쳐야 힐 습관을 알고 있다. | 1 | 2 | 3 |
| 16. 나는 대상과 상황에 따른 경청법을 설명할 수 있다. | 1 | 2 | 3 |
| 17. 나는 정확한 의사표현의 중요성을 설명할 수 있다. | 1 | 2 | 3 |
| 18. 나는 원활한 의사표현의 방해요인을 알고, 관리할 수 있다. | 1 | 2 | 3 |
| 19. 나는 논리적이고 설득력 있는 의사표현의 기본요소 및 특성을 안다. | 1 | 2 | 3 |
| 20. 나는 기초외국어능력의 개념 및 중요성과 필요성을 설명할 수 있다. | 1 | 2 | 3 |
| 21. 나는 비언어적 기초외국어 의사표현에 대해 설명할 수 있다. | 1 | 2 | 3 |
| 22. 나는 기초외국어능력 향상을 위한 교육방법을 설명할 수 있다. | 1 | 2 | 3 |

### ☑ 평가방법

체크리스트의 문항별로 자신이 체크한 결과를 아래 표를 이용해 해당 개수를 적어보자.

| 문항 | 수준 | 개수 | 학습모듈 | 교재 (Chapter) |
|---|---|---|---|---|
| 1~4번 | 그렇지 않은 편이다. | (    ) 개 | A-1<br>의사소통능력 | Chapter<br>1, 2, 3 |
| | 보통인 편이다. | (    ) 개 | | |
| | 그런 편이다. | (    ) 개 | | |
| 5~8번 | 그렇지 않은 편이다. | (    ) 개 | A-2-가<br>문서이해능력 | Chapter<br>4, 5 |
| | 보통인 편이다. | (    ) 개 | | |
| | 그런 편이다. | (    ) 개 | | |
| 9~12번 | 그렇지 않은 편이다. | (    ) 개 | A-2-나<br>문서작성능력 | Chapter<br>6, 7 |
| | 보통인 편이다. | (    ) 개 | | |
| | 그런 편이다. | (    ) 개 | | |
| 13~16번 | 그렇지 않은 편이다. | (    ) 개 | A-2-다<br>경청능력 | Chapter<br>8, 9 |
| | 보통인 편이다. | (    ) 개 | | |
| | 그런 편이다. | (    ) 개 | | |
| 17~19번 | 그렇지 않은 편이다. | (    ) 개 | A-2-라<br>의사표현능력 | Chapter<br>10, 11, 12 |
| | 보통인 편이다. | (    ) 개 | | |
| | 그런 편이다. | (    ) 개 | | |
| 20~22번 | 그렇지 않은 편이다. | (    ) 개 | A-2-마<br>기초외국어능력 | Chapter<br>13 |
| | 보통인 편이다. | (    ) 개 | | |
| | 그런 편이다. | (    ) 개 | | |

### ☑ 평가 결과

진단방법에 따라 자신의 수준을 진단한 후, 한 문항이라도 '그렇지 않은 편이다'가 나오면 그 부분이 부족한 것이기 때문에, 제시된 학습내용과 교재의 Chapter를 참조해 해당하는 내용을 학습하시오.

# Part I 대인관계능력

## Chapter 01. 대인관계능력의 이해

## Chapter 02. 팀워크능력

# CONTENTS

## Chapter 03. 리더십능력

## Chapter 04. 동기부여 & 변화관리능력

## Chapter 05. 갈등관리능력

# CONTENTS

# Part **II** 의사소통능력

## Chapter 01. 의사소통능력의 개념 및 유형

## Chapter 02. 문서이해와 작성능력

# CONTENTS

## Chapter 03. 경청 & 질문과 피드백

# CONTENTS

**대인관계능력 사후평가**

## ☑ 체크리스트

직업기초능력으로서 대인관계능력을 학습한 것을 토대로 다음 표를 이용해 자신의 수준에 해당하는 칸에 ○ 표 해보세요.

| 구분 | 문항 | 매우<br>미흡 | 미흡 | 보통 | 우수 | 매우<br>우수 |
|---|---|---|---|---|---|---|
| F-1<br>대인관계<br>능력 | 1. 나는 대인관계능력의 의미를 설명할 수 있다. | 1 | 2 | 3 | 4 | 5 |
| | 2. 나는 대인관계 형성 시 중요한 요소를 설명할 수 있다. | 1 | 2 | 3 | 4 | 5 |
| | 3. 나는 대인관계 향상이 무엇인지 설명할 수 있다. | 1 | 2 | 3 | 4 | 5 |
| | 4. 나는 다양한 대인관계 향상방법을 설명할 수 있다. | 1 | 2 | 3 | 4 | 5 |
| | 5. 나는 다양한 대인관계 향상방법을 실제 직업생활에서 활용할 수 있다. | 1 | 2 | 3 | 4 | 5 |
| F-2-가<br>팀워크<br>능력 | 1. 나는 팀워크의 정의를 설명할 수 있다. | 1 | 2 | 3 | 4 | 5 |
| | 2. 나는 팀워크와 응집성의 차이에 대해 설명할 수 있다. | 1 | 2 | 3 | 4 | 5 |
| | 3. 나는 팀워크의 유형에 대해 설명할 수 있다. | 1 | 2 | 3 | 4 | 5 |
| | 4. 나는 효과적인 팀의 특징에 대해 설명할 수 있다. | 1 | 2 | 3 | 4 | 5 |
| | 5. 나는 멤버십의 정의를 설명할 수 있다. | 1 | 2 | 3 | 4 | 5 |
| | 6. 나는 멤버십의 유형과 그에 따른 특징을 설명할 수 있다. | 1 | 2 | 3 | 4 | 5 |
| | 7. 나는 팀워크를 촉진하기 위한 조건에 대해 설명할 수 있다. | 1 | 2 | 3 | 4 | 5 |
| | 8. 나는 실제 현재 소속된 팀의 팀워크를 촉진할 수 있다. | 1 | 2 | 3 | 4 | 5 |
| F-2-나<br>리더십<br>능력 | 1. 나는 리더십의 의미를 설명힐 수 있다. | 1 | 2 | 3 | 4 | 5 |
| | 2. 나는 리더와 관리자의 차이를 설명할 수 있다. | 1 | 2 | 3 | 4 | 5 |
| | 3. 나는 다양한 형태의 리더십 유형을 설명할 수 있다. | 1 | 2 | 3 | 4 | 5 |
| | 4. 나는 조직구성원들에게 동기를 부여할 수 있는 방법을 설명할 수 있다. | 1 | 2 | 3 | 4 | 5 |
| | 5. 나는 팔로워십의 의미를 설명할 수 있다. | 1 | 2 | 3 | 4 | 5 |
| | 6. 나는 팔로워 유형에 대해 설명할 수 있다. | 1 | 2 | 3 | 4 | 5 |
| | 7. 나는 임파워먼트의 의미를 설명할 수 있다. | 1 | 2 | 3 | 4 | 5 |
| | 8. 나는 임파워먼트가 잘 발휘될 수 있는 여건을 설명할 수 있다. | 1 | 2 | 3 | 4 | 5 |
| | 9. 나는 변화관리의 중요성을 설명할 수 있다. | 1 | 2 | 3 | 4 | 5 |
| | 10. 나는 일반적인 변화관리의 3단계를 설명할 수 있다. | 1 | 2 | 3 | 4 | 5 |

| 구분 | 문항 | 매우<br>미흡 | 미흡 | 보통 | 우수 | 매우<br>우수 |
|---|---|---|---|---|---|---|
| F-2-다<br>갈등관리<br>능력 | 1. 나는 갈등의 의미를 설명할 수 있다. | 1 | 2 | 3 | 4 | 5 |
| | 2. 나는 갈등의 단서가 무엇인지 설명할 수 있다. | 1 | 2 | 3 | 4 | 5 |
| | 3. 나는 갈등의 원인이 무엇인지 설명할 수 있다. | 1 | 2 | 3 | 4 | 5 |
| | 4. 나는 갈등의 두 가지 쟁점인 핵심문제와 감정적 문제를 구별할 수 있다. | 1 | 2 | 3 | 4 | 5 |
| | 5. 나는 갈등해결방법을 모색하는 데 있어서 중요한 사항을 설명할 수 있다. | 1 | 2 | 3 | 4 | 5 |
| | 6. 나는 윈-윈 갈등 관리법이 무엇인지 설명할 수 있다. | 1 | 2 | 3 | 4 | 5 |
| | 7. 나는 윈-윈 전략에 기초한 갈등해결 7단계를 설명할 수 있다. | 1 | 2 | 3 | 4 | 5 |
| | 8. 나는 조직의 갈등을 줄일 수 있는 지침을 설명할 수 있다. | 1 | 2 | 3 | 4 | 5 |
| F-2-라<br>협상능력 | 1. 나는 협상의 의미를 설명할 수 있다. | 1 | 2 | 3 | 4 | 5 |
| | 2. 나는 협상의 중요성을 설명할 수 있다. | 1 | 2 | 3 | 4 | 5 |
| | 3. 나는 협상과정 5단계를 설명할 수 있다. | 1 | 2 | 3 | 4 | 5 |
| | 4. 나는 협상과정에서 해야 할 일을 설명할 수 있다. | 1 | 2 | 3 | 4 | 5 |
| | 5. 나는 다양한 협상전략에 대해 설명할 수 있다. | 1 | 2 | 3 | 4 | 5 |
| | 6. 나는 다양한 협상전략을 활용하여야 하는 경우를 설명할 수 있다. | 1 | 2 | 3 | 4 | 5 |
| | 7. 나는 상대방을 설득하는 다양한 방법을 설명할 수 있다. | 1 | 2 | 3 | 4 | 5 |
| | 8. 나는 상대방과 상황에 따라 적절한 방법을 활용하여 상대방을 설득시킬 수 있다. | 1 | 2 | 3 | 4 | 5 |
| F-2-마<br>고객<br>서비스<br>능력 | 1. 나는 고객서비스의 정의를 설명할 수 있다. | 1 | 2 | 3 | 4 | 5 |
| | 2. 나는 고객서비스가 기업의 성장과 어떤 관계에 있는지 설명할 수 있다. | 1 | 2 | 3 | 4 | 5 |
| | 3. 나는 고객의 불만표현 유형을 설명할 수 있다. | 1 | 2 | 3 | 4 | 5 |
| | 4. 나는 고객의 불만표현 유형에 따라 대처방법을 설명할 수 있다. | 1 | 2 | 3 | 4 | 5 |
| | 5. 나는 고객의 불만처리 프로세스를 설명할 수 있다. | 1 | 2 | 3 | 4 | 5 |
| | 6. 나는 고객만족의 중요성을 설명할 수 있다. | 1 | 2 | 3 | 4 | 5 |
| | 7. 나는 고객만족 조사계획의 필수 요소를 설명할 수 있다. | 1 | 2 | 3 | 4 | 5 |
| | 8. 나는 실제 고객만족 조사를 계획할 수 있다. | 1 | 2 | 3 | 4 | 5 |

☑ 평가방법

체크리스트의 문항별로 자신이 체크한 결과를 아래 표를 이용해 해당하는 개수를 적어봅니다.

| 학습모듈 | 점수 | 총점 | 학습모듈 | 총점/ 문항수 |
|---|---|---|---|---|
| F-1 대인관계능력 | 1점 × (   )개 | | 총점 / 5<br>= (      ) | |
| | 2점 × (   )개 | | | |
| | 3점 × (   )개 | | | |
| | 4점 × (   )개 | | | |
| | 5점 × (   )개 | | | |
| F-2-가 팀워크 능력 | 1점 × (   )개 | | 총점 / 8<br>= (      ) | |
| | 2점 × (   )개 | | | |
| | 3점 × (   )개 | | | |
| | 4점 × (   )개 | | | |
| | 5점 × (   )개 | | | |
| F-2-나 리더십 능력 | 1점 × (   )개 | | 총점 / 10<br>= (      ) | |
| | 2점 × (   )개 | | | |
| | 3점 × (   )개 | | | |
| | 4점 × (   )개 | | | |
| | 5점 × (   )개 | | | |
| F-2-다 갈등관리능력 | 1점 × (   )개 | | 총점 / 8<br>= (      ) | |
| | 2점 × (   )개 | | | |
| | 3점 × (   )개 | | | |
| | 4점 × (   )개 | | | |
| | 5점 × (   )개 | | | |
| F-2-라 협상능력 | 1점 × (   )개 | | 총점 / 8<br>= (      ) | |
| | 2점 × (   )개 | | | |
| | 3점 × (   )개 | | | |
| | 4점 × (   )개 | | | |
| | 5점 × (   )개 | | | |
| F-2-마<br>고객서비스능력 | 1점 × (   )개 | | 총점 / 8<br>= (      ) | |
| | 2점 × (   )개 | | | |
| | 3점 × (   )개 | | | |
| | 4점 × (   )개 | | | |
| | 5점 × (   )개 | | | |

☑ 대인관계능력 평가 결과

평가 수준이 '부족'인 학습자는 해당 학습모듈의 교재 파트를 참조해서 다시 학습하도록 합니다.

| 모듈별 평균 점수 |
| --- |
| 3점 이상 : 우수 |
| 3점 미만 : 부족 |

## 의사소통능력 사후평가

### ☑ 체크리스트

직업기초능력으로서 의사소통능력을 학습한 것을 토대로 다음 표를 이용해 자신의 수준에 해당하는 칸에 ○표 해보세요.

| 구분 | 문항 | 매우 미흡 | 미흡 | 보통 | 우수 | 매우 우수 |
|---|---|---|---|---|---|---|
| A-1<br>의사소통<br>능력 | 1. 나는 의사소통의 중요성을 설명할 수 있다. | 1 | 2 | 3 | 4 | 5 |
| | 2. 나는 의사소통의 능력과 종류를 구분하여 설명할 수 있다. | 1 | 2 | 3 | 4 | 5 |
| | 3. 나는 의사소통을 적절히 하여야만 하는 이유를 설명할 수 있다. | 1 | 2 | 3 | 4 | 5 |
| | 4. 나는 올바른 의사소통을 저해하는 요인에 대해 설명할 수 있다. | 1 | 2 | 3 | 4 | 5 |
| | 5. 나는 올바른 의사소통을 저해하는 요인을 제거하는 방법에 대해 설명할 수 있다. | 1 | 2 | 3 | 4 | 5 |
| | 6. 나는 효과적인 의사소통능력을 개발하기 위한 방법을 설명할 수 있다. | 1 | 2 | 3 | 4 | 5 |
| A-2-가<br>문서이해<br>능력 | 1. 나는 문서가 무엇인지 설명할 수 있다. | 1 | 2 | 3 | 4 | 5 |
| | 2. 나는 문서이해의 개념 및 특성에 대하여 설명할 수 있다. | 1 | 2 | 3 | 4 | 5 |
| | 3. 나는 문서이해의 중요성에 대하여 설명할 수 있다. | 1 | 2 | 3 | 4 | 5 |
| | 4. 나는 문서이해의 구체적인 절차와 원리를 설명할 수 있다. | 1 | 2 | 3 | 4 | 5 |
| | 5. 나는 문서를 통한 정보획득 및 종합방법을 설명할 수 있다. | 1 | 2 | 3 | 4 | 5 |
| | 6. 나는 다양한 문서의 종류를 구분하여 설명할 수 있다. | 1 | 2 | 3 | 4 | 5 |
| | 7. 나는 다양한 문서에 따라 각기 다른 이해방법을 알고 있다. | 1 | 2 | 3 | 4 | 5 |
| | 8. 나는 문서이해능력을 키우기 위한 방법을 알고 설명할 수 있다. | 1 | 2 | 3 | 4 | 5 |
| A-2-나<br>문서작성<br>능력 | 1. 나는 직업생활에서 필요한 문서가 무엇인지 확인할 수 있다. | 1 | 2 | 3 | 4 | 5 |
| | 2. 나는 문서를 작성해야 하는 목적 및 상황을 파악할 수 있다. | 1 | 2 | 3 | 4 | 5 |
| | 3. 나는 내가 주로 작성하는 문서가 어떻게 작성되어야 하는지 방법을 설명할 수 있다. | 1 | 2 | 3 | 4 | 5 |
| | 4. 나는 문서의 종류에 따라 적절하게 문서를 작성할 수 있다. | 1 | 2 | 3 | 4 | 5 |
| | 5. 나는 문서작성에서 시각적인 표현의 필요성을 설명할 수 있다. | 1 | 2 | 3 | 4 | 5 |
| | 6. 나는 문서작성에서 시각적인 표현을 효과적으로 사용할 수 있다. | 1 | 2 | 3 | 4 | 5 |

| 구분 | 문항 | 매우 미흡 | 미흡 | 보통 | 우수 | 매우 우수 |
|---|---|---|---|---|---|---|
| A-2-다 경청 능력 | 1. 나는 경청의 개념을 설명할 수 있다. | 1 | 2 | 3 | 4 | 5 |
| | 2. 나는 경청의 중요성을 설명할 수 있다. | 1 | 2 | 3 | 4 | 5 |
| | 3. 나는 올바른 경청을 방해하는 요인들을 설명할 수 있다. | 1 | 2 | 3 | 4 | 5 |
| | 4. 나는 효과적인 경청방법에 대해 설명할 수 있다. | 1 | 2 | 3 | 4 | 5 |
| | 5. 나는 경청훈련을 통하여 올바른 경청방법을 실천할 수 있다. | 1 | 2 | 3 | 4 | 5 |
| A-2-라 의사표현 능력 | 1. 나는 의사표현의 개념을 설명할 수 있다. | 1 | 2 | 3 | 4 | 5 |
| | 2. 나는 의사표현의 중요성을 설명할 수 있다. | 1 | 2 | 3 | 4 | 5 |
| | 3. 나는 원활한 의사표현을 방해하는 요인들을 설명할 수 있다. | 1 | 2 | 3 | 4 | 5 |
| | 4. 나는 효과적인 의사표현법에 대해 설명할 수 있다. | 1 | 2 | 3 | 4 | 5 |
| | 5. 나는 설득력 있는 의사표현을 실천할 수 있다. | 1 | 2 | 3 | 4 | 5 |
| A-2-마 기초 외국어 능력 | 1. 나는 직업생활에서 필요한 기초외국어능력이 무엇인지 설명할 수 있다. | 1 | 2 | 3 | 4 | 5 |
| | 2. 나는 직업생활에서 기초외국어능력이 왜 필요한지 설명할 수 있다. | 1 | 2 | 3 | 4 | 5 |
| | 3. 나는 기초외국어능력이 필요한 상황을 알 수 있다. | 1 | 2 | 3 | 4 | 5 |
| | 4. 기초외국어능력으로서 비언어적 의사소통법을 설명할 수 있다. | 1 | 2 | 3 | 4 | 5 |
| | 5. 나는 기초외국어능력을 향상시키는 방법을 설명할 수 있다. | 1 | 2 | 3 | 4 | 5 |

## ☑ 평가방법

체크리스트의 문항별로 자신이 체크한 결과를 아래 표를 이용해 해당하는 개수를 적어봅니다.

| 학습모듈 | 점수 | 총점 | 총점 / 문항 수 | 교재(Chapter) |
|---|---|---|---|---|
| A-1 의사소통능력 | 1점 × (  )개 | | 총점 / 6<br>= (    ) | Chapter<br>1, 2, 3 |
| | 2점 × (  )개 | | | |
| | 3점 × (  )개 | | | |
| | 4점 × (  )개 | | | |
| | 5점 × (  )개 | | | |
| A-2-가<br>문서이해능력 | 1점 × (  )개 | | 총점 / 8<br>= (    ) | Chapter<br>4, 5 |
| | 2점 × (  )개 | | | |
| | 3점 × (  )개 | | | |
| | 4점 × (  )개 | | | |
| | 5점 × (  )개 | | | |
| A-2-나<br>문서작성능력 | 1점 × (  )개 | | 총점 / 6<br>= (    ) | Chapter<br>6, 7 |
| | 2점 × (  )개 | | | |
| | 3점 × (  )개 | | | |
| | 4점 × (  )개 | | | |
| | 5점 × (  )개 | | | |

| 학습모듈 | 점수 | | 총점 | 총점 / 문항 수 | 교재 (Chapter) |
|---|---|---|---|---|---|
| A-2-다<br>경청능력 | 1점 × ( )개 | | | 총점 / 5<br>= ( ) | Chapter<br>8, 9 |
| | 2점 × ( )개 | | | | |
| | 3점 × ( )개 | | | | |
| | 4점 × ( )개 | | | | |
| | 5점 × ( )개 | | | | |
| A-2-라<br>의사표현능력 | 1점 × ( )개 | | | 총점 / 5<br>= ( ) | Chapter<br>10, 11, 12 |
| | 2점 × ( )개 | | | | |
| | 3점 × ( )개 | | | | |
| | 4점 × ( )개 | | | | |
| | 5점 × ( )개 | | | | |
| A-2-마<br>기초외국어능력 | 1점 × ( )개 | | | 총점 / 5<br>= ( ) | Chapter<br>13 |
| | 2점 × ( )개 | | | | |
| | 3점 × ( )개 | | | | |
| | 4점 × ( )개 | | | | |
| | 5점 × ( )개 | | | | |

☑ 평가결과

평가 수준이 '부족'인 학습자는 해당 학습모듈의 교재 파트를 참조해서 다시 학습하도록 합니다.

모듈별 평균 점수
3점 이상 : 우수
3점 미만 : 부족

# 대인관계능력

## Contents

PART

I

# 대인관계능력의 이해

## Contents

## Learning Objectives

1. 대인관계의 의미와 중요성을 설명할 수 있다.

2. 감정은행 계좌를 설명할 수 있다.

3. 생활 속에서 대인관계를 향상시키기 위한 방법을 알고 활용할 수 있다.

1

Chapter

2000년에 개봉했던 영화 캐스트 어웨이 (Cast Away).
여기에는 세계 최고 운송회사인 페덱스의 직원인 한 남자의 이야기가 나온다. 일 분 일 초를 아껴가며 세계 운송의 책임을 자신이 맡은 듯 바쁘게 움직이며 살아가던 그는 크리스마스 이브에 사랑하는 여인을 남겨둔 채 업무차 회사의 배달 비행기에 몸을 싣는다. 그런데 갑작스런 비행 사고로 바다 한가운데 무인도에 홀로 남겨지게 된 주인공.

사람도 동물도 아무것도 없는 그곳에서 도시인이었던 사람이 살아가기란 쉬운 일이 아니었다. 그는 파도에 휩쓸려온 운송물들을 뜯어 필요한 생필품들을 만들어 내고 손에 피가 나도록 나무를 문질러 불을 만들며, 4년이란 시간을 무인도에서 살아남는다.

흥미롭게도 이 영화에는 주인공 말고 조연이라고도 볼 수 있을 만한 배구공이 나온다. 남자는 파도에 휩쓸려온 이 윌슨 회사의 배구공에게 "윌슨"이라는 이름을 붙여주고 함께 생활해 나간다. 윌슨은 무인도 생활에 외롭고 지친 그에게 친구이자 동료였고 가족이나 다름없는 존재였다. 그는 밥을 먹을 때도 윌슨의 몫을 남겨 놓았고 얘기를 할 때도 윌슨을 바라보며 했고 나중에 무인도를 탈출할 때에는 윌슨을 뗏목의 맨 앞에 대었다.

그런데 바다 한가운데서 거친 파도와 배고픔에 지쳐있던 그가 잠깐 잠든 사이 윌슨이 파도에 휩쓸려가고 남자는 뗏목의 끈과 윌슨 사이에서 갈등한다. 결국 윌슨을 포기한 채 뗏목 끈을 부여잡고 떠내려가는 윌슨을 바라보며 목놓아 우는 주인공.

외로움에 사무친 주인공이 사람을 대체할 만한 존재를 만들어 놓고 생활을 영위해가는 모습을 통해 감독은 결국 사람이 사회적인 동물이며 혼자서는 살 수 없다는 사실을 영화를 통해 알려주고 있다. 결국 인간은 어떤 식으로든 타인과 관계 맺으며 생활해 나간다. 이 책에는 좋은 관계를 위해 필수적으로 알고 실천해야 할 관계의 기본적인 기술들이 담겨 있다.

1장에서는 대인관계의 중요성과 개념, 그리고 대인관계 역량을 향상시킬 수 있는 방안에 대해 알아본다. 보다 나은 관계를 통한 행복한 인생과 즐거운 직장생활을 위해 지금부터 시작해보자.

1. 다음은 무엇에 대한 설명인가?

> 직장생활에서 협조적인 관계를 유지하고 조직구성원들에게 도움을 줄 수 있으며, 조직 내부와 외부의 갈등을 원만히 해결하고 고객의 요구를 충족시켜 줄 수 있는 능력이다.

　① 대인관계능력　　　　　② 협상능력
　③ 의사소통능력　　　　　④ 예지능력


2. 인간관계에 있어서 가장 중요한 것은 무엇인가?

　① 피상적인 인간관계 기법
　② 어떻게 행동하느냐 하는 것
　③ 외적 성격 위주의 사고
　④ 자신의 사람됨, 깊은 내면


3. 다음 중 감정은행 계좌에 예금을 적립하는 경우가 아닌 것은?

　① 다른 사람을 진정으로 이해하기 위해 노력했다.
　② 상대방의 사소한 일에도 관심을 기울였다.
　③ 잘못한 일에 대해 반복되는 사과를 했다.
　④ 항상 약속을 지키려고 노력했다.

# 1. 대인관계능력의 의미와 중요성

## 1) 대인관계능력의 의미

직장생활에서 협조적인 관계를 유지하고, 조직구성원들에게 도움을 줄 수 있으며, 조직 내부 및 외부의 갈등을 원만히 해결하고 고객의 요구를 충족시켜 줄 수 있는 능력

아무리 일을 잘하는 사람이라 해도, 조직구성원들과 잘 융화하지 못하면 그 능력을 잘 발휘하지 못하는 것이 요즘 직업현장의 흐름이다. 직장생활이나 학교생활 등 단체생활은 물론이고 일상생활을 해 나아가면서 우리는 많은 사람들을 만나고, 함께 일하며 살아간다. 그만큼 직업인에게 있어서 대인관계능력은 조직인으로서 갖추어야 할 가장 기본적인 능력이며, 매우 중요한 요소 중의 하나로 자리잡고 있다.

대인관계능력은 총 5가지로 팀워크 능력, 리더십 능력, 갈등관리능력, 협상능력, 고객서비스능력 등의 하위 요소로 구성된다.

## 2) 대인관계능력의 중요성

미국인들로부터 가장 성공한 사람으로 추앙받는 벤자민 프랭클린은 "아무에게도 적이 되지 말라."며 대인관계의 중요성을 강조했다. 나와 관계없는 백만 명의 사람보다 나와 관계를 맺은 한 사람의 가치를 소중히 여길 때 원만한 대인관계를 형성할 수 있고, 성공에 가까워질 수 있다.

사회가 점차 다양화 · 전문화 · 세분화 · 기계화되어감에 따라 사회 구성원인 개인들이 사회의 모든 분야를 이해하는 것은 어려운 일이다. 이처럼 모든 것이 변화하는 이 시점에 각 분야마다 가장 완벽한 정보를 알고 있는 개인과 교류하고 협력하면 우리는 보다 큰 시너지를 창출할 수 있다.

이처럼 협력을 통한 이상적인 대인관계에 있어서 정말로 중요한 것은 인성이다. 타인

과 인간관계를 형성하기 위한 시작점은 자신의 내면이기 때문에 성공적인 인간관계를 위하여 우리가 가장 중요하게 가꾸어야 할 것은 내적 성품이라고 볼 수 있다.

 **Level up Mission Step 1**

 우리는 일반적으로 직장생활을 통해 다양한 사람들과 생활하게 된다. 직장생활에서 대인관계능력이 중요한 이유는 무엇일까?

**사 례**

한 사람의 출세와 성공에 가장 큰 영향을 주는 변수는 학교성적이 아니라 대인관계를 포함한 EQ 능력이라는 보고가 있다. 아래의 두 가지 사례를 보자.

- 하버드 대학의 졸업생을 대상으로 진행한 연구에서 95명을 선정해 그들의 졸업 당시 성적과 20년 후인 40대에 이르러 출세와 성공순위를 비교해 본 결과, 출세와 성공의 기준으로 월급, 사회적 지위, 친구, 가족관계 등 다양한 내용을 측정했는데 학교성적과 성공은 별 관련성이 없었다.
- '보스턴 40년 연구'에서 헬즈만이라는 보스턴 대학 교수가 7살 아이 450명을 선정해 40년 동안 종단연구를 진행한 뒤 그들의 사회경제적 지위를 조사해 보았다. IQ는 물론이고 부모들의 사회경제적 지위를 포함한 여러 변수를 고려한 뒤 연구가 진행되었는데 40년 후 이들의 성공을 가장 잘 설명해준 변수는 좌절을 극복하는 태도, 감정통제능력, 타인과 어울리는 능력 등으로 나타났다.

 **Level up Mission Step 2**

☎ 현재 자신의 대인관계능력 중에서 잘 하고 있는 점과 개선이 필요한 점에 대해 기술해 보자.

| 좋은 점 | 개선점 |
|---|---|
| | |
| | |
| | |
| | |

 **2. 대인관계 향상전략**

대부분의 직장인들은 직장에서 대인관계능력이 매우 중요하다는 것을 인식하면서도 정작 어떻게 해야 하는지 모르는 경우가 많다. 그렇다면 대인관계능력을 향상시키기 위한 방법에는 어떤 것이 있을까?

### 1) 감정은행 계좌

1994년 출판되기 시작한 스티븐 코비 하버드대 교수의 저서 '성공하는 사람들의 7가지 습관'에는 "감정은행 계좌"라는 흥미로운 이야기가 나온다.

> "당신의 감정은행 계좌에는 얼마나 저축되어 있나요?"
>
> "감정은행 계좌란
>
> 인간관계에서 구축하는 신뢰의 정도를 은유적으로 표현한 것이다.
>
> 만약 우리가 다른 사람에 대해 공손하고 친절하며, 정직하고,
>
> 약속을 잘 지킨다면 우리는
>
> 서로 감정을 저축하는 셈이 된다."
>
> - 스티븐 코비 -

스티븐 코비는 만약 우리가 다른 사람에게 공손하고, 친절하며, 정직하고, 약속을 지킨다면 감정을 저축하는 셈이 되는 것이고, 반면 다른 사람에게 불친절하고, 무례하고, 말을 막고, 과민 반응하고, 무시하고, 독단적이며, 신용 없고, 위협하고, 실력도 없으면서 뽐낸다면 우리의 감정은행 잔고는 바닥나게 된다고 이야기한다. 잔고가 부족하거나 마이너스인 사람들은 일에 대한 흥미도 떨어지고 모든 일이 어렵게만 느껴질 가능성이 크다. 항상 마음에 불안이 내재되어 있기 때문에 사물을 바라보는 시각 역시 부정적으로 바뀌게 된다. 마치 우리들의 은행 통장 잔고가 텅 비어있을 때에 짜증과 불안감을 느끼는 것 처럼 말이다.

반면에 감정은행에 잔고가 두둑한 사람은 항상 일에 즐거움을 느끼고 일에 대한 능률 역시 올라가서 자연스레 모든 사람들이 부러워할 만한 회사의 핵심 멤버가 될 것이다. 이렇듯 우리들의 감정은행 잔고를 두둑히 하는 것은 회사생활에 활력소가 되어준다. 혹시 요즘 일이 잘 풀리지 않고, 답답하고 짜증만 넘치지는 않았는지 다시 한번 잘 생각해보자. 타인에 대한 칭찬과 인정은 우리를 배신하지 않는다. 조금이나마 마음의 여유를 되찾고, 다른 사람을 인정하며 우리들 마음속의 감정은행 잔고를 두둑히 하는 것, 그것이 바로 대인관계능력을 향상시키는 중요한 포인트다.

## 2) 감정은행 계좌를 높이는 방법

그렇다면 대인관계를 향상시키기 위해 감정은행 계좌를 높이려면 어떻게 하면 될까?

'감정은행 계좌'라는 용어를 처음 사용한 스티븐 코비는 〈성공하는 사람들의 7가지 습관〉에서 다음과 같은 6가지 방법을 통해 우리가 감정은행 계좌를 늘릴 수 있다고 제시한다.

① 상대방에 대한 이해심

다른 사람을 진정으로 이해하기 위해 노력하는 것이야말로 우리가 할 수 있는 가장 중요한 예입 수단 가운데 하나이다. 그것은 모든 다른 예입 수단의 핵심에 해당된다. 왜냐하면 우리는 그 사람을 이해하기 전에는 그 사람을 위해 어떤 행위를 해야 예입이 될 것인가를 모르기 때문이다. 누군가에게 중요한 일이 다른 사람에게는 사소한 일일 수 있다. 예입을 하기 위해서는 그 사람이 중요하게 생각하는 것을 당신도 중요하게 생각해야 한다. 상대방을 한 사람의 인격체로 깊이 이해해주고 자신이 이해받고 싶은 것과 똑같은 방법으로 이해해 주며 그러한 충분한 이해에 입각해서 상대방을 대해야 한다.

② 사소한 일에 대한 관심

친절과 공손함은 매우 중요하다. 이와는 반대로 작은 불손, 사소한 불친절, 하찮은 무례 등은 대인관계에 있어서 막대한 인출을 가져온다. 인간관계에서의 커다란 손실은 아주 작은 것으로부터 비롯된다. 사람들은 매우 상처받기 쉽고 내적으로 민감하다. 그것은 나이나 경험과는 별 상관이 없는 것으로, 비록 외적으로 대단히 거칠고 냉담하게 보이는 사람도 내적으로는 민감한 느낌과 감정을 갖고 있기 때문이다. 따라서 사소한 일에 대해 관심을 기울이지 않으면 우리의 감정은행 계좌는 금새 인출되고 말 것이다.

③ 약속의 이행

책임을 지고 약속을 지키는 것은 중요한 감정 예입 행위이며 약속을 어기는 것은 중대한 인출 행위이다. 어떤 사람에게 중요한 약속을 해 놓고 어기는 일보다 더 큰 인출 행위는 없다. 그런 인출 행위가 발생하고 나면 다음에 약속을 해도 상대가 믿지 않게 된다. 사람들은 내내 약속에 대한 기대가 크기 때문이다. 그런데 이무리 노력해도 약속을 지키지 못하게 되는 예기치 못한 일들도 발생하게 된다. 그럴 때에라도 우리는 어떻게 해서든 약속을 지키기 위해 최선을 다해야 하며, 만약 정 불가능한 상황이 발생하면 상대방에게 나의 상황을 충분히 설명하여 약속 이행을 연기하는 것이 좋다.

④ 기대의 명확화

거의 모든 대인관계에서 나타나는 어려움은 역할과 목표에 대한 갈등과 애매한 기대

때문에 발생한다. 누가 어떤 일을 해야 하는지의 문제를 다룰 때, 우리는 불분명한 기대가 오해와 실망을 불러오고 신뢰가 인출될 수 있음을 잘 알고 있다.

누구나 기대를 통해서 상대방을 판단하려는 습성을 갖고 있다. 만약 어떤 사람이 그에 대한 기본적인 기대에서 어긋난 모습을 보여주게 되면 우리는 그에 대해 실망하게 되고 그 사람에 대한 신뢰 잔고도 감소할 것이다. 기대가 분명하지 않고 서로 공유되지 않으면 사람들은 감정적으로 행동하기 쉬우며, 결국 단순한 오해로 의견의 불일치와 의사소통의 단절을 맞이하게 될 것이다.

⑤ 언행일치

개인의 언행일치는 신뢰를 가져오고 감정은행 계좌에 많은 종류의 예입을 가능하게 하는 기초가 된다. 반대로 언행일치의 부재는 고품질의 신뢰 계좌를 만들려는 여러 가지 노력을 크게 손상시킨다. 우리가 상대방을 이해하고, 사소한 것에 관심을 보이며, 약속을 지키고, 기대를 명확하게 했다 하더라도 내적으로 이중적인 인격을 가졌다면 결코 신뢰를 저축할 수 없을 것이다. 언행일치는 정직 그 이상의 의미를 갖는 것으로, 사실을 우리의 말에 일치, 즉 실현시키는 것으로 약속을 지키고 기대를 충족시키는 것을 말한다. 또한 다른 사람을 기만하거나 교활하게 대하거나 인간의 존엄성을 비하시키는 것과 같은 커뮤니케이션을 전혀 하지 않는다는 것을 의미한다.

⑥ 진지한 사과

때로 우리는 감정은행 계좌에서 인출을 할 수밖에 없는 때도 맞이하게 된다. 그러나 바로 그 순간, 우리가 그에게 진지하게 사과하게 되면 인출이 오히려 예입으로 바뀔 수 있다. 왜냐하면 진지한 사과는 진정 대단한 용기와 내적인 안정감, 그리고 자신의 감정을 지배할 수 있는 사람만이 할 수 있기 때문이다.

하지만 아무리 진지할지라도, 반복되는 사과는 불성실한 사과와 마찬가지로 받아들여져 신용에 대한 인출이 된다. 사람들은 실수를 기꺼이 용서한다. 그러나 실수의 반복은 그 사람에 대한 부정적인 다른 인식을 가져온다. 그래서 반복의 횟수만큼 감정은행 계좌의 인출도 점점 커진다.

결과적으로 좋은 인간관계를 위해서는 감정은행 계좌를 높여야 한다. 관계의 재테크

를 위한 감정은행 계좌를 높이기 위해 6가지 방법을 꾸준히 실천한다면, 우리는 다른 사람들에게 풍부한 감정은행 계좌를 갖게 될 것이다. 이렇듯 좋은 인간관계는 오랫동안 쌓아 놓은 감정은행 계좌 덕분이기에 자신의 말과 행동을 돌아보며 건강한 감정은행 계좌를 만들 수 있도록 하자.

- 스티븐 코비, 〈성공하는 사람들의 7가지 습관〉 요약, 발췌

 사례

🍎 **사례 1**

"나는 지키지 못할 약속은 절대 하지 않는다."

🍎 **사례 2**

직장동료 김대리는 매우 예의가 바른 사람이다. 그런데 어느 날 나와 단 둘이 있을 때 동료들을 비난하기 시작했다. 나는 순간 김대리가 내가 없는 자리에서 나에 대한 험담을 하지 않을까 걱정되었다.

🍎 **사례 3**

유치원 동료인 최선생은 업무상의 문제로 나와 자주 갈등을 빚곤 한다. 처음에는 최선생이 잘못을 인정하며 사과했기 때문에 좋은 관계가 유지되어 왔지만 같은 일이 반복되면서 이제는 최선생에 대한 신뢰가 사라져 버렸다.

🍎 **사례 4**

D 레스토랑의 조리장인 강지후 셰프는 음식을 조리하면서 주방 내 불분명한 역할에 대해 종종 의견차이가 발생하는 경우를 보며 고민에 빠졌다. 이처럼 거의 모든 대인관계에서 나타나는 어려움은 역힐과 목표 사이의 갈등이다. 깅 셰프는 누가 이떻게 이떤 문제를 해걸해야 하는지의 문제를 다룰 때 불분명한 기대가 오해와 실망을 불러일으킨다는 것을 알게 되었다.

🍎 **사례 5**

A 병원의 간호사인 최소윤 씨는 2달째 입원하고 있는 노령의 할아버지 환자에게 늘 밝은 얼굴로 인사하며 안부를 전한다. 시간이 남을 때는 병실에 가서 할아버지의 말 벗이 되어드리기도 하고 필요 물품을 챙겨 드리는 등 친절한 모습으로 환자를 대하고 있다.

 **Level up Mission  Step 1**

 앞의 사례가 아래의 내용 중 어떤 것과 관련된 것인지 골라보자.

언행일치, 약속의 이행, 진지한 사과, 기대의 명확화, 상대방에 대한 이해심

| 사례 1 | |
|---|---|
| 사례 2 | |
| 사례 3 | |
| 사례 4 | |
| 사례 5 | |

 **Level up Mission  Step 2**

| ♥ 개인 감정은행계좌 −개인이 생각하고 행동하고 말하는 모든 것을 저축하는 은행계좌 | |
|---|---|
| 개인감정은행계좌 저축 | 개인감정은행계좌 인출 |
| ① | ① |
| ② | ② |
| ③ | ③ |
| ④ | ④ |
| ⑤ | ⑤ |

| ♥ 관계 감정은행계좌 −다른 사람을 대할 때 내가 생각하고 행동하고 말하는 모든 것을 저축하는 은행계좌 | |
|---|---|
| 관계감정은행계좌 저축 | 관계감정은행계좌 인출 |
| ① | ① |
| ② | ② |
| ③ | ③ |
| ④ | ④ |
| ⑤ | ⑤ |

## 학습평가 Quiz

1. 다음 중 괄호 안에 들어갈 적당한 말은?

> 대인관계에 있어서 정말로 중요한 것은 인성으로 타인과 인간관계를 형성하기 위한 시작점은 자신의 내면이기 때문에 가장 중요한 것은 (　　　)(이)라고 볼 수 있다.

① 좋은 직업　　　　　　　　　② 내적 성품
③ 외적 호감　　　　　　　　　④ 뛰어난 두뇌

2. 다음은 무엇에 대한 설명인가?

> "인간관계에서 구축하는 신뢰의 정도를 은유적으로 표현한 것이다. 만약 우리가 다른 사람에 대해 공손하고 친절하며, 정직하고, 약속을 잘 지킨다면 우리는 서로 감정을 저축하는 셈이 된다."
>
> - 스티븐 코비 -

① 인간관계　　　　　　　　　② 감정박스
③ 감정은행 계좌　　　　　　　④ 감정지표

3. 다음은 무엇에 대한 설명인가?

> 친절과 공손함은 매우 중요하다. 이와 반대로 작은 불손, 작은 불친절, 하찮은 무례 등은 막대한 인출을 가져온다. 인간관계에서의 커다란 손실은 사소한 것으로부터 비롯된다. 사람들은 매우 상처받기 쉽고 내적으로 민감하다. 그것은 나이나 경험과는 별 상관이 없는 것으로, 비록 외적으로 대단히 거칠고 냉담하게 보이는 사람도 내적으로는 민감한 느낌과 감정을 갖고 있다. 따라서 사소한 일에 대해 관심을 기울이지 않으면 우리의 감정은행 계좌는 금새 인출되고 말 것이다.

① 사소한 것에 대한 관심　　　② 약속의 이행
③ 사소한 것의 명확화　　　　　④ 언행일치

4. 다음은 무엇에 대한 설명인가?

> 다른 사람을 진정으로 이해하기 위해 노력하는 것이야말로 우리가 할 수 있는 가장 중요한 예입 수단 가운데 하나이다. 그것은 모든 다른 예입 수단의 핵심에 해당된다. 왜냐하면 우리는 그 사람을 이해하기 전에는 그 사람을 위해 어떤 행위를 해야 예입이 될 것인가를 모르기 때문이다. 누군가에게 중요한 일이 다른 사람에게는 사소한 일일 수 있다. 예입을 하기 위해서는 그 사람이 중요하게 생각하는 것을 당신도 중요하게 생각해야 한다. 상대방을 한 사람의 인격체로 깊이 이해해주고 자신이 이해받고 싶은 것과 똑같은 방법으로 이해해 주며 그러한 충분한 이해에 입각해서 상대방을 대해야 한다.

5. 감정은행 계좌에 예금을 적립하기 위한 수단 6가지를 작성해 보자.

 학습내용 요약 Review (오늘의 Key Point)

1. 대인관계능력은 직장생활에서 협조적인 관계를 유지하고 조직구성원들에게 도움을 줄 수 있으며, 조직 내부와 외부의 갈등을 원만히 해결하고 고객의 요구를 충족시켜 줄 수 있는 능력을 말한다.

2. 대인관계에 있어서 정말로 중요한 것은 인성으로 타인과 인간관계를 형성하기 위한 시작점은 자신의 내면이기 때문에 가장 중요한 것은 내적 성품이라고 볼 수 있다.

3. 감정은행 계좌란 인간관계에서 구축하는 신뢰의 정도를 은유적으로 표현한 것이다.

4. 감정은행 계좌를 높이는 방법은 6가지로 상대방에 대한 이해심, 사소한 일에 대한 관심, 약속의 이행, 기대의 명확화, 언행일치, 진지한 사과 등이 있다.

스스로 적어보는 오늘 교육의 메모

# 팀워크능력

## Contents

## Learning Objectives

1. 팀워크의 개념과 필수요소를 설명할 수 있다.

2. 팀워크의 향상전략 및 촉진방안을 설명할 수 있다.

3. 임파워먼트의 개념 및 4가지 차원을 설명할 수 있다.

4. 임파워먼트의 장애요인을 설명할 수 있다.

5. 팔로워십의 개념 및 향상전략을 설명할 수 있다.

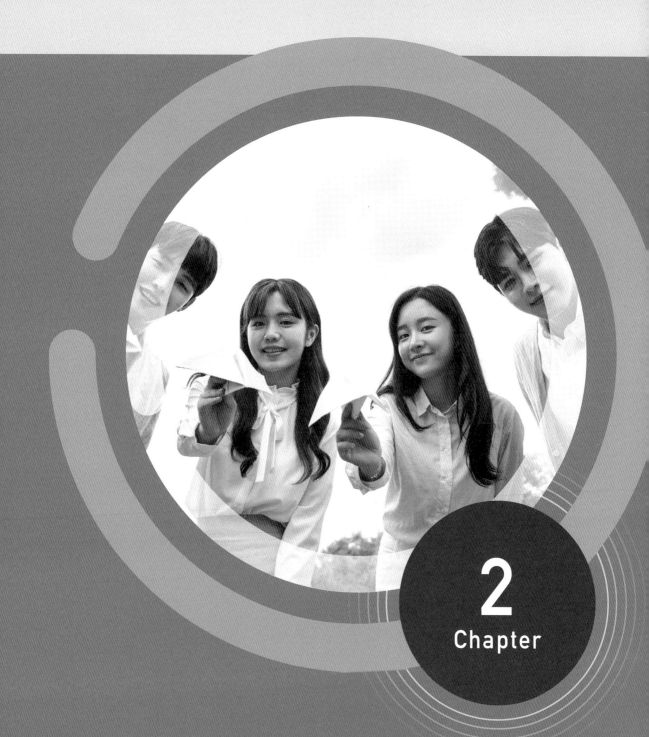

**2**

Chapter

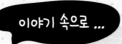

간호사의 팀워크가 직무만족에 미치는 영향

올해 초 시즌2가 방영된 드라마 '낭만닥터 김사부'에서 탤런트 진경은 수간호사 오명심 역으로 안방을 찾았다. 김사부(한석규 분)와 함께 돌담병원의 한 축을 든든하게 이루는 인물로, 기존 드라마 속의 다소 수동적이거나 소극적인 간호사의 모습과는 달랐다. 응급실에서, 수술실에서 그녀가 보여주는 프로페셔널한 매력이 상당했고, 의료진 간의 서로 존중하고 신뢰하는 진정한 팀워크가 무엇인지 보여줬다. 이들 팀원은 또라이로 통하는 외과의사 김사부, 소송에 휘말린 마취의, 지방 동네 병원에서 근무하던 수간호사, 돈을 좇아 본원에서 내려온 외과의사, 수술실 공포증이 있는 외과의사로 구성되어있지만 이들은 점차 끈끈해지는 팀워크로 돌담병원의 어벤저스로 성장한다. 각각의 개인은 보잘것없는 인생을 살지만 그들이 팀으로 묶이는 순간 효과적인 팀을 넘어 탁월한 팀워크를 보여준다.

실제로 〈간호사의 팀워크가 직무만족에 미치는 영향, 강소영 외, 2014〉이라는 연구에서는 간호사 집단에서 팀워크가 직무만족도에 긍정적인 영향을 미친다는 결과를 보여주고 있다. 팀워크가 좋은 집단과 그렇지 않은 집단을 대상으로 일정 기간 동안 연구했을 때 팀워크가 좋은 집단이 개인의 직무만족도 또한 높게 나타났다.

2장에서는 팀워크와 임파워먼트, 팔로워십에 대해 살펴볼 것이다. 팀워크의 필수요소 및 향상전략을 학습한다. 임파워먼트의 개념과 장애요인을 살펴보며 또한 팔로워십의 개념과 향상전략에 대해 학습해본다.

1. 다음 중 효과적인 팀의 필수요소가 아닌 것은?

   ① 역할의 명확한 이해    ② 목표 설정

   ③ 신뢰 구축    ④ 팀에 대한 헌신


2. 다음 중 임파워먼트와 거리가 먼 것은 무엇인가?

   ① 능력과 의지를 키우는 일

   ② 공식적 권한을 위임해 주는 일

   ③ 실제 의사결정 과정에 참여하도록 하여 영향력을 체험하도록 하는 일

   ④ 계획과 실행상황을 점검하고 통제하는 일


3. 다음 중 모범형 팔로워의 특성에 대한 것이 아닌 것은?

   ① 리더의 판단과 지시가 있어야 행동

   ② 리더의 부족한 측면을 보강

   ③ 조직목표와 개인목표 정렬

   ④ 적극적 참여와 자발적 협력

# 1. 팀워크의 개념과 필수요소

오늘날과 같이 빠르게 변화하는 우리의 삶에서 성과를 내도록 하는 가장 근원적인 원동력은 팀워크이다. 앤드류 카네기는 '팀워크는 공통된 비전을 향해 함께 일하는 능력이며, 조직의 목표를 향해 개인이 성과를 내도록 지휘하는 능력이다. 또한 평범한 사람들이 비범한 결과를 이루도록 만들어내는 에너지원'이라고 규정했다.

## 1) 팀워크의 개념 및 중요성

팀워크란 팀 구성원이 공동의 목적을 달성하기 위하여 상호 관계성을 가지고 협력하여 업무를 수행하는 것을 말한다. 팀이 원하는 비전을 위해 구성원들이 서로에게 긍정적인 영향을 주면서 수행해가는 것이라고 볼 수 있다.

$$Teamwork = Team + Work$$

팀원들 각자의 스타일이 다르지만, 팀의 문화와 분위기에 맞춰 업무를 수행하는 것이 팀워크라면 응집력과는 어떠한 차이가 있을까? 응집력은 '사람들로 하여금 집단에 머물도록 만들고, 그 집단의 멤버로서 계속 남아있기를 원하게 만드는 힘'이라 할 수 있다. 즉, 팀이 성과를 내지 못하면서 분위기만 좋은 것은 팀워크가 좋은 것이 아니고 응집력이 좋은 것이다. 응집력이 인간적인 유대감을 강조한다면, 팀워크는 단순히 모이는 것을 중요시하는 것이 아니라 업무 목표 달성의 의지를 가지고 성과를 내는 것이라고 할 수 있다.

| 팀워크 | 응집력 |
| --- | --- |
| 팀 구성원이 공동의 목적을 달성하기 위해 상호 관계성을 가지고 협력하여 일을 해 나가는 것 | 사람들로 하여금 집단에 머물도록 만들고, 그 집단의 멤버로서 계속 남아있기를 원하게 만드는 힘 |

GE의 前회장 잭 웰치는 성공요인을 묻는 질문에 대해 "내 성공의 10%는 비할 데 없이 왕성한 개인의 진취적 태도에 의한 것이고, 나머지 90%는 모두 강력한 나의 팀에 의한 것이다."라고 답했다. 어떤 훌륭한 개인도 팀보다 위대할 수는 없다. 훌륭한 경영자인 잭 웰치에서부터 창조적인 혁신가 스티브 잡스, 그리고 자기분야에서 눈부신 활약을 보인 김연아까지 그들 뒤에는 늘 탁월한 팀이 있었다. 개인의 재능을 극대화해내는 위대한 팀이 있기에 가능했다.

앤드류 카네기는 "팀워크가 없는 회사는 제대로 운영되지 않는다. 혼자 운영하는 조그만 사업체라도 반드시 팀워크가 필요하며 기업과 팀워크는 뗄어야 뗄 수 없는 단어다. 성공한 기업에서는 대부분 직원 간 팀워크를 전담하는 부서가 별도로 존재한다."라고 팀워크의 중요성을 강조하였다.

## 2) 팀워크 필수요소 및 효과적인 팀의 특징

### (1) 팀워크 필수요소

#### ① 역할의 명확한 이해

각각의 팀 구성원들에 대한 역할을 명확하게 이해하는 것은 매우 중요하다. 명확한 역할 이해가 수반되어야 개인의 능력이 발휘될 수 있으며 책임감도 생기기 때문이다. 또한 팀 내에서의 자신의 역할 위치를 확인하고 구성원들 간의 상호작용을 통해 원활한 의사소통을 할 수 있다.

#### ② 목표에 대한 공유

팀이 이루려고 하는 구체적인 목표를 팀원 모두가 잘 알고 있어야 하며, 그 목표는 계량화가 가능한 것이어야 한다. 추상적인 목표는 팀원들 간에 오해나 혼돈을 야기시킬 수 있으며 개개인의 이득만을 목표로 하다 보면 그 팀은 결국 붕괴되기 마련이다.

#### ③ 신뢰 구축

팀장과 팀원 간, 팀원과 팀원 간 신뢰 수준이 높을 때 탁월한 팀워크가 구축, 유지될 수

있다. 각종 조사 결과를 종합해 보면 상호 신뢰 수준이 높은 팀들이 그렇지 않은 팀들에 비해 팀워크와 업무 수행 성과가 좋으며, 팀원들의 일에 대한 열정이나 조직 몰입도도 높음을 확인할 수 있다.

④ 팀에 대한 헌신

개개인보다는 팀의 입장에서 사고하는 태도는 신뢰를 하기 위한 우선 요소라고 할 수 있다. 또한 높은 사기는 팀에 발생할 수 있는 모든 긍정적인 것들을 확대시켜 주며 팀이 최선을 다할 수 있도록 만들어준다. 팀에 대한 헌신은 팀에 무한한 긍정 에너지를 공급해주며 이는 열정적인 동력을 발전시킨다.

## (2) 효과적인 팀의 특징

앤드류 카네기는 "팀워크는 공통된 비전을 향해 함께 일하는 능력이며, 조직의 목표를 향해 개인이 성과를 내도록 지휘하는 능력이다. 또한 평범한 사람들이 비범한 결과를 이루도록 만들어내는 에너지원이다."라고 말했다. 이렇듯 평범한 사람들이 비범한 결과를 낸다는 것은 팀 에너지를 최대로 활용하여 높은 성과를 내는 효과적인 팀이 있기 때문이다.

또한 효과적인 팀은 팀원들의 강점을 잘 인식하고 이들 강점을 잘 활용하여 팀 목표를 달성하는 자신감에 찬 팀이고, 업무 지원과 피드백, 그리고 동기부여를 위해 구성원들이 서로 의존하는 팀이며, 다른 팀들보다 뛰어나다. 효과적인 팀의 핵심적인 특징은 다음과 같다.

① 팀의 사명과 명확한 목표

팀은 명확하게 기술된 목적과 목표를 가질 필요가 있다. 이는 지금 당장 해야 할 일을 이해할 뿐만 아니라 팀이 전체적으로 초점을 맞추고 있는 부분을 이해하는 것이다. 목표와 목적을 공유하면, 팀원들은 팀에 헌신하게 된다. 따라서 효과적인 팀의 리더는 팀의 목표를 규정하는 데 모든 팀원을 참여시킨다.

② 창조적인 운영

실험정신과 창조력은 효과적인 팀의 중요한 지표이다. 이러한 팀은 서로 다른 업무수

행 방식을 시도해 봄으로써 의도적인 모험을 강행한다. 실패를 두려워하지 않으며, 새로운 프로세스나 기법을 실행할 수 있는 기회를 추구한다. 또한 효과적인 팀은 문제를 다루거나 결정을 내릴 때 유연하고 창조적으로 행동한다.

### ③ 결과에 맞춘 초점

필요할 때 그에 맞게 필요한 것을 만들어내는 능력은 효과적인 팀에 중요하다. 효과적인 팀은 개별 팀원의 노력을 단순히 합친 것 이상의 결과를 성취하는 능력을 가지고 있다. 이러한 팀의 구성원들은 지속적으로 시간, 비용 및 품질 기준을 충족시켜 준다. '최적 생산성'은 바로 팀원 모두가 공유하는 목표이다.

### ④ 명료화된 역할과 책임

효과적인 팀은 모든 팀원의 역할과 책임을 명확하게 규정한다. 팀원 각자는 자신에게 기대되는 바가 무엇인지를 잘 알고 있으며, 동료 팀원의 역할도 잘 이해하고 있다. 효과적인 팀은 변화하는 요구와 목표 그리고 첨단 기술에 뒤처지지 않도록 역할과 책임을 새롭게 수정한다.

### ⑤ 조직화

효과적인 팀은 출발에서부터 규약, 절차, 방침을 명확하게 규정한다. 잘 짜여진 구조를 가진 팀은 자체적으로 해결해야 하는 모든 업무과제의 요구에 부응할 수 있다.

### ⑥ 개인의 강점 활용

스포츠 팀의 코치는 운동선수가 지닌 역량을 끊임없이 파악한다. 이와 마찬가지로, 효과적인 팀의 리더는 팀이 지닌 지식, 역량 및 재능을 정기적으로 파악한다. 팀 리더는 팀원의 강점과 약점을 잘 인식하며, 따라서 팀원 개개인의 능력을 효율적으로 활용한다.

### ⑦ 리더십 역할 공유

효과적인 팀은 팀원 간에 리더십 역할을 공유한다. 이러한 팀은 모든 팀원에게 각각 리더로서 능력을 발휘할 기회를 제공한다. 또한, 팀의 공식 리더가 팀원의 노력을 지원하고 팀원 개개인의 특성을 존중하기 때문에 팀원들은 감독자의 역할을 충분히 이해할 수 있다.

⑧ 팀 문화 발전

효과적인 팀의 구성원들은 높은 참여도와 집단 에너지<sup>(즉. 시너지)</sup>를 갖고서 열정적으로 함께 일한다. 팀원들은 협력하여 일하는 것이 더욱 생산적이라고 느끼며 팀 활동이 흥미와 원기를 회복시킨다고 본다. 이러한 팀은 고유한 성격을 더욱 발전시켜 나간다.

⑨ 건설적인 갈등 해결

어떤 팀에서든 의견의 불일치는 발생한다. 그러나 논쟁은 나쁘거나 파괴적이지만은 않다. 효과적인 팀은 갈등이 발생할 때 이를 개방적으로 다룬다. 팀원은 갈등의 존재를 인정하며, 상호 신뢰를 바탕으로 솔직하게 토의를 함으로써 갈등을 해결한다.

⑩ 개방적인 의사소통

효과적인 팀의 구성원들은 서로 직접적이고 솔직하게 대화한다. 팀원 각자는 상대방으로부터 조언을 구하고, 상대의 말을 충분히 고려하며, 아이디어를 적극적으로 활용한다.

⑪ 객관적인 결정 도출

효과적인 팀은 문제를 해결하고 의사결정을 하는 데 있어 합리적이고 객관적 수치에 의거한 전략적인 접근방식을 가지고 있다. 결정은 합의를 통해 이루어진다. 따라서 모든 사람들은 내려진 결정을 준수하고 기꺼이 이를 지원하고자 한다. 팀원들은 어떠한 결정에 대해서든 각자의 생각을 자유롭게 얘기한다. 이를 통해 결정을 명확하게 이해하고 수용하며, 상황별 대응계획<sup>(예비계획)</sup>을 마련한다.

⑫ 팀 자체의 효과성 평가

팀은 자체의 운영방식에 대해 일상적으로 점검할 필요가 있다. '지속적인 개선'과 긍정적인 태도의 '전향적 관리'는 효과적인 팀의 운영원리이다. 따라서 만약 업무수행에 문제가 발생하더라도 심각한 상태가 되기 전에 해결할 수 있다.

### 3) 팀워크 촉진방안

팀워크가 비효율적인 경우 기업에서 나타날 수 있는 문제점은 생산성이 하락되고, 회의가 비효율적으로 진행될 것이며, 할당된 임무와 관계에 대한 갈등, 오해가 생길 수 있다는 것이다. 효과적인 팀으로 만들기 위해서는 많은 노력이 필요하다. 특히 팀워크를 촉진시키는 것이 매우 중요한데, 다음에 제시된 방안으로 더욱 촉진시켜 나가야 할 것이다.

### (1) 상호 협력

성공적인 팀워크를 위해서는 언제나 협력이 필요하다. 팀원들의 핵심 역량을 발휘하기 위해서도 협력은 중요하다. 모든 구성원들이 협력하여 일할 때 팀의 잠재력이 성과로 빛을 발할 수 있기 때문이다. 팀을 성공으로 이끄는 창의적인 아이디어 또한 팀원 간의 상호 협력이 이루어졌을 때 넘쳐나게 된다.

### (2) 갈등 해결

성공적으로 운영되는 팀은 갈등 해결에 능숙하다. 효과적인 갈등관리로 혼란과 내분을 방지하고 팀 진전과정에서의 방해요소를 미리 없앤다. 활력에 찬 팀은 의견의 불일치를 바로바로 해소하는 방법을 배우게 된다. 그렇지 않으면, 갈등은 시간이 지남에 따라 증폭되고, 팀 풍토는 허약해질 것이다.

### (3) 동료 피드백 장려

팀 목표를 달성하도록 팀원을 고무시키는 환경조성을 위해서는 동료 피드백이 필요하다. 긍정이든 부정이든, 피드백이 없다면 팀원들은 개선을 이루거나 탁월한 성과를 내고자 하는 노력을 게을리하게 된다.

### (4) 소통

팀워크 형성의 가장 큰 어려움은 팀원 간의 소통의 어려움에서 발생한다는 것이 전문가들의 견해이다. 개인의 생각과 다른 팀원의 의견을 공유하고, 그 차이점을 조율하는 소

통의 과정이 반드시 필요한데, 만약 소통의 장애가 생긴다면 팀 내부에는 심각한 갈등과 위기가 생길 것이다.

### (5) 정보공유

정보공유는 팀워크의 중요한 필수요소로 팀원 간의 단절은 오해나 갈등을 유발하게 하며 팀의 업무성과를 무너뜨릴 수 있다. 그러므로 사소하게 생각되면 작은 정보라도 수시로 공유하는 것이 필요하다.

## 2. 임파워먼트

### 1) 임파워먼트의 개념 및 효과

GE 前 잭 웰치 회장은 임파워먼트에 대해 이렇게 말했다. "대부분의 리더들은 어떻게 하면 부하들이 역량을 발휘할 수 있도록 북돋아 주면서도 결과에 대한 통제권은 유지할 수 있는가 하는 고민을 한다."

임파워먼트의 뜻을 그대로 해석하면 '권한과 능력을 부여하는 것'이다. 임파워먼트는 리더들이 지니고 있는 권한과 책임을 부하들에게 위임하고 그 권한과 책임을 잘 활용하여 업무능력을 낼 수 있도록 돕는 활동을 말한다.

임파워먼트(Empowerment)란
→ 조직구성원을 신뢰하고, 그들의 잠재력을 고무시켜 높은 업무 성과를 내는 조직으로 만드는 일련의 행위

임파워먼트는 특히 고객 접점이 빈번한 서비스산업군에서 고객의 만족을 위해 빠른 피드백을 줄 수 있는 구조를 확립하기 위해서 많이 도입되고 있다. 이러한 임파워먼트의 실행을 통해 얻을 수 있는 효과는 다음과 같다.

① 비용절감

지시, 점검, 감독, 감시, 조정 등에 필요한 노력과 비용이 줄어들기 때문에 비용이 절감된다.

② 빠른 피드백

고객 접점에서의 응대가 보다 신속하고 탄력적으로 이루어진다.

③ 업무 몰입도 향상

구성원들의 능력을 최대한 발휘하게 하고 그들의 업무 몰입도도 극대화할 수 있다.

④ 품질 및 서비스 수준 제고

업무수행상의 문제점을 가장 잘 알고 있는 실무자들이 고객들에게 적합한 응대를 하게 됨으로써 품질과 서비스 수준을 제고할 수 있게 된다.

## 2) 임파워먼트의 4가지 차원

효과적인 리더는 각 사람들의 능력을 발휘할 수 있도록 조직 내의 임파워먼트 여건들을 창출하려 한다. 임파워먼트가 잘 되지 않은 환경에서는 사람들의 능력이 발휘되지 못할 것이다. 리더와 그를 따르는 사람들 모두에 의해 임파워먼트가 일어날 수 있는 문화가 조성되면, 임파워먼트는 조직의 모든 사람들로부터 창조적이고 시너지 내는 에너지를 끌어낸다.

스프레츠(Spreitzer)는 토마스와 벨트하우스의 임파워먼트 연구모형을 바탕으로 임파워먼트를 내재적 업무 동기부여로 파악하고, 다음와 같이 네 개의 구성요소로 되어 있다고 주장하였다.

### (1) 의미성(meaning)

의미성이란 개인의 과업에 있어서 자신의 일이 조직의 발전 또는 개인의 발전에 중요한 요인으로 작용하고 있다는 구성원들의 자각을 말한다. 이러한 자각을 바탕으로 구성원은 동기부여되며, 자신의 업무에 있어 자율적인 책임감을 형성하게 된다.

### 사례1 : 300달러짜리 임파워먼트의 힘

**[상황 1]**

호텔에서 근무하는 프론트데스크의 김씨는 불만에 가득 찬 고객의 전화를 받았다. 고객은 객실 예약 당시 엘레베이터에서 멀리 떨어진 곳으로 요청했고 컨펌 메일을 받았는데, 지금 입실한 객실은 바로 엘리베이터 옆이라 시끄럽다는 것이었다. 김씨는 전화를 받으며 객실 예약시스템에서 고객이 주장한 내용을 확인할 수 있었지만 현재 객실이 만실이라 변경해 줄 수 없는 상황이었다.

김씨는 고객님께 죄송하지만 지금은 만실이라 빈 객실이 생기는 즉시 변경해 드릴 수 있다고 답변 후 객실 매니저에게 보고했다. 그 사이 고객은 총지배인을 불러달라며 컴플레인 정도가 심해져 난감한 상황이 되었다.

**[상황 2]**

호텔에서 근무하는 프론트데스크의 이씨는 불만에 가득 찬 고객의 전화를 받았다. 고객은 객실 예약 당시 엘레베이터에서 멀리 떨어진 곳으로 요청했고 컨펌 메일을 받았는데, 지금 입실한 객실은 바로 엘리베이터 옆이라 시끄럽다는 것이었다. 이씨는 전화를 받으며 객실 예약시스템에서 고객이 주장한 내용을 확인할 수 있었지만 현재 객실이 만실이라 변경해 줄 수 없는 상황이었다. 이씨는 고객님께 죄송하다는 사과의 말과 함께 빈 객실이 생기는 2일 후에 조용한 객실로 바꾸어주고 추가로 투숙기간 동안 클럽 라운지를 이용할 수 있게 하겠다고 말했다. 그 비용은 금액으로 환산하면 300달러 정도였지만 고객은 이내 마음을 풀고 도리어 고맙다고 감사의 뜻을 전했다.

실제로 특급호텔인 R호텔은 고객 컴플레인에 대한 응대 및 피드백이 만족스럽기로 유명하다. 서비스산업군이다 보니 고객 개개인의 취향을 충족시키기에는 어려움이 있지만 고객에게 불편한 점이 있다면 즉시 처리할 수 있도록 상부의 결재를 거치지 않고 300달러 이하 선에서 담당 직원이 알아서 처리할 수 있도록 한 임파워먼트 시스템 덕분이다.

● 위의 두 가지 사례에 대해 자신의 의견을 팀원과 공유하시오.

① 위의 사례에서 김씨와 이씨의 차이는 무엇이라고 생각하는가?

② 임파워먼트에 장애가 되는 요소는 무엇이라고 생각하는가?

## (2) 유능함(competence)

임파워먼트에서의 성과 또는 목표달성은 동기부여능력으로 이루어지며, 구성원의 동기부여 못지않게 능력향상도 중요하다. 구성원의 능력을 향상시켜야 효율적인 업무처리가 가능하고 다른 요소들과 결합하여 조직의 발전을 이끌어낼 수 있다.

## (3) 자기결정력(self determination)

업무의 처리에 있어 사소한 일에도 결정권한이 없다면, 직무만족도는 급격히 하락하며 직무의 수행시간과 의사결정 또한 지체되어서 조직의 경쟁력은 하락한다. 따라서 직무에 대하여 권한이양을 통한 자기결정은 임파워먼트의 중요요소라 할 수 있다.

## (4) 영향력(impact)

구성원이 업무처리에 대한 자기결정과 함께 영향력을 갖게 되면, 책임감을 높일 수 있고 보다 자율적인 상황에서 효율적인 업무처리가 가능해진다.

### 3) 임파워먼트 장애요인

리더는 임파워먼트의 여건을 마련하는 일 외에 임파워먼트에 장애가 되는 요인들에 대해서도 알고 있어야 한다. 임파워먼트 장애요인을 정리하면 아래 [표 2-1]과 같다.

**[표 2-1] 임파워먼트의 장애요인**

| | |
|---|---|
| 개인 차원 | 주어진 일을 해내는 역량의 결여, 동기의 결여, 결의의 부족, 책임감 부족, 의존성 |
| 대인 차원 | 다른 사람들과의 성실성 결여, 약속 불이행, 성과를 제한하는 조직의 규범, 갈등처리능력 부족, 승패의 태도 |
| 관리 차원 | 통제하는 리더십 스타일, 효과적 리더십 발휘능력 결여, 경험 부족, 정책 및 기획의 실행능력 결여, 비전의 효과적 전달능력 결여 |
| 조직 차원 | 공감대 형성이 없는 구조와 시스템, 제한된 정책과 절차 |

 사례 2

◉ 아래 사례에서 '알폰소 슈벡'은 주방을 어떻게 운영하고 있었는지 팀원과 의견을 이야기하 누어 보자.

독일 뮌헨 도심의 한 천막극장. 턱시도를 차려 입은 훤칠한 신사들과 반짝이는 화려한 드레스를 입은 숙녀들이 설레는 표정으로 줄을 지어 극장 안으로 입장하기를 기다리고 있었다. 그곳의 이름은 '팔라쪼(Palazzo)'. 맥주와 소시지를 제외하고는 유럽에서도 변방에 속해 있던 독일 요리를 순식간에 세계적인 반열에 올려놓은 독일 역사상 최고의 요리사 비츠 히만이 세운 극장식 레스토랑이 바로 이곳 '팔라쪼'였다. 거울로 둘러싸인 화려한 천막식당에서 세계 최고 수준의 요리사들이 만들어내는 독일 요리를 맛볼 수 있는 꿈의 식당을 채운 사람들이 음식을 기다리고 있는 동안 천막 뒤쪽에 자리잡은 주방에서는 조용한 전쟁이 시작되었다. 수십 명의 조리사와 웨이터가 한 치의 오차 없이 기계적으로 움직이고 있었으며, 그 움직임의 정점에 그가 서 있었다.

'알폰소 슈벡(Alfons Schubeck)'. 30년 경력의 베테랑 요리사로서 '올해의 요리사'상만도 수차례 수상했던 그의 말 한마디 손짓 하나에 주방은 일사불란하게 움직이고 있었다. 마치 '한 명의 주방장이, 한 명의 손님을 맞이하듯이'. 하지만 주방장이라고는 해도 슈벡은 이날 단 한 번도 국이나 팬을 잡지 않았다. 심지어 음식의 맛을 보거나 재료를 더 집어넣지도 않았다. 그저 주방을 오고 가며 음식을 들고 나르는 타이밍과 순서 등을 조절해 주고, 조리하고 있는 조리사들과 몇 마디 대화를 나눌 뿐이었다. 실제 재료를 썰고 볶고 음식을 만들고 웨이터를 통해 테이블로 내보내는 것은 온전히 조리사들의 기술과 판단에 의해서였다. 그는 말한다. "난 그저 그들의 요리가 순서대로 잘 진행되고, 시간에 맞게 테이블로 나가는지를 살펴주고 도와주는 역할을 할 뿐입니다. 팔라쪼를 만들어가는 것은 바로 그들입니다."

- 〈팔로워십, 리더를 만드는 힘〉, 신인철 저, 한스미디어, 2007 -

## 3. 팔로워십

### 1) 팔로워십의 개념 및 중요성

오늘날과 같은 무한경쟁 시대에 조직이 살아남고 발전을 도모하기 위해서는 훌륭한 리더가 있어야 할 것은 말할 나위 없다. 하지만 급변하는 환경에 조직이 적응하고 성장하기

위해서는 보다 유능하고 적극적인 팔로워들이 요구된다.

탁월한 리더십의 이면에는 뛰어난 '팔로워십(Followership)'이 반드시 존재한다. 리더 없는 팀은 존재하지만, 팀 없는 리더는 존재하지 않는다. 즉, 리더는 자신을 받쳐주는 수많은 팔로워들에 의해 유지되고 성장한다. 그러나 이러한 팔로워들의 존재와 중요성을 인식하지 못하고 오직 리더십만으로의 획일적인 일반화를 해왔던 것이 사실이다. 오직 리더십만을 강조하고, 적지 않은 시간과 비용을 투자해 리더십 교육을 지속해왔음에도 불구하고 조화와 협동, 책임의식과 효율성 등에 대한 조직의 고민은 여전히 계속되고 있다.

이렇게 넘쳐나는 '리더십 과잉의 시대'에 대한 해법은 바로 '팔로워십'이다. 리더에게 필요한 것이 리더십이라면, 리더를 따라 조직을 떠받치는 수많은 조직원들에게 필요한 것이 바로 팔로워십이라는 것이다. 팔로워는 리더를 따르는 동시에 리더를 보좌하고, 때로는 협조하고 때로는 견제하는 파트너로서 존재한다. 단순한 주종관계나 수직관계를 넘어서 공통의 목표를 향해 함께 나아가는 협조자인 셈이다.

영화 속에서 주연 배우 못지않게 조연 배우의 역할이 중요하듯 어느 조직이 성공하려면 탁월한 리더와 훌륭한 팔로워가 공존해야 한다. 즉, 합리적인 권위를 바탕으로 한 리더십과 건전한 비판의식이 전제된 팔로워십이 복합적으로 상호작용하면 시너지 효과를 창출할 수 있다. '팔로워십'이라는 책을 펴낸 하버드대학 케네디스쿨의 바바라 켈러맨 교수는 "큰 조직의 운명은 수천 명에 달하는 일반 직원들을 얼마나 잘 이해하고, 이들을 효율적으로 활용하느냐에 달려 있다."고 지적한다.

## 2) 팔로워 유형별 특성

켈리(Kelly, 1992)에 의해 제기된 팔로워십은 최근 들어 많은 학자들과 실무자들의 관심을 끌고 있다. 사실 조직에는 팔로워들의 숫자가 리더와 비교가 안 될 만큼 많고, 조직의 성과에 기여하는 바에 있어서도 전체 성과의 80% 이상이 되므로 리더십보다는 팔로워십을 더 연구해야 한다는 것이 켈리의 주장이다.

켈리는 팔로워의 특성을 구분하는 두 가지 기준을 제시했다. 첫 번째 기준은 팔로워의 '사고요인'으로 구성원이 '독립·비판적인 사고를 하느냐, 의존·무비판적인 사고를 하

 〈그림 2-1〉 켈리의 팔로워의 유형

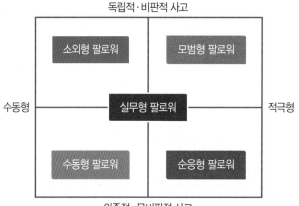

느냐'를 말한다. 두 번째 기준은 팔로워의 '행동요인'으로 구성원이 일에 '적극적으로 참여하는가, 수동적으로 참여하는가'를 말한다. 그는 '사고'와 '행동'의 두 가지 기준을 토대로 4가지 팔로워 유형을 구분하고, 이 두 가지의 속성이 뚜렷하지 않은 중간 유형의 사람들을 '실무형 팔로워'라고 별도로 구분하여 모두 5가지의 팔로워 유형을 제시하였다. 이를 그림으로 나타내면 〈그림 2-1〉과 같으며, 5가지 유형별 특성은 다음과 같다.

(1) **수동형**(the sheep) : 리더 앞에 턱받치고 앉아 "내가 뭘 할지 알려주세요. 나에게 동기부여를 해주세요"라고 말한다. 상사는 '이 사람에게 오늘 뭘 시켜야 하나, 어떻게 말해주어야 하는가'를 매일 고민하게 된다.

(2) **순응형**(the yes-people) : 항상 긍정적인 표정을 지으며 리더 편을 들지만 여전히 리더가 자신에게 비전과 방향제시를 해주기를 기대한다. 상사가 업무를 지시하면 신나게 일을 마무리한 다음, 리더 앞으로 뛰어와 "이제 또 뭐 할까요?" 하고 눈을 반짝인다. 얼핏 생각하면 이상적인 것 같지만 진정한 팔로워십을 갖추기 위해서는 단순한 일꾼 이상의 역량이 필요하다.

(3) **소외형**(the alienated) : 리더가 새로운 제안을 할 때마다 그 일을 하지 말아야 하는 이유를 열 개씩 늘어놓는 부정적 유형이다. 어떤 상황에서든 쉽게 행동으로 옮기지 않고 모든 것에 냉소적 태도를 취한다. 하지만 이들은 조직에서 용감히 자신의 의견을 이야기할 수 있는 유일한 유형이므로 상사 입장에서는 유용하게 활용하는 것이 좋다.

(4) **실무형**(the pragmatics) : 스스로 선봉장이 되지 않지만 그렇다고 조직에서 일어나는 일에 빠지는 법이 절대 없는 실용주의자이다. "상사나 조직의 비전은 바뀌기 마련이야. 시키는 모든 일을 다 할 필요는 없다는 것을 알게 되지."라고 혼잣말을 하는 사람들이다. 절대 쓸데없는 노력은 하지 않으려고 하기 때문에 주위로부터 얄미운 뺀질이라고 불리기도 한다.

(5) **모범형**(the star) : 자신을 적극적이고 긍정적인 에너지로 가득 찬 사람으로 지각한다. 리더의 의사결정 내용에 대해 현실적인 검증을 해보려 노력하고 동의하는 경우 최선을 다해 지원한다. 반면 동의하지 않는 경우 리더와 조직에게 나름대로 대안책을 제공하면서 건설적인 도전 모습을 보인다. 모두가 육성하고자 하는 팔로워는 모범형으로서 조직에 대한 비판력과 공헌력을 가진 유형이다. 이와 같은 모범형 팔로워는 조직의 운명과 성공의 80%를 결정할 수 있는 파워풀한 역량을 소지하게 된다.

## 3) 팔로워십 향상전략

건전한 팔로워십을 이끌어 내기 위해서는 무엇이 필요할까? 이 질문의 답은 의외로 쉬운 곳에 있다. 모든 사람은 리더이자 팔로워라는 사실이다. 스스로 자신의 리더에게 바라는 바를 자신의 팔로워에게 베풀고, 자신의 아래 사람에게 바라는 것을 자신의 리더에게 실천하는 것이다.

"남을 따르는 법을 알지 못하는 사람은 좋은 지도자가 될 수 없다."는 아리스토텔레스의 말처럼 좋은 팔로워가 된다는 것은 좋은 리더가 되기 위한 선행조건이다. 건전한 팔로워십을 발휘하다 보면 어느 순간 자신의 부하에게서 존경과 신뢰를 받는 리더로 커가고

있는 자신을 발견할 수 있을 것이다.

팔로워십 향상전략으로 다음의 성공하는 팔로워의 6가지 키워드를 살펴보자.

### (1) 헌신(self-sacrifice)

성공적인 팔로워의 첫 번째 키워드는 '헌신'이다. 아무리 조직의 일에 내 몸을 바쳐서 일해도 그것이 자발적이지 않으면 그것은 헌신이 아닌 단순한 동참에 지나지 않는다. 바로 그 '자발적이냐, 아니냐'에 조직의 성과를 가져오는 진정한 팔로워인가, 아닌가에 대한 해답이 들어 있다. 진정한 팔로워들은 자발적인 동참을 통해 조직과 자신을 일치시켜 조직의 발전을 위해 자신을 발전시키고, 자신의 발전을 통해 조직을 발전시키는 상호 발전의 선순환을 이루고자 노력하게 된다.

### (2) 방향성 통일(unity)

리더의 지시나 방향 설정에 대해서 한 방향으로 정렬할 수 있는 능력, 그것이 바로 성공적인 팔로워가 되기 위한 두 번째 키워드이다. 평상시에는 서로 간의 다양성을 존중해 주고, 최말단의 팔로워라도 리더의 결정에 다시 한번 의문을 제기하고 보다 나은 방향으로 결정하는 방법은 없는지 꾸준히 토론해야 한다.

조직의 방향성 통일을 위해서 무엇보다도 리더가 팔로워에게 수시로 그 방향을 이야기하는 것이 중요하다. 팔로워의 입장에서는 리더와 끊임없는 대화를 시도하고, 개인이 아닌 조직의 시각에서 자신의 업무를 다시 검토하는 버릇을 들여야 하며 리더에 집중하지 말고 조직에 집중하는 자세를 견지해야 한다.

### (3) 몰입(concentration)

몰입은 그 자체로도 엄청난 에너지를 발휘하며 역량발휘와 발전적 가치창조에 기여하지만, 열정이라는 또 다른 모습으로 변이되어 이성적인 판단으로는 측정할 수 없는 엄청난 성과를 가져오기도 한다. 팔로워들의 리더나 조직에 대한 몰입은 리더와 함께 무언가를 성취할 수 있다는 강한 의지와 조직의 성공에 대한 무의식적인 확신을 가져오게 한다.

하지만 팔로워들을 조직에 몰입하도록 한다는 것은 그리 쉬운 일이 아니다. 몰입을 위해서는 먼저 명확한 목표를 제시해야 한다.

### (4) 용기(courage)

많은 팔로워들이 진정한 팔로워십을 발휘하는 데 있어서 가장 어렵게 생각하고, 때로는 가장 큰 장애요인이라고 생각하는 것이 바로 '용기'의 문제이다. 특히 긴 시간 동안 유교문화의 지배를 받아온 한국의 직장에서 팔로워들이 용기를 발휘한다는 것은 결코 쉽지 않은 일이다. 하지만 그렇기 때문에 진정한 팔로워십 발휘를 위해서 가장 필요한 덕목이기도 하다. 사실 용기는 팔로워가 리더나 조직에게 발휘해야 할 덕목이라기보다는 긍정적인 팔로워십을 발휘하면서 가져야 하는 자세, 혹은 건전한 팔로워십 발휘를 가능하게 하는 원동력이라는 표현이 옳을 것이다. 팔로워들을 용감하게 만들기 전에 리더가 먼저 가장 솔직하고 용감한 리더가 되야 한다. 그리고 리더는 팔로워들이 용감하게 다가오기를 기다리고 있으므로 리더를 찾아가 리더에게 바라는 점을 솔직하게 이야기할 수 있어야 한다.

### (5) 표현(expression)

한국 조직문화의 특성상 팔로워들은 리더에게 침묵으로 모든 것을 말하게 된다. 즉, 리더에게 불만이 있다거나 고쳐야 할 점이 보이면 서양인들의 경우 면담을 요청해서 이러저러한 점을 요청한 뒤 그 부분이 해결되지 않을 경우 최종적으로 이직을 고려하지만, 한국인의 경우 리더에게 웬만한 문제가 있어도 꾹 참고 견디다가 한계에 도달하면 갑작스럽게 사표를 던져 버린다는 것이다. 그러나 자신이 원하는 바를 정확하고 즉각적으로 리더에게 알려주고 표현할 수 있는 능력, 그것이 성공적인 팔로워십의 중요한 요소가 되는 것이다.

### (6) 대안제시(second plan)

조직의 발전을 위해서 리더에게 대안을 제시하는 팔로워들을 육성해야 한다. 또한 결정은 리더가 내리고 그 책임도 리더가 지는 것이 보통이다. 그러나 그 결정의 순간이 있기까지 수많은 팔로워들이 자신의 의견을 통해 리더가 보지 못한 부분, 리더가 고려하지 못한 사항을 보완해야 한다. 진정한 팔로워라면 그런 활동을 통해 자신의 리더를 1인자로 만듦과 동시에 자신도 팔로워 중의 1인자로 우뚝 설 것이다.

학습평가 Quiz

1. 다음 중 효과적인 팀의 특성으로 적절하지 않은 것은?

　① 명확하게 기술된 팀의 사명과 목표를 가져야 한다.
　② 모든 팀원의 역할과 책임을 명확히 규정한다.
　③ 모든 팀원은 팀 리더의 역량과 의견을 존중하고 따라야 한다.
　④ 팀원들 간에 개방적인 의사소통을 하고 객관적인 의사결정을 내린다.

2. 다음 중 효과적인 팀의 특성이 아닌 것은?

　① 팀의 사명과 명확한 목표
　② 창조적인 운영
　③ 결과에 맞춘 초점
　④ 객관화된 역할과 책임

3. 팀원을 고무시키는 환경조성이 필요하다면 다음 중 어떤 촉진방안이 필요한가?

　① 상호 협력　　　　　　　　　② 갈등 해결
　③ 동료 피드백 장려　　　　　　④ 소통

4. 효과적인 팀의 필수요소는 역할의 명확한 이해, ＿＿＿＿＿＿＿＿＿＿＿＿, 신뢰 구축, ＿＿＿＿＿＿＿＿＿＿＿ 이다.

5. 팀워크의 의미는 무엇인가?

 ## 학습내용 요약 Review (오늘의 Key Point)

1. 팀워크란 팀 구성원이 공동의 목적을 달성하기 위하여 상호 관계성을 가지고 협력하여 업무를 수행하는 것을 말한다. 팀워크 필수요소로는 ① 역할의 명확한 이해, ② 목표에 대한 공유, ③ 신뢰구축, ④ 팀에 대한 헌신이 있다.

2. 팀워크 촉진방안으로는 ① 상호 협력, ② 갈등 해결, ③ 동료 피드백 장려, ④ 소통, ⑤정보공유가 있다.

3. 임파워먼트는 리더들이 지니고 있는 권한과 책임을 부하들에게 위임하고 그 권한과 책임을 잘 활용하여 업무능력을 낼 수 있도록 돕는 활동을 말한다.

4. 임파워먼트의 장애요인은 개인 차원, 대인 차원, 관리 차원, 조직 차원의 4가지로 정리할 수 있다.

5. 팔로워 유형은 5가지로 구분할 수 있으며 수동형, 순응형, 소외형, 실무형, 모범형이 있다. 성공하는 팔로워의 6가지 키워드는 ① 헌신, ② 방향성 통일, ③ 몰입, ④ 용기, ⑤ 표현, ⑥ 대안 제시이다.

**스스로 적어보는 오늘 교육의 메모**

# 리더십능력

## Contents

## Learning Objectives

1. 리더십의 정의와 유형을 설명할 수 있다.

2. 관리자와 리더의 차이를 설명할 수 있다.

3. 21C 리더십에 대해 설명할 수 있다.

**3**
Chapter

**이야기 속으로 ...**

취업포털 잡코리아, '좋은 리더와 나쁜 리더 유형' 설문조사

취업포털 잡코리아는 tvN 프로그램 '소사이어티 게임'과 함께 직장인과 대학생/구직자 1,154명을 대상으로 '좋은 리더와 나쁜 리더 유형'에 대해 설문조사를 진행했다. 조사에 참여한 직장인과 대학생 및 구직자가 뽑은 '좋은 리더의 유형' 1위는 '상하 간에 소통이 원활한 리더'로 전체 응답률 66.2%로 가장 높았다.

다음으로 좋은 리더의 유형은 '팀원 모두에게 성장의 기회를 주는 리더'로 응답률 36.4%로 높았다. 이외에는 △공정하고 객관적인(34.9%) △팀원을 인간적으로 대우하는(34.4%) △장기적인 안목과 통찰력이 있는(33.2%) △직무능력이 뛰어난(26.9%) 상사가 좋은 리더라는 답변이 높았다.

반면 나쁜 리더의 유형 1위는 '말을 바꾸는 리더'로 응답률 45.8%로 가장 높았다. 이어 '팀과 팀원의 실수에 책임을 지지 않는 리더'가 나쁜 리더라는 답변도 응답률 42.0%로 높았다. 이외에는 △권위적인(39.9%) △상하 간의 소통이 안 되는(33.4%) △팀원의 성과를 가로채는(33.4%) △팀원을 차별하는(28.3%) △직무능력이 부족한(28.3%) △불필요한 야근을 시키는 리더(24.4%)라고 조사되었다.

[출처] 취업포털 잡코리아,
'좋은 리더와 나쁜 리더 유형' 설문조사, 2016.12.10. 대한뉴스 발행인

설문을 보면 리더가 어떤 태도를 가지고 있느냐에 구성원들의 호감도가 달라지면 일반적으로 사람들이 선호하는 리더의 스타일은 분명히 존재한다는 것을 알 수 있다. 따라서 효과적인 조직관리를 위해 3장에서는 조직의 핵심요소인 사람을 관리하는 리더에 대한 내용을 공부한다. 리더십의 정의, 리더십의 유형, 관리자와 리더의 차이를 알아보고 21C가 원하는 리더는 어떤 자질을 갖추어야 하는지를 학습해보자.

1. 다음은 무엇에 대한 설명인가?

> 일정한 상황하에서 목표의 달성을 위하여
> 개인 혹은 집단행동에 영향력을 행사하는 과정

① 멤버십                    ② 갈등관리능력
③ 리더십                    ④ 주인의식


2. 다음 중 리더십에 대한 설명으로 옳지 않은 것은?

① 상사가 하급자에게 발휘하는 형태만을 의미한다.
② 모든 조직구성원들에게 요구되는 역량
③ 조직구성원들로 하여금 조직 목표를 위해 자발적으로 노력하도록 영향을 주
   는 행위
④ 자신의 주장을 소신 있게 나타내고 다른 사람들을 격려하는 힘


3. 다음 중 리더에 대한 설명으로 적절하지 않은 것은?

① 혁신지향적                ② 사람 중심
③ 내일에 초점               ④ '어떻게 할까'에 초점

## 1. 리더십의 정의

모든 조직은 대부분 자금, 인력 등 공통의 요소로 구성된 자원으로 운영된다. 경쟁 시장에서 앞서나가기 위해 최신 기술을 개발하고 뛰어난 인재를 뽑기 위해 노력하는 점도 동일하다.

하지만 모든 조직이 같은 성과를 내는 것은 아니다. 객관적으로 볼 때 높은 성과를 내는 조직과 그렇지 못한 조직은 어떤 차이점을 갖고 있는 것일까?

정답은 매우 간단하다. 바로 사람 때문이다. 경영학의 대가인 피터 드러커는 "관리자가 내리는 모든 결정 중에서 사람에 대한 결정만큼 중요한 것은 없다. 바로 이것이 조직의 업무능력을 결정하기 때문이다."라고 말했다. 대부분의 우수기업이 인재를 활용하고 육성하는 방법은 각기 다르지만 인재를 소중히 여기고 기업의 핵심가치로 삼는 점은 비슷한 현상으로 나타난다. "인재야말로 기업의 번영을 좌우한다."는 호암 이병철 삼성그룹 창업주의 인재철학은 오늘날의 삼성을 만들었다. 이건희 회장도 "우수한 사람 한 명이 1,000명, 10,000명을 먹여 살린다."라고 말했으며, 현대가를 이룬 고(故)정주영 명예회장은 "기업발전에 가장 귀한 것은 사람이지 자본, 기술은 그 다음이다."라고 말하는 등 인재철학을 강조했다.

그렇다면 여기에서 이렇게 중요한 인재, 즉 사람에게 가장 큰 영향을 미치는 요소는 과연 무엇일까? 이는 바로 리더십이다. 바꾸어 말하면 리더십은 조직 성공의 가장 중요한 요소 중 하나가 되는 것이다. 그렇기 때문에 리더십이라는 주제는 아주 오래전부터 사람들의 흥미와 관심을 불러일으켰다. 하지만 막상 리더십의 정의가 무엇인지 물어보면 대부분의 사람들은 정확한 답을 내리기 어려워한다.

로스트(Rost)라는 학자의 연구에 따르면, 리더십을 연구하는 학자들 중에서 무려 95% 가 리더십이 무엇인지 제대로 정의하지 않고 책이나 논문을 쓴다고 한다. 일반적으로 사람들이 리더십의 정의가 무엇인지 안다고 가정하고 있는 것이다. 하지만 리더십의 정의는 학자마다 다르고 이론마다 다른 것을 알 수 있다. 이는 곧 리더십에 대하여 명확한 정의를 찾기 어렵다는 것을 의미한다.

이러한 상황이 나타난 이유는 리더십을 바라보는 학문적인 관심이 시대와 영역에 따라 다르게 변화해 왔기 때문이다. 이처럼 리더십은 어떤 관점에서 접근하느냐에 따라 다양하게 구분되지만 아래에서 몇몇 유명한 학자들의 리더십에 대한 정의를 살펴보도록 하자.

### 📋 다양한 학자들이 말하는 리더십의 정의

① 쿤츠(H.D. Koontz)와 오도넬(C. O'Donnell)

사람들이 집단목표를 위해 자발적으로 노력하도록 그들에게 영향을 주는 기술(art) 또는 과정(process)

② 허시(P. Hersey)와 블랜차드(K. H. Blanchard)

일정한 상황하에서 목표를 달성하기 위하여 개인이나 집단의 활동에 영향을 미치는 과정

$$L = f(l, f, s)$$

L : 리더십, l : 지휘자, f : 추종자, s : 상황적 변수

③ 플라이쉬맨(E. A. Fleishman)

리더십이란 어떤 목표를 달성할 수 있도록 의사소통과정을 통해서 개인 간에 영향력을 행사하려는 시도

위의 여러 가지 의견을 종합해 보면 리더십이란 일정한 상황하에서 목표의 달성을 위하여 개인 혹은 집단행동에 영향력을 행사하는 과정이라고 정의내릴 수 있다.

 **Level up Mission Step 1**

☎ 자신이 생각하는 리더십이 무엇인지 적어보도록 하자.

☎ 그동안 만났던 좋은 리더가 가졌던 특성은 무엇이 있는지 적어보자.

 **Level up Mission Step 2**

☎ 자기평가 : 역량 있는 리더의 특징

이 체크리스트를 사용해 자신이 역량 있는 리더의 특징을 얼마나 갖고 있는지 평가해보자. 이를 통하여 평가 결과에 따라 스스로 리더십 기술을 강화하기 위해 어떤 부분에 초점을 맞추어야 할지 점검해 보자.

| 역량 있는 리더의 특징 | 예 | 아니오 |
|---|---|---|
| 미래에 초점을 둔다. | | |
| 1. 나는 명확한 비전을 가지고 있는가? | | |
| 2. 나는 비전을 집단에게 분명하게 인식시켰는가? | | |
| 끈기 있고 집요하다. | | |
| 3. 목표를 추가할 때 나는 장애물 앞에서도 긍정적이며 분명한 태도를 유지하는가? | | |

| 역량 있는 리더의 특징 | 예 | 아니오 |
|---|---|---|

혼란스러운 문제에 기꺼이 맞선다.

4. 나는 계획적인 모험에 기꺼이 뛰어드는가?

5. 나는 얼마간의 혼란과 갈등에 기꺼이 맞서는가?

의사소통능력이 뛰어나다.

6. 나는 다른 사람이 말을 끝내기 전에 대답할 준비를 하기보다 주의 깊게 경청하는가?

7. 나는 회의를 원활히 진행하는가?

8. 나는 대중 앞에서 설득력 있게 이야기하는가?

9. 나는 다양한 상황에서 협상하는 데 필요한 기술을 가지고 있는가?

정치적으로 기민하다.

10. 나는 조직의 실제 권력 구조를 도표로 나타낼 수 있는가?

11. 나는 조직에서 가장 강력한 집단의 관심사를 분명하게 나타낼 수 있는가?

12. 나는 나를 지원해 줄 개인들을 조직 내에서 찾을 수 있는가?

13. 나는 필요한 자원을 어디서 구할 수 있는지 알고 있는가?

나를 제대로 인식한다.

14. 나는 나의 행동양식이 다른 사람들에게 어떤 영향을 미치는지 인식하거나 기술할 수 있는가?

분별있다.

15. 매우 혼란한 상황에서 나는 침착하고 분별력 있게 행동하는가?

남을 돌볼 줄 안다.

16. 나는 팀원들의 욕구와 관심사, 직업적 목표에 공감하는가?

17. 팀원들은 자신들에 대한 당신의 지지를 받아들이는가?

유머가 있다.

18. 나는 긴장되거나 불편한 상황을 완화하기 위해 유머를 사용할 줄 아는가?

대부분의 질문에 '예'라고 응답했다면, 당신은 역량 있는 리더의 자질을 가지고 있다. '아니요'라는 대답이 더 많이 나왔다면 당신은 어떤 점에서 더욱 리더십을 키워야 할지 점검하고 역량 있는 리더가 되기 위해 노력해야 할 것이다.

- 하버드 비즈니스 스쿨 팀장 워크북 시리즈 「리더십의 기술」 pp.76-77 참고

## 2. 리더십 유형

성공적으로 조직을 이끌기 위해 리더가 한 가지 스타일을 지속적으로 고수하는 것은 효과적인 방법이 아니다. 조직의 상황에 따라, 그리고 구성원의 역량에 따라 다양한 유형의 리더십을 혼용하는 것이 좋다.

### 1) 전통적 리더십 유형에 따른 접근방법

전통 리더십의 이론은 특성이론, 행동이론, 상황이론, 변혁이론 등 4가지 유형으로 구분하여 발전하여 왔다. 기본적인 리더십 이론의 변화과정을 도식화하면 다음과 같다.

 **[표 3-1] 리더십 이론의 발전**

| 구분 | 주요 시기 | 주요 학자 | 강조점 |
| --- | --- | --- | --- |
| 특성이론 | 1930~1950년대 | 테드, 버나드, 스토질 | 리더와 리더가 아닌 사람을 구별할 수 있는 특징이나 특성이 존재한다. |
| 행동이론 | 1950~1960년대 | 레빈, 헬핀, 리커드 | 리더십의 가장 중요한 측면은 리더의 특성이 아니라 리더가 여러 상황에서 실제하는 행위이다. 성공적 리더와 비성공적 리더는 그들의 리더십 스타일에 의해 구별된다. |
| 상황이론 | 1970~1980년대 | 피들러, 허시와 블랜차드 | 리더의 유효성은 그의 스타일뿐만 아니라 리더십 환경을 이루는 상황에 의해서도 결정된다. 상황에는 리더나 하급자들의 특성, 과업의 성격, 집단의 구조, 강화의 유형 등이 있다. |
| 변혁이론 | 1980년대 이후 | 번즈, 퀸 | 리더와 추종자의 관계를 강조하고 비전과 변혁마인드를 강조한다. |

- 양창상(1999), 「조직행동의 이해」 서울, 법문사, pp.33에서 재구성

① 특성이론

특성이론은 리더십에 대한 초기 이론으로 자질론 또는 위인론이라고도 부른다. 이 이론에서는 효율적 리더와 비효율적 리더가 명확하게 구별되는 몇 가지 특성과 자질을 갖고 있다고 가정하고 있다. 특성이론은 제2차 세계대전 초에 미국심리학협회가 육군선발시험 기법을 개발하여 미 육군의 선발심사업무를 지원하다가 전쟁 후에 산업분야에 적용·발전시켜 인사평가 측면에 활용되었다. 전통적 리더십 이론의 주류를 이어온 특성이론은 선천적, 후천적 자질인 리더의 공통적 특성을 규명하는 것으로 리더가 '고유한 개인적 특성'만 가지고 있으면 그가 처해 있는 상황이나 환경에 관계없이 항상 리더가 될 수 있다는 것이다. 즉, 리더는 태어나는 것이지 만들어지는 것이 아니라는 것이다.

[표 3-2] 리더십 특성연구의 중요 측면

| | |
|---|---|
| 신체적 특징 | 연령, 신장, 체중, 외모 |
| 사회적 특징 | 교육, 사회적 신분, 이동성, 사교관계 |
| 지능 | 판단력, 결단력**, 표현능력** |
| 성격 | 독립성, 자신감**, 지배성, 공격성 |
| 과업관계 특성 | 성취욕구**, 솔선력, 지구력, 책임감**, 안정욕구, 인간에 대한 관심* |
| 인간관계 특성 | 감도능력, 협조성, 대인관계기술, 권력욕구, 청렴성* |

주) * 효율적 경영에 어느 정도 중요하다고 인정되는 특성
   ** 효율적 경영에 매우 중요하다고 인정되는 특성

- 이상감 · 이상수(1971), 「조직행위론」 서울, 진영사 재구성

② 행동이론

20세기 중반을 전후한 시기는 인간행동과 관련된 학문 분야의 전반에 걸쳐 행동주의가 두각을 나타낸 시기였다. 행동이론의 핵심은 직접적 관찰이나 측정이 불가능한 성격이나 태도와 같은 내적 특성을 대상으로는 철저하게 과학적 연구가 될 수 없고, 직접적 관찰이나 측정이 가능한 외형 행동만 연구대상으로 삼아야 하는 철저한 과학적 방법론의 바탕 위에서 성장했다는 것이다.

1930~1950년대의 특성이론의 효과적인 리더의 공통적 특성을 입증하는 데 실패하자 리더십에 관한 연구는 행동이론으로 전환되었다. 행동이론은 리더의 개인적인 특성보다는 외부로 나타나는 리더의 행태를 관찰하는 행태론적 접근을 취하면서 리더들이 실제로 직무를 수행함에 있어 어떤 행동을 하는지와 더불어 그들의 행동과 관리적 유효성 간에 어떠한 관련성이 있는지를 파악하는 데 초점을 두고 있다.

행동이론은 리더십 연구의 초점을 개인적 특성에서 보다 보편적인 범위로 전환하여, 리더행동의 유형이 과업행동과 관계행동으로 구성되어 있음을 밝혀내었다는 점에서 그 의의를 찾을 수 있다.

③ 상황이론

상황이론은 특성이론과 행동이론과는 달리 리더십의 효율성은 상황적 요인에 따라 결정된다는 것으로서, 리더의 특성이나 행동에 의해서가 아니라 주어진 상황하에서 리더에게 가장 효과적일 수 있는 특성, 기능, 행동을 결정해 주는 상황의 여러 측면을 확인하는 데 관심을 두고 있다. 대표적인 리더십 상황이론에서는 Fiedler 상황이론과 Hersey &Blanchard의 상황대응이론, House의 경로-목표 이론 등이 있다.

▪ 피들러의 이론 ─ 과업중심형과 인간관계중심형 중에서 어느 유형이 유효한가는 그때그때의 리더와 부하간의 관계, 직무구조, 직위권력 등의 3가지 상황변수가 리더에게 유리한가 여부에 달려 있다는 주장이다. 이 모델에서는 3가지 상황변인의 조합에 의해 8가지의 상황이 가정되는데, 과업지향적 리더는 리더에게 가장 유리한 상황과 가장 불리한 상황에서 효율적인 반면, 인간관계 지향적인 리더는 상황의 유리함과 불리함이 중간 정도일 때 효율적인 경향이 있음을 나타내고 있다.

▪ 허시와 블랜차드(Hersey &Blanchard) ─ 블레이크와 무톤의 관리격자의 개념을 이용하여 지도자의 행동을 과업행동과 관계행동의 2차원을 축으로 한 4분면으로 분류하고 여기에 상황요인으로 구성원의 성숙도를 추가하여 리더십 상황이론을 만들었다. 이 이론의 기본적인 개념은 리더가 그들의 행동양식을 그들이 처한 특정한 상황과 그들의 부하의 욕구에 맞게 적응시키면 시킬수록 그들은 그들 자신과 조직의 목표달성에 더욱 효과적일 수 있다는 것이다.

▪ 경로-목표이론 ─ 비교적 최근에 개발된 리더십의 상황적합이론이다. 이 이론은 지

휘행동의 구조주도-관심 분류개념에 연구의 토대를 두고 있는 지휘자의 행동은 부하들의 경로-목표 관계를 명확히 해주는 기능과 경로-목표를 촉진시켜 주는 기능으로 구분된다.

**[표 3-3] 상황이론의 비교**

| 상황이론 | 리더스타일 | 상황적 요소 | 연구관심 |
|---|---|---|---|
| 피들러의 상황이론 (Contingency Theory) | ●과업지향적 ●관계지향적 | 리더-부하관계, 과업구조, 리더의 지휘권한 | 리더 : 유리한 또는 불리한 상황에 따른 효과적인 리더십 유형 |
| Hersey & Blanchard의 상황대응이론 (Life Cycle Theory) | 설득적/참여적/ 위임적/지시적 | 부하의 성숙도 | 부하의 성숙 수준에 맞춘 리더십 |
| House의 경로-목표 이론 (Path-Goal Theory) | 지시적/ 후원적/ 참여적/ 성취지향적 | ●부하특성 : 능력 내·외 재론적 성향, 욕구, 동기 ●환경적 요인 : 과업, 공식적 권한체계 작업중단 | 동기행동에 관련된 상황에 대한 인지과정 : 기대감을 높이기 위한 적절한 리더십 행동 |

- 조성종(2002), 「서비스 지향적 리더십과 인간관계」 서울: 두남, 91

④ 변혁이론

1980년대에 들어 새로운 이론들이 기존의 전통적인 리더십 이론들이 지닌 단점을 보완하기 위해 등장하기 시작하였다. 이들 이론은 하위자의 변화를 중점적으로 다루는 동시에 전통적 리더십 이론에서 간과되어 왔던 리더와 하위자 간의 실질적인 영향력 관계를 파악함으로써 리더십의 본질에 보다 근접할 수 있는 계기가 되었다. 특히 번즈(Burns,1978)에 의해 전통적인 리더십 이론과 대비되는 이론으로 제시된 변혁적 리더십 이론은 배스(Bass, 1985)에 의해 본격적으로 연구되기 시작하면서 하위자들의 실질적인 변화를 이끌어 내는 일대 전환점을 이루게 되었다. 이 이론은 리더와 하위자 간의 관계를 교환 및 거래관계로 가정하고 주로 현상의 유지에 중점을 두고 있는 거래적 리더십을 비판하는데서 출발하여 하위자들의 욕구를 끌어올리고 개인, 집단, 조직의 성과를 극적으로 향상시키려는 시도로써 구체화되고 있다.

## 2) 지도자의 특성에 따른 접근방법

일반적으로 리더십 유형은 독재자 유형, 민주주의에 근접한 유형, 파트너십 유형, 변혁적 리더십 등 크게 4가지로 구분할 수 있다. 이러한 유형의 올바른 선택은 자신이 속한 조직의 문화와 상황이 어떠한지에 따라 융통성 있게 선택하는 것이 좋다.

### ① 독재자 유형

정치학에서 그 어원이 비롯된 것과 같이, 독재형은 정책의사결정과 대부분의 핵심정보를 스스로에게만 국한해 소유하고 고수하려는 경향이 있다. 전형적인 독재자 유형의 특징은 다음과 같다.

- 질문 금지 - 집단의 규착하에 지배자로 군림, 조직원들은 주어진 업무만을 수행
- 모든 정보는 나의 것 - 지식이 권력의 힘이라고 믿음
- 실수를 용납하지 않음 - 언제나 최고의 질적 수준을 요구

독재자 유형은 집단이 통제가 없이 방만하거나 혹은 가시적인 성과물이 보이지 않을 때 사용하면 효과적일 수 있다. 이 경우 독재자 유형의 리더는 팀원에게 업무를 공정히 배분하고 스스로 결과에 책임을 질 수 있도록 독려할 수 있다.

### ② 민주주의에 근접한 유형

이 유형은 독재자 유형의 리더십보다 관대한 편으로 리더는 그룹에 정보를 잘 전달하려 노력하고, 전체 그룹의 구성원 모두를 조직의 목표 방향으로 이끌어가며 참여시킨다.
민주주의에 근접한 유형의 특징은 다음과 같다.

- 참여 - 리더는 팀원이 모두 동등하다는 것을 확신시킴
- 토론의 장려 - 경쟁과 토론의 가치를 인식하며 팀이 나아갈 방향 설정에 참여시킴
- 거부권 - 이 유형의 리더는 비록 민주주의의긴 하지만 최종 결정권은 리더에게만 있다.

민주주의에 근접한 방식은 리더가 능력이 탁월한 조직원을 거느리고 있고, 그런 방향을 계속적으로 지향할 때 효과를 볼 수 있는 방식이다. 하지만 좋은 아이디어를 가졌다 할지라도 질적 수준을 수반하는 것은 아니기 때문에 리더는 옳고 그름을 결정할 책임이 있다.

### ③ 파트너십 유형

이는 전혀 다른 형태의 리더십으로 독재자 유형과 민주주의에 근접한 유형은 리더와 집단 구성원 사이에 명확한 구분이 있다. 하지만 파트너십에서는 그러한 구분이 확실하지 않다.

파트너십 유형의 특징은 다음과 같다.

- 평등 - 리더는 조직구성원 중 한 명일 뿐이며 모두 동등한 대우를 받아야 한다.
- 집단의 비전 - 집단의 구성원들은 의사결정과 팀의 방향 설정에 참여한다.
- 책임 공유 - 모든 조직원은 집단행동의 성과와 결과에 대한 책임을 공유한다.

파트너십 유형은 소규모 조직에서 풍부한 경험과 재능이 있는 개인에게 적합하다. 신뢰와 정직, 그리고 구성원의 능력에 대한 믿음이 파트너십의 핵심이다.

### ④ 변혁적 유형

개인과 팀이 유지해 온 지금까지의 업무 상태를 뛰어넘으려 하며 전체 조직이나 팀원에게 변화를 가져오는 원동력이다. 변혁적 유형의 특징은 다음과 같다.

- 카리스마 - 조직에 명확한 비전을 제시하고 전달한다.
- 자기 확신 - 뛰어난 능력과 자신에 대한 확실한 믿음을 가지고 있다.
- 존경심과 충성심 - 개개인 스스로가 중요한 존재임을 깨닫게 해 존경신과 충성심을 불러일으킨다.
- 풍부한 칭찬 - 한 가지 일에 대한 성공이 앞으로의 도전에 대한 좋은 자극이라 생각하며 구성원이나 팀이 직무를 잘 수행했을 때 칭찬을 아끼지 않는다.
- 감화 - 리더는 구성원들이 불가능하다고 생각하는 일을 할 수 있도록 자극과 도움을 준다.

 Level up Mission

⊙ 다음을 읽고 각각의 사례가 어떤 스타일의 리더십에 해당하는지 생각해 보자.

① K병원의 원장은 의사나 간호사, 원무팀 직원들의 이야기를 듣기보다는 자신의 생각에 순응하며 따르도록 요구한다. 이에 따라 조직원들은 자신에게 주어진 업무만 묵묵히 수행하며, 조직에 대한 정보를 알지 못하며 알고 싶은 욕구도 갖지 않는 상황이다.

② D유치원의 원장은 아침마다 보육 교사들을 모아놓고 회의를 진행한다. 모닝미팅에서 원장은 그날그날의 아이들 지도 내용에 대한 개요자료를 교사들에게 나누어준다. 자료를 읽고 난 뒤 교사들은 자신의 의견을 제시하거나 새로운 안을 건의하기도 한다. 원장은 이러한 교사들의 의견에 동의하거나 거부할 권한을 가진다.

③ 유명 호텔의 한식 조리장인 J는 자신이 팀원 중 한 명일 뿐이라는 생각을 가지고 있다. 이에 따라 자신의 의견이 팀원들의 의견보다 중요하다고 생각하지 않으며, 모든 팀원들의 의견은 동등하게 존중받고 있다. 직원들은 팀의 성과와 결과에 대한 공동 책임을 지고 있다.

④ M항공사의 임원인 U 상무는 그동안 회사가 유지해온 업무수행 상태에 문제가 있다고 생각하고 있었다. 이를 개선하기 위해 그는 팀에 명확한 비전을 제시하고, 팀원들로 하여금 업무에 몰입할 수 있도록 격려하였다.

## 3) 관리자 VS 리더

"리더십과 관리는 크게 다르지만 상호 보완적인 행동체계이다.

각자 다른 역할과 독자적인 활동을 수행한다.

점점 더 복잡해지고 끊임없이 변화하는 비즈니스 환경에서 조직이 성공하려면,

이 두 요소가 모두 필요하다.

관리능력은 부족하고 리더십만 강력한 조직은

리더십이 부족하고 관리능력만 뛰어난 조직에 비해 더 나을 것이 없으며,

이따금 더 나쁜 성과를 거두기도 한다.

강력한 리더십과 뛰어난 관리능력을 결합해 균형을 맞추는 일은 몹시 어렵다."

- 존 코터(하버드 비즈니스 스쿨의 명예교수이자 리더십 및 변화관리 분야의 세계적인 권위자)

'관리'와 '리더십'이라는 용어는 서로 혼용이 되며, 일반적으로 이 두 개념을 동일하게 받아들이는 사람들도 많다. 하지만 관리와 리더십은 엄격하게 구분된다. 성과를 내는 조직이 되기 위해서는 이 두 가지가 모두 필요하다. 서로 비교하고 차이점을 이해한다면 이두 핵심 역할의 균형을 맞추고 개선할 수 있다.

관리와 리더십의 가장 중요한 차이점은 관리의 대상이 무엇이냐에 달려 있다. 관리는 대상이 사물인 반면, 리더십의 대상은 사람이다. 사물에서는 물리적 자산, 시스템 등을 다루고, 사람의 영역범위는 고객, 팀과 조직의 구성원, 외부 파트너 등이다. 사물의 영역에서는 일하는 방식을 다루지만, 사람의 영역에서는 존재의 방식을 다루는 것이다.

**[표 3-4]  보완적인 장점**

| 관리자 | 리더 |
| --- | --- |
| 상황에 수동적 | 새로운 상황 창조자 |
| 사실 | 감정 |
| 오늘에 초점 | 내일에 초점 |
| 체제나 기구 중시 | 사람 중시 |
| 직권 | 설득력 |
| 통제 | 헌신 |
| 문제해결 | 가능성에 대한 사고 |
| '어떻게 할까'를 생각한다. | '무엇을 할까'를 생각한다. |
| 규칙 | 가치관 |
| 업무에 대한 계획과 통제 | 비전의 창조와 방향의 제시 |
| 사람을 관리한다. | 사람들 마음속에 불을 지피기 |
| 표준화 | 혁신 |

- 리더스 다이제스트 -짐 클레머 (p.22 참고)

결국 조직이 성공하려면 관리와 리더십이 모두 필요하다. 이 중 어떤 것이 중요하냐는 자전거의 앞뒤 바퀴 중에서 어떤 것이 더 중요한가와 같은 질문이다. 결국은 둘의 균형이 잘 이루어질 때 조직은 건강하게 성장할 수 있을 것이다.

 사례

서든 캘리포니아 대학의 경영학 교수인 워렌 베니스는 수십 년 동안 리더십에 대해 폭넓게 연구해 그 결과를 발표했다. 그는 리더가 관리자에 비해 사람의 힘을 훌륭하게 활용하는 원인을 다음과 같이 설명했다.

"관리자는 사람들이 해야 할 일을 하도록 만들지만, 리더는 해야 할 일을 하고 싶도록 만든다. 관리자는 밀어 붙이지만 리더는 끌어당기며, 관리자는 명령하지만 리더는 대화를 나눈다."

 ## 3. 21C 리더십

### 1) 감성 리더십

감성 리더십의 선두주자인 다니엘 골만은 감성 리더십이란 리더 스스로 자신의 내면을 파악하고, 구성원의 감성을 이해하고 배려함과 동시에 자연스럽게 조직구성원들과 관계를 형성해 조직의 감성 역량을 높이는 능력이라고 정의했다. 조직구성원이 다양해지고 가치관이 빠르게 변하면서, 일상생활에서 구성원들이 느끼는 감성을 이해하고 이들과 긍정적인 관계를 유지하는 감성 리더십의 중요성이 부각되는 시점이다.

감성 리더십은 다음의 4단계를 거쳐 구축되며, 결과적으로 구성원의 자발적인 협력을 이끌어내고 새로운 방식으로 문제해결을 촉진함으로써 창조적인 조직성과 창출에 기여할 수 있는 패러다임이다.

#### ① 1단계 : 리더의 자기통제 단계

자신의 감정표현이 개인에 머무는 것이 아니라 조직 전체에 미치는 영향을 정확히 인식하고 부정적인 감정을 스스로 조절할 수 있어야 한다. 같은 집단에서 일하는 사람들 간에는 불안, 시기, 행복 등의 감성이 전이(emotional contagion)되며, 이는 조직의 성과나 분위기에 큰 영향을 미치기 때문에 리더는 자신의 감정을 잘 관리해야 한다.

연구 결과에 따르면, 구성원들 간에는 부정적인 감정이 긍정적인 감정보다 전염성이

높다고 한다. 우리나라와 같이 근무시간이 길고 관계지향적인 문화가 강한 환경은 상대방의 감정에 더 많이 노출되면서 감정이 쉽게 전염될 수 있는 구조다. 특히, 리더는 성과에 대한 압박으로 스트레스가 크고 부정적인 감정에 쉽게 노출되는 편이다. 이들은 자신의 부정적인 감정을 쉽게 표현할 수 있는 위치에 있기 때문에, 리더로 인한 감정 전염은 조직에 직접적인 영향을 미칠 수 있다. 따라서 리더는 자신과 다른 사람의 감정을 이해하고 조절할 줄 아는 감성 역량을 키울 필요가 있다.

② 2단계 : 조직 내 신뢰 구축 단계

리더가 구성원을 대상으로 마음에서 우러난 신뢰와 존중을 표현해 감성 리더십의 기반을 마련하는 과정이다. 이를 위해 리더는 구성원들과 정기적인 모임을 갖거나, 티타임, 온라인 대화 등 다양한 소통 채널을 갖는 것이 필요하다.

③ 3단계 : 개별적 관심과 배려

리더는 구성원에게 맞춤형 배려를 제공해 감동을 줄 수 있다.

④ 4단계 : 긍정적인 집단감성의 형성 단계

리더와 구성원의 개별 관계를 넘어, 조직 전체의 우호적, 협조적 관계를 구축해 집단 자체가 긍정적인 정서를 형성하는 것이 중요하다.

## 2) 변혁적 리더십

앞에서 언급한 바와 같이 변혁적 리더십은 초기의 카리스마적 요소를 구체화하여 자부심과 존경심을 불러일으키는 리더의 강한 면모와 더불어 부하에게 적절한 권한을 부여하고 지위상승을 허용하여 신뢰감을 얻는 관대한 리더십을 말한다. 상황에 따라 자율적이고 방임적인 반면, 조건과 보상의 실익을 따지는 거래적 리더십의 선택 능력을 리더에게 요구함으로써 보다 넓은 의미의 변혁적 리더십 개념으로 변화했다(Burns, 1978; Bass, 1985).

변혁적 리더십의 대가 Bass의 연구에 의하면 변혁적 리더십은 5개 요소로 규정된다. 그는 변혁적 리더십의 요소로서 카리스마, 개별화된 배려, 지적 자극 등 3개 요소와 거래적 리더십의 요소로서 조건적 보상과 예외 관리 요소 등 2개 요소를 포함해 설명하고 있다.

① 카리스마 : Bass는 변혁적 리더십의 요소 가운데 가장 특징적 요소로 카리스마를 들고 있다. 그의 주장에 의하면 카리스마란 리더와 부하의 관계에 존재할 때 부하의 감정적 몰입에 의해 변혁적으로 드러난다. 카리스마적 리더십은 강한 측면보다는 부드럽고 진지하며 덕을 갖춘 솔선수범형이라 할 수 있다. 결국 부하들은 능력을 갖춘 리더에게 고무되고 감성적으로 깊은 영향을 받게 되며 위기 상황에서 존경심을 갖게 되어 동기가 부여되는 것이다.

② 개별적 배려 : 변혁적 리더는 구성원들로 하여금 스스로 리더가 되려는 노력을 고무해야 한다. 그러므로 변혁적 리더십의 요소인 개별화된 배려는 부하들이 자기개발을 위하여 리더와 동일시하려는 의식을 고취하게 하는 중요한 수단이 된다. 변혁적 리더십은 부하의 책임의식을 고취하고 부하 스스로가 리더를 역할모델로 수용하여 이익을 얻어낼 수 있다는 생각을 가지게 하며, 주인의식과 함께 변화에 대한 적응력이 향상되는 등의 긍정적 효과를 얻을 수 있다.

③ 지적 자극 : 변혁적 리더는 문제의 인식과 해결에 있어 부하들로 하여금 상황을 이해하고 개념화, 식별할 수 있는 능력을 가질 수 있게 자극할 수 있어야 하며 구성원들에게 조직이 당면한 문제점과 비교우위 등을 명확하고 투명하게 알려 주어야 한다. 변혁적 리더는 혁신적 변화를 추구하므로 그 수단으로 부하들을 비감성적 차원에서 끊임없이 자극한다. 그러므로 변혁적 리더십 요소 가운데 지적 자극 요소는 거래적 리더십 요소 가운데 하나인 예외적 관리 요소가 기존 현상의 본질을 부정하지 않고 유지하려고 하는 가장 대치되는 리더의 행위라고 할 수 있다.

④ 조건적 보상 : 조건적 보상 요소의 측정은 긍·부정적 조건의 강화로 분류된다. 전자는 급여 인상, 직위 향상, 독려 등이고, 후자는 합의된 표준 이하의 성과가 얻어질 때 가해지는 결과의 인지 및 부정적 피드백, 벌금, 무급 정직, 지원의 중단 등이며 최악의 경우 해고 등의 방법이 제시되고 있다. 그러나 상기의 실행요소 이외에도 긍정적 강화의 방법으로 칭찬이나 공개적 인정, 존경심의 표시 등도 효과적이다. 부정적 강화의 실행은 조심스럽게 이루어져야 함을 경계하도록 한다.

⑤ 예외적 관리 : '부하가 몇 가지의 이유를 들어 의무를 이행치 않았거나 기대되는 성과에 미치지 못했을 경우 관리자가 개입하는 경우'로 정의한다. 이러한 예외관리행위 자체가 군대 조직, 교육 관리 조직이나 대규모 기업의 관리자와 같은 관료집단에게는 생산성 향상에 역행될 수 있다는 사실을 실증을 통해 확인하였음에도, 필요악으로 그 존재를 인정하고 있다.

**핵심포인트**

■ 변혁적 리더십 요소

- 리더의 입장에서 부하에 대한 신뢰감과 충성심의 고취, 그리고 일의 분별력을 통하여 존경심을 획득함으로써 부하의 입장에서는 스스로 능력을 획득하기 위한 노력에 집중하도록 하는 카리스마적 요소

- 리더의 입장에서 부하의 잠재력을 평가하고 그에 맞는 직무를 할당하고 권한을 이양하며 비공식적 의사소통을 가능하게 함으로써 부하의 입장에서 리더와의 동일시 노력을 자극하는 개별적 배려 요소

- 리더의 입장에서 조직이 처한 당면한 실제 문제를 알리고 장기적인 목표를 지향하며 변화에 대한 적응성을 지향하여 부하의 입장에서 능동적 자아 실현을 추구하도록 하는 지적 자극 요소

■ 변혁적 리더십 요소와 구분되는 거래적 리더십 요소

- 리더의 입장에서 긍정적 강화의 수단과 부정적 강화의 수단을 구별하여 보상하여 부하로 하여금 결과에 대한 지각을 분명하게 하는 조건적 보상 요소

- 리더의 입장에서 통제의 범위를 일탈행위로 축소하고 변화를 추구하는 자세를 견제하여 부하의 입장에서 통제의 축소를 인식하게 하는 예외 관리 요소

## 학습평가 Quiz

1. 다음은 무엇에 대한 설명인가?

> 리더 스스로 자신의 내면을 파악하고, 구성원의 감성을 이해하고 배려함과 동시에 자연스럽게 조직구성원들과 관계를 형성해 조직의 감성 역량을 높이는 능력

① 감성 리더십             ② 변혁적 리더십

③ 전통적 리더십          ④ 상황대응 리더십

2. 다음에 제시된 리더십 유형의 4자지를 가장 효과적으로 활용할 수 있는 상황과 각각 연결지어 보자.

> 독재자 유형         ●         ● 조직에 획기적인 변화가 요구될 때
>
> 민주주의에 근접한 유형 ●         ● 소규모 조직에서 경험과 재능 있는 조직원이 있을 때
>
> 파트너십 유형       ●         ● 통제 없이 방만한 상태, 가시적 성과물 필요 시
>
> 변혁적 유형        ●         ● 혁신적이고 탁월한 부하직원들이 있을 때

3. 다음 중 리더의 특징이 아닌 것을 고르시오.

① 감정          ② 헌신          ③ 혁신          ④ 현재

4. 다음의 특징을 갖고 있는 리더는 어떤 유형이라고 볼 수 있는가?

> • 카리스마 - 조직에 명확한 비전을 제시하고 전달한다.
> • 자기 확신 - 뛰어난 능력과 자신에 대한 확실한 믿음을 가지고 있다.
> • 존경심과 충성심 - 개개인 스스로가 중요한 존재임을 깨닫게 해 존경심과 충성심을 불러일으킨다.
> • 풍부한 칭찬 - 한 가지 일에 대한 성공이 앞으로의 도전에 대한 좋은 자극이라 생각하며 구성원이나 팀이 직무를 잘 수행했을 때 칭찬을 아끼지 않는다.
> • 감화 - 리더는 구성원들이 불가능하다고 생각하는 일을 할 수 있도록 자극과 도움을 준다.

5. 파트너십 유형의 리더가 가지고 있는 3가지 핵심 가치는 무엇인가?

 ## 학습내용 요약 Review (오늘의 Key Point)

1. 리더십이란 일정한 상황하에서 목표의 달성을 위하여 개인 혹은 집단행동에 영향력을 행사하는 과정이라고 정의내릴 수 있다.

2. 관리와 리더십의 가장 중요한 차이점은 관리의 대상이 무엇이냐에 달려 있다. 관리의 대상은 사물인 반면, 리더십의 대상은 사람이다.

3. 전통 리더십의 이론은 특성이론, 행동이론, 상황이론, 변혁이론 등 4가지 유형으로 구분하여 발전하여 왔다.

4. 일반적인 리더십 유형은 독재자 유형, 민주주의에 근접한 유형, 파트너십 유형, 변혁적 리더십 등 크게 4가지로 구분할 수 있다. 이러한 유형의 올바른 선택은 자신이 속한 조직의 문화와 상황이 어떠한지에 따라 융통성 있게 선택하는 것이 좋다.

5. 감성 리더십이란 리더 스스로 자신의 내면을 파악하고, 구성원의 감성을 이해하고 배려함과 동시에 자연스럽게 조직구성원들과 관계를 형성해 조직의 감성 역량을 높이는 능력이다. 감성 리더십은 구성원의 자발적인 협력을 이끌어내고 새로운 방식으로 문제해결을 촉진함으로써 창조적인 조직성과 창출에 기여할 수 있는 패러다임이다.

6. 변혁적 리더십은 초기의 카리스마적 요소를 구체화하여 자부심과 존경심을 불러일으키는 리더의 강한 면모와 부하에게 적절한 권한을 부여하고 지위상승을 허용하여 신뢰감을 얻는 관대함을 가진 리더십을 말한다.

스스로 적어보는 오늘 교육의 메모

# 동기부여 & 변화관리능력

## Contents

## Learning Objectives

1. 동기부여의 개념과 중요성을 설명할 수 있다.

2. 동기부여의 이론과 동기부여 방법을 설명할 수 있다.

3. 변화관리의 정의와 변화관리 모델에 대해 설명할 수 있다.

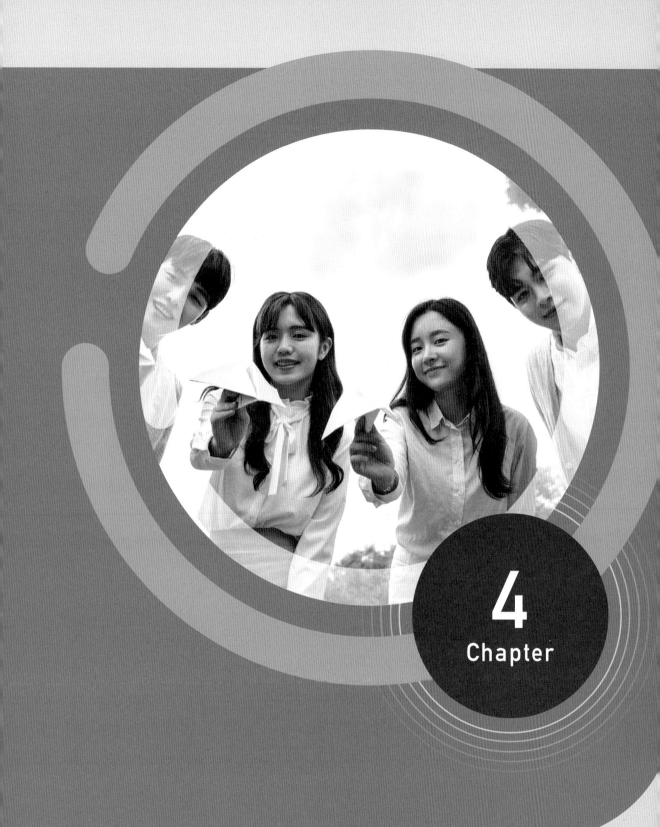

4
Chapter

이야기 속으로 ...
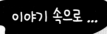

변화를 거부한 1등기업 _ 131년 코닥의 몰락!!!

"디지털 카메라를 처음 만든 기업은?" 이 질문에 니콘이나 캐논을 떠올리기 쉽지만 정답은 바로 코닥이다. 코닥은 1975년 세계 최초로 디지털 카메라 기술을 개발해 어떤 업체보다 발빠르게 미래를 예견했다. 하지만 당시는 필름 현상, 인화가  절대 진리로 통하던 시절. 코닥은 기존 주력제품이던 필름시장이 잠식당할까봐 디지털카메라의 개발과 마케팅에 적극적으로 나서지 않았다. 소니가 필름이 필요 없는 디지털 카메라 '마비카'를 출시한 1981년에도 코닥은 디지털 카메라를 기회가 아닌 위협으로 생각했다. 당시 미국 필름시장의 80%를 차지할 만큼 독보적인 위치를 차지하고 있었기 때문이었다. 하지만 소비자들은 디지털 카메라로 점차 눈길을 돌리고 있었다. 시장에서는 필름 카메라 시대가 저물고 있다는 사실을 모두 아는데 코닥만 모르고 있다는 얘기가 나올 정도였다.

 1990년대 중반 위기의식을 느낀 코닥이 뒤늦게 디지털 사업에 뛰어들었지만, 여전히 필름시장에 미련을 버리지 못했다. 2005년까지 코닥은 여전히 필름업계 1위였지만 성장에 한계가 있었고 매출은 반토막이 났다. 급기야 2009년 필름 사업을 버리는 결단을 내렸지만 회생하기에는 역부족이었고, 결국 2012년 1월 파산하고 말았다. 130년 코닥의 역사는 이렇게 끝났다. 코닥이 허망하게 망한 것은 기술력의 문제가 아니라 시대의 변화를 수용하고 발빠르게 대처하지 못했기 때문이다.

[출처] 변화를 거부한 1등기업 _ 131년 코닥의 몰락!!!|작성자 이정관 비즈니스코치

4장에서는 기업의 지속 가능한 경영에 있어서 필수요소인 변화관리에 대해 알아본다. 또한 개인의 성장과 변화의 동력이 되는 동기에 대한 탐구도 함께 진행해 본다. 동기는 심리학적 용어의 하나로 '움직이게 하다'라는 라틴어 '모베러(movere)'에서 나왔다. 대체 인간은 무엇에 의해 움직이는가? 무엇이 1등과 2등, 1등과 꼴찌의 차이를 만들어 내는 것일까? 이번 장에서는 동기부여의 개념과 이론, 변화관리에 대하여 통합적으로 학습한다. 그럼 성장 동력인 동기부여와 변화관리의 세상 속으로 지금부터 들어가 보자.

사전진단. Self Check

1. 다음은 무엇에 대한 설명인가?

> 자극을 주어 생활체로 하여금 행동을 하게 만드는 일

① 동기부여        ② 자신감

③ 행동주의        ④ 액션플랜


2. 다음 중 바르지 않게 연결된 것을 고르시오.

① 동기 1.0 - 생존을 위해 움직임

② 동기 2.0 - 외적 보상과 처벌을 통해 움직임

③ 동기 3.0 - 외적 동기를 통해 움직임


3. 변화관리의 대가인 존 코터가 주장한 변화관리는 총 몇단계로 구성되어 있는가?

① 3단계        ② 5단계

③ 8단계        ④ 9단계

## 1. 동기부여(Motivation)의 개념과 중요성

과연 21세기에 사람들을 움직이게 하는 동기는 무엇일까?

신경과학자이자 미래학자인 다니엘 핑크는 '드라이브-진정한 동기'란 책에서 동기 3.0 을 소개하며 내재적 동기를 강조한다. 그는 생존을 위해 움직였던 것을 '동기 1.0', 20세기 규칙 위주의 기계적인 일에 대한 외적 보상과 처벌(당근과 채찍)로 움직였던 것을 '동기 2.0', 창의적인 일을 하는 데 있어 중요한 내적 동기는 '동기 3.0'으로 규정했다.

- 충청타임즈 심리학으로 보는 세상만사 양철기 〈충북학생외국어교육원 연구사 · 박사 (2014.07.21)

### 1) 동기부여의 개념

국립국어원에 따르면 동기부여(動機附與)의 정의는 다음과 같이 정리해 볼 수 있다.

> 1. 〈교육〉 학습자의 학습 의욕을 불러일으키는 일
>
> 2. 〈심리〉 자극을 주어 생활체로 하여금 행동을 하게 만드는 일. 굶주림과 같은 생활체 내부의 동인(動因)과 음식과 같은 외부의 유발인(誘發因)에 의하여 이루어진다.

동기부여는 직장생활을 하는 사람들이 조직의 목표를 향하여 특정한 행동에 열심히 임 하도록 움직이게 만드는 과정이다. 동기는 행위 결과에 따라 보상을 받게 되는 '외적 동 기'와 자체가 즐겁거나 관심이 있어서 하게 되는 '내적 동기'로 나뉜다.

동기부여의 과정을 볼 때 동기부여의 시작은 '불안정 상태(state of disequilibrium)' 혹은 '불균 형 상태(sence of imbalance)'로부터 시작된다. 이러한 상태는 인간에 의해 경험된 욕구, 바람, 기대에 의해 생겨난다. 예를 들어 월급을 더 많이 주는 직장으로 옮기고 싶어하는 바람을 느낀다거나, 이성친구가 더 잘해 주길 기대하는 마음 등이 생길 때 편안하지 못하고 불안 정한 상태에 놓이게 된다. 이를 상대적 욕구결핍이라고 설명할 수 있다.

이러한 욕구란 어떤 시점에서 개인이 경험하는 상대적 욕구결핍으로서 행동을 활성화 시키고 촉진하게 만든다. 따라서 결과적으로 이때부터 동기부여의 시동이 걸린다고 보

면 된다. 동기는 불안정하다는 느끼는 욕구를 충족시킬 분명한 행동을 야기하게 만든다. 따라서 그 욕구를 충족시킬 수 있는 방안을 모색하게 되고, 그 결과 하나의 행동이 선택된다. 이렇게 선택된 행동은 목표지향적이어서 그 목표가 달성될 때까지 그 행동은 유지된다. 이것은 다시 개인들에 의해 상대적 욕구결핍을 재평가하게 함으로써 피드백 과정을 통해 행동이 수정되고 이는 다른 불안정 상태를 만들어 내는 순환과정을 이룬다.

## 2) 동기부여의 중요성

다니엘 핑크가 주장하길 호기심과 흥미를 충족하기 위해 일할 때, 즉 일이 놀이가 될 때 훨씬 큰 성과가 나타난다고 한다. 보상과 처벌이 따르는 일이 되면 흥미가 떨어지고 효율도 낮아지지만, 자발적 동기로 임하면 힘겨운 일도 즐겁게 할 수 있다. 이런 현상을 그는 '톰소여 효과'라고 불렀다. 부정적인 면(보상을 주면 놀이가 일로 변할 수 있음)과 긍정적인 면(내재적 동기에 의하면 일이 놀이로 변할 수 있음)을 '동기 3.0'에 빗대어서 이야기하고 있는 것이다.

사람들은 외적 보상이 두드러지는 환경에서는 보상을 유발하는 지점까지만 노력하고 그 이상을 애쓰지 않는다. 외재적 보상이 나쁘다는 것이 아니다. 하지만 보상은 행동의 의미를 바꿔버리는 행동연금술 같은 것이다. 보상이 있기에 흥미진진했던 일이 틀에 박힌 지루한 업무로 변형될 수 있다. 우리는 지금까지의 과학적 연구결과에 귀 기울이고 관행적 행동을 '동기 3.0'으로 업그레이드시켜야 한다. 사람들이 '하고 있는 일 자체에 대한 재미'를 추구할 수 있는 내재적 동기를 유발할 수 있도록 해야 한다.

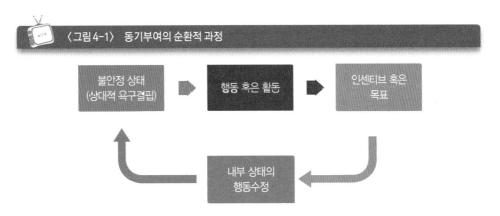

〈그림 4-1〉 동기부여의 순환적 과정

불안정 상태
(상대적 욕구결핍)

행동 혹은 활동

인센티브 혹은
목표

내부 상태의
행동수정

동기부여는 리더십의 핵심 개념이다. 얻고자 하는 성과와 목표의 실현은 동기부여의 최종 목적지이다. 그렇기 때문에 리더라면 구성원들이 좋은 성과를 내도록 동기부여할 수 있는 능력을 갖춰야 할 뿐만 아니라, 자기 자신에도 동기를 부여할 수 있어야 한다.

 Level up Mission

Q. 지금까지의 삶을 돌아봤을 때 내적 & 외적인 동기부여에 의해 행동했던 인상적인 경험을 적어보고 내용을 공유해 보자.

| | 상황 | 결과 |
|---|---|---|
| 외적 동기부여 | | |
| 내적 동기부여 | | |

 읽을거리

기업이나 조직은 개인의 이러한 외적-내적 동기 특성을 어떻게 활용할 수 있을까? 구글 같은 기업은 최대한 내적 동기가 높은 개인을 채용하려고 한다. 내적 동기 수준이 낮은 사람은 구글에 발도 들여놓지 못하게 하는 전략을 쓴다는 구글의 신입사원 채용에는 나름의 '불문율'이 있다. "당신보다 더 똑똑한 사람을 뽑아라." 이를 위해 구글은 구글만의 온갖 창의적인 채용방법을 만들어냈다. 2004년 어느 날 미국 캘리포니아의 남북을 가로지르는 국도에 광고판이 하나 설치됐다. 아무런 정보도 없이 그저 '7427466391.com'이라고 적힌 광고판. 대부분의 사람은 차를 운전하며 이 광고판을 무심히 지나쳤다. 그러나 어떤 사람들은 달랐다. 일부 사람은 광고판에 적혀있는 '7427466391.com'을 기억해뒀다가 인터넷 접속을 했다. 접속을 했더니 "축하합니다. 다음 문제에 도전하세요"라는 문구와 함께 더 복잡한 두 번째 문제가 등장했다.

앞의 '7427466391'은 사실 '오일러의 수'였다. 두 번째 창에는 이 오일러 수에서 그 합이 49가 되는 숫자의 나열 중 다섯 번째 수를 구하라는 새로운 문제가 나타났다. 대부분의 사람이 여기서 좌절하고 사이트를 닫았다. 그러나 이에 굴하지 않고 문제를 푼 사람은 어떻게 되었을까? 이 답까지 모두 구하면 최종적으로는 구글의 채용사이트로 접속되고 여기까지 접근한 사람에게는 간단한 인터뷰만 거치면 구글에 입사할 수 있는 자격이 주어졌다. 이처럼 호기심과 끈기라는 내적 동기를 가진 이들을 찾는 전략을 도입한 구글은 그해 전 세계 최고의 인재를 선발할 수 있었다고 한다.

중앙시사 매거진. 심영섭의 심리학 교실 | 인간은 무엇으로 움직이나? 동기심리학의 세계 - 2015.12.27.

## 2. 동기부여 이론과 동기부여 방법

동기부여의 내용이론(Motivation Content Theory)은 동기부여를 해석함에 있어 모든 내용을 욕구로 연결지어 설명하는 이론들이다. 욕구단계 이론과 ERG 이론, 성취동기 이론 등이 포함된다.

### 1) 매슬로우의 욕구단계 이론

에이브러햄 매슬로우(Abraham Maslow)는 1943년 인간 욕구에 관한 학설을 제안했다. 이른바 '매슬로우의 인간 욕구 5단계 이론(Maslow's hierarchy of needs)'이다. 이 이론에 의하면 사람은 누구나 다섯 가지 욕구를 가지고 태어나는데 이들 다섯 가지 욕구에는 우선순위가 있어서 단계가 구분된다는 것이다.

에이브러햄 매슬로우
(Abraham Maslow)

사람은 가장 기초적인 욕구인 생리적 욕구(physiological needs)를 맨 먼저 채우려 하며, 이 욕구가 어느 정도 만족되면 안전해지려는 욕구(safety needs)를, 안전 욕구가 어느 정도 만족되면 사랑과 소속 욕구(love & belonging needs)를, 그리고 더 나아가 존경 욕구(esteem needs)와 마지막 욕구인 자아실현 욕구(self-actualization needs)를 차례대로 만족하려 한다는 것이다. 즉, 사람은 5가지 욕구를 만족하려 하되, 우선순위에 있어서 가장 기초적인 욕구부터 차례로 만족하려 한다는 것이다.

물론 이 이론은 예외가 많아서 그의 제안 모두를 그대로 받아들이기는 어렵다. 비판의 핵심은 각각의 단계 구분이 모호하다는 것, 과학적 검증이 어렵고 실증적인 뒷받침이 없다는 점이다. 매슬로우의 이론을 비판 없이 무조건 받아들일 수는 없지만 동기이론의 기초를 제시했다는 점에서 아직도 높이 평가하고 있다.

<그림 4-2> 매슬로우의 욕구 5단계

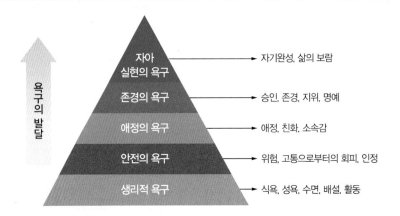

[네이버 지식백과] 인간의 가장 본능적인 욕구는 무엇일까? - 매슬로우의 인간 욕구 5단계 이론

## 2) 허츠버그의 동기위생 이론(Motivation-Hhygiene Theory)

미국의 심리학자인 프레드릭 허츠버그(Frederick Herzberg)가 직원들을 면담하며 직무만족에 영향을 주는 요소를 정리해 만든 이론으로 '사람들이 직업에서 원하는 것이 무엇일까'에 대해 연구하며 분석했다. 이 이론은 직원들의 동기를 부여시키는 동기요인과 직무불만족을 높이는 위생요인이 있다는 것으로 '2요인 이론'이라고도 불린다. 허츠버그는 인간에게 동기를 주는 욕구로 두 가지를 제시한다. 불쾌감을 피하려는 욕구와 정신적으로 성숙, 성장하고 자아실현을 하려는 욕구이다.

프레드릭 허츠버그
(Frederick Herzberg)

▪ 위생요인(= 환경요인)

직무에 대해 불만족을 느끼게 하는 요인으로 충족 시에 불만이 줄지만 만족감이 생기지는 않는다. 위생요인이 충족되지 않으면 불만이 발생하지만, 위생요인 충족이 직무만족으로 이어지지는 않는다.

> 예 임금, 작업환경, 보상, 지위, 정책 등 환경적인 요소들이 이에 해당

▪ 동기요인

직무에 만족을 느끼게 하는 요인으로 충족 시에 만족하게 되지만, 불충족 시에도 불만이 생기지는 않는다. 위생요인보다 높은 수준의 욕구라고 할 수 있으며, 동기요인이 충족되지 않아도 불만족을 유발하지는 않는다. 이 요인이 충족되면 높은 직무성과를 기대할 수 있다.

> 예 인정과 존중받음, 성취감, 책임, 성장, 도전의식 등이 이에 해당

위생요인은 매슬로우 이론에서의 1~3단계 이론과 비슷하지만 허츠버그는 위생-동기의 두 가지 요인은 반대되는 개념이 아니라 완전히 이질적인 것이어서 별도로 충족된다고 보았다는 차이점이 있다. 즉, 직무 만족요인과 불만요인은 하나의 선상에 있는 것이 아니고 서로 다른 두 개의 선상에 있다는 것이다. 쉽게 이해하자면 만족의 반대가 불만족이 아니라는 관점을 제시한 것이다.

## 3) 알더퍼의 ERG 이론

심리학자인 알더퍼(C. Alderfer)는 1972년에 매슬로우의 욕구단계설을 발전시켜 ERG 이론을 주장했다. 사람의 욕구가 단계적이라는 부분은 매슬로우와 동일하지만 그 단계를 5개에서 3개로 줄였다. ERG는 다음의 세 가지 욕구의 약자이다.

알더퍼(C. Alderfer)

 〈그림 4-3〉 알더퍼의 ERG 이론

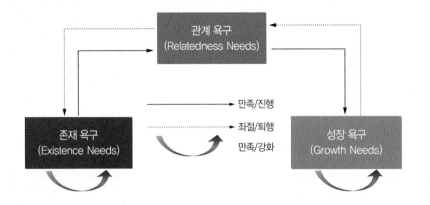

- Existence needs : E는 존재의 욕구

  배고픔, 쉼, 갈증와 같은 인간이 존재하기 위한 생리적이거나 물질적, 안전에 관한 욕구로서 매슬로우의 생리적 욕구와 안전 욕구(물리적 측면)와 유사하다.

  예 복지와 쾌적한 물리적 작업조건, 임금 등

- Relatedness needs : R은 관계의 욕구

  타인과의 의미 있고 만족스러운 인간관계에 의한 욕구로서 이 욕구는 가족, 친구 등의 관계에서 만족을 얻게 된다. 매슬로우의 사회적, 존경의 욕구(일부)에 해당된다.

- Growth needs : G는 성장의 욕구

  개인의 성장과 발전에 대한 욕구로 잠재력을 극대화하고 능력을 개발함으로써 충족되며, 매슬로우의 자아실현 욕구와 존경의 욕구에 해당된다.

매슬로우의 욕구단계설과 차이점은 욕구단계설처럼 순서가 있는 것이 아니며 한 시점

에서 여러 욕구가 동시에 발생할 수 있다는 것이다. 또한 '좌절-퇴행(frustration-regression)' 개념이 추가되었는데, 알더퍼는 저차원의 욕구가 충족되면 고차원의 욕구를 갈망하게 된다고 했다. 고차원의 욕구가 충족되지 않으면(좌절) 저차원 욕구를 더 원하게 되어(퇴행) 이를 충족하기 위해서는 기존보다 몇 배 더 노력해야 한다고 보았다.

예를 들어 G(성장)욕구가 좌절되면 인간관계를 더 긴밀하게 하는 등 하위단계인 R(관계)을 더 강화하게 된다. 회사로 보자면, 직장에서 인간관계로 스트레스를 받게 된다면(R욕구 불충족) 임금, 복지후생(E존재)을 더 요구하게 되는 것을 예로 들 수 있다.

> 예 우리 부서 사람들 때문에 짜증나 죽겠다. 월급이라도 왕창 받아야 참고 버티지…

동기위생 이론과는 동기부여에 대한 관점이 다르다. ERG에서는 욕구를 저차원, 고차원으로 나누는데 동기위생 이론에서는 만족-불만족만 있다. 또한 동기위생 이론(=2요인 이론)에서 만족과 불만족은 서로 독립적이고 별개이지만, ERG에서 만족은 불만족과도 연결되며 서로 영향을 미친다고 본다.

## 4) 맥그리거의 XY 이론

심리학자이자 교수인 더글라스 맥그리거(Douglas McGregor)가 제시한 이론으로 그는 상반되는 인간본질에 대한 가정을 중심으로 XY이론을 제기하였다.

더글라스 맥그리거
(Douglas McGregor)

• X이론

조직구성원에 대한 전통적 관리전략을 제시하는 이론으로서, 사람은 본래 일하기를 싫어하고 야망이 없고 책임지기를 싫어하며 명령에 따라가는 것을 좋아하고 변화에 저항적이고 안전을 원하며, 자기중심적이며 속기 쉽고 영리하지 못하며 사기에 잘 속는다고 가정한다. 이러한 X이론에서의 관리자의 관리전략은 직원들의 행동을 감독·통제하고 시정하는 책임을 지며 처벌·통제·위협 등을 선호한다고 가정한다.

▪ Y이론

인간의 본성은 일을 싫어하지 않고 사람은 조직의 목표 달성을 위하여 자율적으로 자기 규제를 할 수 있으며, 조직목표에 헌신적 인간을 가정한다. 또한 조직목표에 헌신하는 동기는 자기실현 욕구나 존경 욕구의 충족이 가장 중요한 보상이며, 조직 문제해결에 있어 창의력과 상상력을 발휘할 수 있다는 것을 전제한다. Y이론에서의 관리자의 관리전략은 개인목표와 조직목표가 조화를 이룰 수 있도록 하며, 관리자는 직무를 통하여 욕구가 충족되고 개인이 발전할 수 있는 운영방침을 채택하는 것이다.

[네이버 지식백과] 맥그리거의 XY이론(경찰학사전, 2012.11.20., 법문사)

[표4-1] 주장자에 따른 욕구의 정의 차이

| 구분 | 매슬로우 | 허츠버그 | 알더퍼 |
|---|---|---|---|
| 생리적 욕구 | 생리적 욕구<br>안전의 욕구 | 위생요인 | 존재욕구 |
| | | | 관계욕구 |
| 정신적 욕구 | 애정 욕구<br>존경의 욕구<br>자아실현의 욕구 | 동기요인 | 성장욕구 |

 Level up Mission

다음의 사례를 읽고 각각의 상황이 회사원의 어떤 동기요인과 관계되는지 이야기해 보자.

> A대리와 B대리는 현재 같은 회사 동일 부서의 팀에서 근무 중이다. A대리는 유학 당시에 외국에서 인턴경험을 통해 실제 직무경험을 쌓은 뒤, 귀국해서 업무와 관련 있는 자격증을 취득했다. 늘 일하며 자기계발에 힘쓰는 샐러던트(Saladent: 공부하는 직장인)로 자신의 업무에 만족하며 지속적인 성장을 하고 있다.
>
> B대리는 늘 '먹고 살기 위해 일한다'는 말을 입에 달고 산다. 직장 동료들과도 친밀한 유대 관계가 적으며 회사의 복지나 운영 시스템에도 불만이 많다. 일 또한 적당히 할 만큼만 하는 스타일로 부서 내에서 얌체로 통하기도 한다. 부정적인 에너지로 조직 내에 활력을 빼앗아가는 그는 오늘도 금요일인데 야근이라며 투덜대는 모습으로 퇴근했다.

• A대리의 사례는 동기부여 이론 중 어떤 것에 해당할까?

• B대리의 사례는 동기부여 이론 중 어떤 것에 해당할까?

## 5) 동기부여 방법

▪ 동기부여를 위한 내적 보상

내적 동기란 큰 목적을 향해, 스스로의 선택으로, 몰입하며 조금씩 나아갈 때 만들어진다. '열정과 몰입의 방법'의 저자 케네스 토마스는 내적 보상에 대한 내용을 다음의 네 가지로 나누었다.

- 의미 : 자신이 가치 있는 일을 하고 있다는 느낌
- 선택 : 일을 할 때 자신에게 선택권이 있다는 느낌
- 역량 : 일을 할 수 있다는 느낌
- 성과 : 목표를 향해 나아가고 있다는 느낌

내적 동기를 위한 세 가지 요소는 다음과 같다.

### ① 자율감

인간은 모두 자유롭고 싶어 한다. 자율감이 깃들수록 지금의 행위에 오로지 매진할 수 있다. 할 일(무엇을), 시간(언제), 사람(누구와), 기술(어떻게) 등에 대한 자율성을 갖도록 해야 한다. 스스로 많은 것을 선택했다고 느낄수록 내적 동기가 활성화된다.

### ② 몰입감

몰입은 우리의 능력과 도전이 절묘히 맞아떨어질 때 경험하는 최적경험이다. 너무 뜨겁지도, 너무 차갑지도 않은 '도전적 일'은 이제 '일'이 아닌 놀이인 셈이다. 아슬아슬한 목표와 성공했는지 명확하게 알 수 있는 빠른 피드백을 만족시킬 때 우리는 몰입할 수 있다.

### ③ 목적감

칙센트미하이 교수는 "목적은 삶을 사는데 필요한 에너지를 제공한다. 나는 자신을 뛰어넘는 일의 의미를 알고 있는 사람들을 선택하는 데 진화가 관여해왔다고 생각한다."라고 말한다. 그 범위가 어떻든 자신을 넘어서는 무언가에 헌신하는 느낌은 본성으로 소중

하다. 충만감을 주고, 자체로 내적 보상을 준다. 자신이 소중히 생각하는 가치를 위해 나아가도록 세팅하도록 한다. 일에 대한 몰입, 헌신은 일과 가치를 연결한다. 일에 헌신하면 내적 가치가 새롭게 연결되기도 한다. 나를 위하고, 나를 넘어선 우리를 위하는 '일의 목적'을 세팅해 보자.

 ## 3. 변화관리의 정의와 변화관리 모델

### 1) 변화관리의 정의와 중요성

> "사람들은 향후 2년 안에 일어날 변화를 과대평가하고,
> 향후 10년 안에 일어날 변화에 대해서는 과소평가하는 경향이 있다."
>
> - 빌 게이츠 -

변화관리란 기업에 일어나는 중대한 변화를 기업 성과가 향상되는 방향으로 관리하는 것을 말한다. 피터 드러커(Peter Ferdinand Drucker)는 이 세상에서 변화하지 않는 유일한 것은 "모든 것이 항상 변화한다는 사실 한 가지"라고 주장했다. 이렇듯 변화의 시대에 변화를 생활화하고 체계적으로 관리하는 것은 기업의 성장과 더불어 생존에 필수적이다. 이러한 점에서 볼 때, 경쟁사에 비해 더 빠르고 더 효과적으로 경영환경의 변화에 대응해 조직을 변화시키는 것은 매우 중요하다. 성공을 원하는 기업은 반드시 체계적인 변화관리 프로세스를 가지고 있어야 한다. 더군다나 최근 기업이 직면하는 변화는 기존의 시스템 내에서 부분적으로 변화하는 점진적 변화가 아니라, 기존의 시스템 자체에 대한 변화를 포함하는 변혁적 변화이며 그 빈도나 강도에 있어서도 훨씬 더 높은 수준으로 일어나고 있다.

성공적인 조직변화를 위해서는 기본적으로 3가지 요소가 필수적이다. 첫 번째는 현 상황에 대한 불만이나 변화의 필요성에 대한 인식으로, 이는 조직변화를 위한 자극 또는 동

기유발의 요인이 된다. 두 번째는 새로운 상황에 적합한 달성 가능한 비전 설정으로, 이는 조직변화의 방향 및 가능성을 명확히 해준다. 세 번째는 성공에 대한 신념과 함께 실천을 위한 명확한 아이디어 도출로, 이는 실천계획과 함께 조직변화의 지원세력으로 작용하게 된다. 이들 세 가지 요소가 모두 갖춰져야만 성공적인 조직변화가 가능하며, 이 중 어떤 한 가지 요소라도 결핍되는 경우 조직변화는 성공할 수 없다.

사례

[데스크칼럼] 일본 반도체 몰락의 교훈

일본 전자업체 파나소닉이 최근 액정패널 사업에 이어 반도체 사업에서도 철수했다. 1952년 네덜란드 필립스와 합작해 반도체 사업에 진출한 지 67년 만이다. 1990년을 전후해 반도체 매출에서 세계 상위 10위 기업에 들어간 파나소닉의 몰락은 한국과 대만 반도체업체와의 경쟁에서 패배한 탓이다.

시장조사업체 IC인사이츠에 따르면 일본의 세계 반도체 시장 점유율은 1990년 한때 49%에 달하며 세계 시장을 석권했다. 그러나 지금은 세계 반도체기업 상위권에서 일본 기업의 이름은 찾아보기조차 힘들다. 일본 반도체기업의 흑역사를 살펴보면 먼저 NEC와 히타치제작소가 설립한 D램 반도체업체 엘피다메모리가 지난 2012년 파산했다. 또 히타치와 미쓰비시, NEC가 힘을 합친 르네사스일렉트로닉스도 적자에 시달리고 있다. 마지막 '일본의 자존심'으로 불리는 도시바의 메모리 반도체 사업도 한미일연합에 넘어갔다.

일본 반도체기업이 몰락한 가장 큰 원인은 구조조정 지연과 시대의 변화를 읽지 못한 탓이 크다. '산업의 쌀'로 불리는 반도체는 10년마다 패러다임의 변화가 일어나고 있다. 하드웨어에서 소프트웨어로 전환하는 대변화가 있었지만 파나소닉은 반도체 제조업체로서 승부를 거는 대신에 자사의 최종 제품에 탑재할 목적으로 반도체를 제조하는 데 만족했다. 무엇보다 반도체 산업을 선도하며 시대를 개척한 정신은 온데간데없고 시대변화를 뒤쫓기에 급급했다.

일본 반도체기업은 세계 시장을 제패한 후 자만심에 빠져 있었다고 전문가들은 지적한다. 미국이나 독일이 고부가가치 사업으로 전환한 데 반해 일본 반도체기업들은 새로운 변신에 대한 결단을 내리지 못한 채 그동안 일본 기업의 장점이었던 가격경쟁을 끝까지 고수했다. 그러나 단순한 가격경쟁은 신흥국인 한국과 대만 기업들과의 싸움에서 밀릴 수밖에 없었다. 투자 판단의 지연과 적기 구조조정에 실패함으로써 반도체 왕국으로서의 일본의 영광은 역사의 뒤안길로 사라진 것이다.

이처럼 한때 세계 시장을 호령한 일본 반도체기업의 몰락은 한국 기업들에게도 시사하는 바가 크다. 한국 반도체기업 삼성전자와 SK하이닉스는 대만과 중국에 쫓기고 있고, 액정패널사업도 삼성전자와 LG디스플레이가 시장을 주도하고 있지만 중국이 호시탐탐 빈틈을 노리고 있다. 삼성전자가 한발 앞서서 투자를 단행하고 가격경쟁에서 벗어나 고부가가치 산업으로 발빠른 전환을 한 것도 세계 시장의 흐름을 잘 이해하고 있기 때문이다…하략

글로벌이코노믹 노정용 기자. 2020.01.08

 Level up Mission Step 1

 현재 나의 모습에서 변화가 필요한 부분은 어디일까?

 Level up Mission Step 2

 나의 삶을 돌아봤을 때 스스로 선택했던 가장 큰 변화와 그 변화를 결심하게 된 이유가 무엇인지 이야기 나누어 보자.

## 2) 변화관리 모델

### ⊙ 존 코터(Kotter, J. P.)의 변화관리 8단계 모델

> "기업을 둘러싼 경영환경은 끊임없이 변한다.
> 변화하는 외부 환경을 감지하고 기업 스스로 어떻게 적응하는가가 곧 혁신의 길이요,
> 기업의 흥망성쇠를 좌우한다".
>
>                 - 존 코터 -

변화의 시작은 위기를 인식하는 것에서 출발한다. 이 이론은 하버드대학교 경영대학원 석좌교수인 존 코터(Kotter, J. P.)가 주장했다. 코터는 6~8여년 동안 조직의 변화관리를 수행하여 실패하거나 성공한 100여개 회사들을 집중 분석해서 변화에서 성공한 8가지 원인을 규명하였다. 이를 바탕으로 코터는 성공적인 조직변화를 위한 실행기법을 8단계로 체계화하여 각 단계별 시행오류와 함께 다음과 같이 제시하였다.

[1단계] 위기를 눈으로 확인시키는 긴장감 조성(Increase Urgency)

[2단계] 강력한 변화선도팀 구성(Build the Guiding Team)

[3단계] 비전과 전략의 수립(Get the Vision Right)

[4단계] 효과적인 커뮤니케이션을 통한 비전의 전달(Communicate for Buy-In)

[5단계] 행동을 위한 권한 위임(Empower Action)

[6단계] 단기간에 눈에 보이는 성과를 이끌어 낸다.(Create Short-Term Wins)

[7단계] 속도를 늦추지 않고 지속적인 변화를 창출한다.(Don't Let up)

[8단계] 조직에 변화를 지속시킨다.(Make Change Stick)

존 코터와 댄 코헨의 The Heart of Change
-기업이 원하는 변화의 기술 中 발췌

### ⊙ 르윈의 조직변화 3단계 모델(Lewin's Three-step Model)

심리학자인 르윈(Lewin, 1951)은 조직이 새로운 시스템, 과정, 구조가 도입되는 것만으로는 변화하지 않는다는 걸 알았다. 성공적인 변화는 조직구성원들이 스스로 변화에 참여

하여 조직을 앞으로 나아가게 하고, 조직의 성과를 거둘 때 일어난다. 르윈은 변화란 고정된 어떤 상태에서 새로운 상태로 바뀌는 것이라고 주장했고, 그러한 세 가지 상태를 해빙, 변화, 재결빙이라고 이름 붙였다.

### ① 해빙(Unfreeze) 단계

조직원들이 변화할 준비를 갖추게 하는 단계이다. 모든 사람들이 변화할 준비를 하게 하는 것은 어떠한 행동이 이행되기 전에 변화에 긍정적인 사람의 수가 부정적인 사람들의 수를 넘는지를 판단하기 위해 찬반양론을 가늠해 보는 것이다. 핵심은 변화를 지지하는 세력은 강화하고, 변화에 반하는 세력은 조절함으로써, 변화를 더욱 성공적으로 만드는 것이다.

### ② 변화(Change) 단계

두 번째 단계는 원하는 상태에 도달하는 데에 필요한 작업들을 하는 것이다. 이 단계는 보통 약간의 혼란을 야기한다. 기존의 관습은 바뀌고, 새로운 형태의 업무, 새롭게 제정된 규정과 조직원들은 타협해야 한다. 개인은 생각, 감정, 행동 전부의 변화를 요구받게 된다. 이 시기에 조직은 일시적인 업무 효율 감소를 경험하게 된다. 이 단계는 강력한 리더십, 집중적인 대화와 참여, 그리고 변화의 정도에 따라서 지도와 훈련을 필요로 한다.

### ③ 재결빙(Refreeze) 단계

마지막 단계는 재결빙이다. 이 시점의 목적은 달성된 변화 상태를 제도화하기 위해 안정성과 생산성을 창출하고, 조직원들로 하여금 지금 그들이 안전하고 익숙하다고 인지하는 환경과 재연결되도록 하는 것이다. 접근법은 조직에 따라 다를 수도 있지만, 주로 새로운 지침을 정하고, 성과에 대한 보상, 새로운 기준을 제정하는 것을 포함한다. 이 단계를 제대로 완수하지 못하면 과거의 관습으로 회귀할 가능성이 높다.

◉ 우리나라의 기업들 중 변화관리에 성공한 곳은 어디가 있을까?

## 학습평가 Quíz

1. 다음은 무엇에 대한 설명인가?

> 미국의 심리학자인 프레드릭 허츠버그(Frederick Herzberg)가 직원들을 면담하며 직무만족에 영향을 주는 요소를 정리해 만든 이론으로 '사람들이 직업에서 원하는 것이 무엇일까'에 대해 연구하며 분석했다. 이 이론은 직원들의 동기를 부여시키는 동기요인과 직무불만족을 높이는 위생요인이 있다는 것으로 분석했다. 허츠버그는 인간에게 동기를 주는 욕구로 두 가지를 제시한다. 불쾌감을 피하려는 욕구와 정신적으로 성숙, 성장하고 자아실현을 하려는 욕구이다.

① 욕구 5단계 이론　　　　　　② ERG 이론
③ XY 이론　　　　　　　　　④ 동기위생 이론(2요인 이론)

2. 동기부여와 관련된 설명으로 적절하지 않은 것은?

① 목표달성을 높이 평가해 조직원에게 곧바로 보상하는 행위를 긍정적 강화라 한다.
② 단기적 관점에서 보면 공포 분위기로 인해 직원들이 적극적으로 일을 할 수도 있지만 장기적인 공포감 조성은 오히려 해가 될 수 있다.
③ 조직원들을 동기부여하기 위해서는 조직원 스스로 조직의 일원임을 느끼도록 일깨워주는 것이 좋다.
④ 조직원들을 지속적으로 동기부여하기 위해 가장 좋은 방법은 금전적인 보상이다.

3. 다음 중 매슬로우의 욕구 단계에 해당하지 않는 것을 고르시오.

① 안전해지려는 욕구(safety needs)　　② 사랑과 소속 욕구(love & belonging)
③ 존경 욕구(esteem)　　　　　　　④ 자유의 욕구(freedom)

4. 존 코터의 변화관리 모델 중 3단계에 해당하는 것은?

① 행동을 위한 권한을 위임한다.　　② 조직에 변화를 지속시킨다.
③ 효과적인 커뮤니케이션을 해라.　　④ 비전과 전략을 수립하라.

5. 조직의 변화관리 단계를 해빙, 변화, 재결빙 3단계로 설명한 사람은 누구인가?

 학습내용 요약 Review (오늘의 Key Point)

1. 동기부여는 직장생활을 하는 사람들이 조직의 목표를 향하여 특정한 행동에 열심히 임하도록 움직이게 만드는 과정이다. 따라서 어떻게 자발적으로 노력하고 싶은 마음을 불러일으키는가에 관심을 갖는다.

2. 허츠버그의 동기 - 위생 이론(Motivation-Hygiene Theory)은 직원들의 동기를 부여시키는 동기요인과 불만을 높이는 위생요인이 있다는 것으로 '2요인 이론'이라고도 불린다.

3. 알더퍼(C. Alderfer)가 매슬로우의 욕구단계설을 발전시켜 주장한 ERG 이론은 사람의 욕구가 단계적이라는 부분은 매슬로우와 동일하지만 그 단계를 5개에서 3개로 줄였다. E(Existence needs : 존재의 욕구), R(Relatedness needs : 관계의 욕구 G), (Growth needs : 성장의 욕구)

4. 더글라스 맥그리거(Douglas McGregor)가 제시한 이론으로 그는 상반되는 인간본질에 대한 가정을 중심으로 XY 이론을 제기하였다. X이론에서의 관리자의 관리전략은 직원들의 행동을 감독·통제하고 시정하는 책임을 지며 처벌·통제·위협 등을 선호한다고 가정한다. Y이론에서의 관리자의 관리전략은 개인목표와 조직목표를 조화될 수 있도록 하며, 관리자는 직무를 통하여 욕구가 충족되고 개인이 발전할 수 있는 운영방침을 채택하는 것이다.

5. 동기부여의 방법 중 동기부여를 위한 내적 보상은 다음의 네 가지로 구성된다.
   - 의미, 선택, 역량, 성과

6. 변화관리란 구성원의 행동 및 업무수행 방식의 변화를 이끌어내는 '혁신과정을 조정하고 관리'하는 모든 활동을 말한다.

7. 르윈의 조직변화 3단계 모델(Lewin's Three-step Model)은 해빙, 변화, 재결빙 단계로 구성된다.

스스로 적어보는 오늘 교육의 메모

# 갈등관리능력

## Contents

## Learning Objectives

1. 갈등의 개념을 말할 수 있다.

2. 갈등점증모형에 대해 설명할 수 있다.

3. 갈등관리 유형별 특징과 대응전략에 대해 설명할 수 있다.

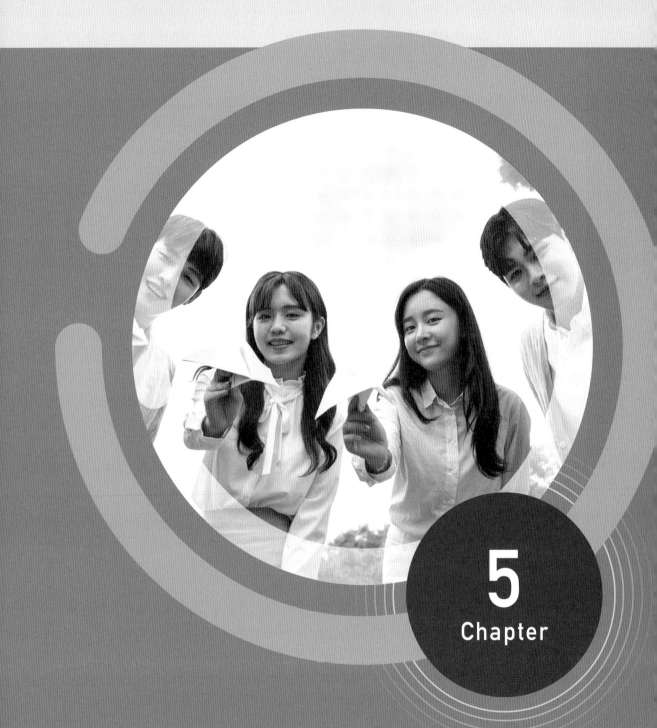

**5**
Chapter

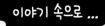
이야기 속으로 …

조직은 목표달성을 전제로 모든 활동이 이루어지는 곳이다. 각자의 목표와 이해가 한 방향을 향하기도 하지만 서로 대립되는 상황도 자주 일어나기 때문에 조직에서는 각자가 맡은 일을 하며 때때로 대립과 갈등이 벌어지게 된다. 예를 들어 품질보증을 담당하는 부서는 불량률을 최소화시키는 것이 목표이자 존재 이유이기 때문에 불량률 최소화를 위해 생산중인 제품을 더욱 꼼꼼히 검사하고 싶어 한다. 하지만 생산부서 입장에서 보면 품질부서의 꼼꼼한 품질검사나 품질확인절차 확대는 시간 지연으로 생산성을 낮추는 원인으로 인식되기도 한다. 이 둘 간의 합의된 목표는 회사의 성장이지만 세부적인 목표는 대립될 수밖에 없는 상황이 연출되는 것이다.

카드사의 영업사원과 이용대금 회수부서의 대립도 마찬가지이다. 과장해서 말하면 발급실적은 건수대로 올라가기 때문에 영업사원은 서울역 앞 노숙자에게도 카드를 신규발급 할 수 있으면 좋다. 쉽게 말해 영업사원은 신용등급이 낮은 사람에게도 발급을 할 수 있어야 좋은 것이다. 하지만 카드를 사용한 대금을 고객으로부터 회수해야 하는 부서의 경우 신용도나 대금지급 가능성이 낮은 사람에게 발급된 카드는 재앙에 가깝다. 결국 두 부서가 대립하고 갈등할 수밖에 없는 상황이 만들어지는 것이다.

품질부서와 생산부서의 갈등, 영업부서와 이용대금회수부서의 갈등은 결코 이들 중 한 쪽이 인격적으로 미성숙하거나 비도덕적이어서 발생하는 것이 아니다. 자신의 일을 충실히, 더 높은 수준으로 수행하고자 하는 욕망의 결과일 뿐이다. 그래서 우리는 이러한 갈등을 더 잘 이해하고 해결하기 위해 몇 가지 태도를 지녀야 한다.

먼저 '조직에서의 갈등은 조직이 존재하는 한 필연적인 것'임을 받아들여야 한다. 인간이 살아 있는 한 숨을 쉬어야 하는 것처럼, 조직이 존재하는 한 갈등이 발생한다는 것을 인정해야 한다. 하지만 감정을 상하게 하고 혼란을 부추기는 갈등이 조직에 필연적이라는 것을 인정하는 것은 쉽지 않은 일이다. 결국 이것을 이해하는 것이 조직갈등을 관리하는 데 있어서 가장 중요한 출발점이 된다. 업무적 갈등으로 시작된 건전하고 창조적인 갈등이 감정적 갈등과 힘 싸움으로 변질되지 않도록 갈등에 대한 건강한 의식을 가져야 할 것이다.

[출처] 조직 갈등 관리, 체질과 문화에 대한 개념을 이해해야 … | 작성자 성과경영연구소
- 정상진 성과경영연구소 대표… 요약 및 발췌

5장에서는 갈등에 대한 개념과 갈등 해소법, 갈등관리 유형과 대응방법 등에 대하여 알아본다. 이를 통해 조직 내에서 갈등을 보다 효과적으로 관리하는 방법을 알고 실천에 옮길 수 있게 될 것이다.

1. 다음은 무엇에 대한 설명인가?

> 동시에 두 개 이상의 상반된 충동, 동인 및 내·외적 욕구가 발생했을 때 나타나는 거의 비슷한 힘이 대립된 상태를 의미한다.

① 갈등      ② 협상
③ 타협      ④ 세일즈

2. 다음은 무엇에 대한 설명인가?

> 이 이론은 갈등이 시작되어 점점 증폭되는 과정을 정리한 것으로, 총 9단계이며 단계가 올라갈수록 긴장감이 계속 증가하는 현상에 대해 설명하고 있다.

① 매슬로우의 욕구발달 이론      ② 글라슬의 갈등점증모형
③ 동기위생 이론      ④ 협상의 이론

3. 다음 중 케네스 토머스와 랠프 킬만 (Kenneth W. Thomas & Ralph H. Kilmann)이 정의한 갈등관리의 5가지 유형에 해당하지 않는 것은?

① 경쟁형      ② 통합협
③ 타협형      ④ 미래형

## 1. 갈등의 이해

### 1) 갈등의 개념

북해 바다에서 청어잡이를 하는 어부들의 최대 고민은 바로 "어떻게 하면 청어를 런던까지 산 채로 가져갈 수 있을까?" 하는 것이었다. 싱싱하게 살아있는 청어와 죽어버린 청어 간의 가격 차이는 매우 컸는데 안타깝게도 대부분의 청어는 도착 전에 이미 더운 배 밑창에서 죽어버리거나 신선도가 떨어졌다. 하지만 유독 한 어부는 방금 잡은 듯 싱싱하게 펄떡이는 청어를 산 채로 운송해와 큰 수익을 내고 있었다.

과연 그 비결이 무엇이었을까? 다른 어부들이 그 비결을 묻자 그 어부가 대답했다.

"청어 무리 속에 굶주린 메기를 몇 마리 집어 넣어보시오."

메기가 청어를 잡아먹으려고 쫓아다니는 통에 청어들은 죽지 않기 위해 발버둥을 치며 런던까지 싱싱한 모습으로 올 수 있었던 것이다. 천적인 메기가 먹어버린 청어는 불과 몇 마리에 불과했다. 이 이야기는 역사가 토인비(Amold Toynbee)박사가 자주 인용하던 말이다.

삶도 조직도 마찬가지이다 '메기' 없는 삶이 '편안한 삶'일지는 몰라도 '바람직한 삶'이라고 보기는 어렵다. 오히려 메기 없는 삶은 더운 배 밑에서 썩어가는 '청어들의 삶'이 되기 쉽다. 어쩌면 우리를 괴롭히는 갈등은 잘만 관리하면 우리와 조직을 살아있게 하고 발전시키며, 성공시키기 위한 중요한 요소가 될 수도 있다는 이야기이다.

갈등이란 동시에 두 개 이상의 상반된 충동, 동인 및 내·외적 욕구가 발생했을 때 나타나는 거의 비슷한 힘이 대립된 상태를 의미한다.

오늘날 조직에서의 갈등은 보편적인 현상으로 나타나고 있다. 조직은 공통된 목적을 달성하기 위해 여러 사람들이 모여 함께 일하는 집단으로, 갈등은 조직 내에서 사람들이 결과에 대해 관심을 가지는 영역에서 서로 다른 인식, 목표, 가치의 충돌을 가질 때 발생한다. 결국, 이러한 갈등은 얼마나 효과적으로 해결하는가에 따라 조직의 생산성과 미래가 결정될 수 있다.

갈등을 관리하기 위해서는 우선 조직 내에 갈등이 존재하는지를 파악하고 인식하는 일이 중요하다. 다음은 갈등을 파악하는 데 도움이 되는 몇 가지 단서들이다.

- 지나치게 감정적으로 논평과 제안을 한다.
- 타인이 의견 발표를 마치기 전에 타인의 의견에 대해 공격한다.
- 핵심을 이해하지 못한 것에 대해 서로 비난한다.
- 편을 가르고 타협을 거부한다.
- 개인적인 수준에서 미묘한 방식으로 서로를 공격한다.

일반적인 갈등의 증폭 원인은 다음과 같다.

1. 적대적 행동
   - 팀원들은 '승·패의 경기'를 시작한다.
   - 팀원들은 문제해결보다는 '승리하기'를 원한다.
2. 입장 고수
   - 팀원들은 공동의 목표를 달성할 필요를 느끼지 않는다.
   - 팀원들은 각자의 입장만을 고수하고, 의사소통의 폭을 줄이며, 서로 접촉을 꺼린다.
3. 감정적 관여
   - 팀원들은 자신의 입장에 감정적으로 묶인다.

 Level up Mission Step 1

 생각해 봅시다.

- 직장이나 가정에서 또는 다른 모임에서 갈등을 경험한 적이 있는가?
- 어떤 상황이나 어떤 경우에 자주 갈등을 경험하는가?

- 갈등을 해결하지 않거나 관리하지 않게 되면 마음에 큰 상처를 남기게 된다. "우리를 죽이지 않

는 것은 우리를 더욱 강하게 만든다."라는 서양의 격언이 있다. 이는 갈등을 적절히 관리하고 해결하게 되면 긍정적인 결과를 가져오게 된다는 것을 의미한다.

당신은 갈등이 일어나게 되면 어떻게 행동하는가?

## 2) 갈등의 원인과 유형

갈등은 심리적 원인과 사회적 원인, 조직적 원인에 의해서 발생된다. 세부 항목은 다음과 같다.

- 심리적 원인 - 욕구 좌절, 방어 메커니즘, 사회적 학습
- 사회적 원인 - 역할과 신분에 따른 갈등, 집단 간의 특성, 지각의 차이
- 조직적 원인 - 수행 목표의 차이, 차원의 할당 문제, 제도와 규정의 성숙성, 계층직급 간의 차이, 집단이 독재적으로 관리되거나 집권화되어 있을 때, 각 부분 간의 상호 의존성, 능력급 혹은 성과급 보상제도 등

위와 같은 갈등은 어떠한 조직에서나 생기는 현상이기 때문에 조직은 갈등 현상에 의식적으로 대처하는 활동을 해야 한다. 이러한 대립된 의견의 차이로부터 초래된 결과는 부정적으로 지배와 복종, 긍정적으로는 대립과 경쟁, 협조와 통합을 들 수 있다.

## 3) 갈등의 순기능과 역기능

갈등은 표면적인 행동뿐 아니라 내면적인 적대감과 같은 심리적인 요소를 포함하는 개념이다. 조직 내 갈등은 순기능과 역기능을 가지는데, 갈등은 조직의 현재 균형을 깨뜨려 불안과 무질서를 초래할 수도 있으나 조직을 더 나은 방향으로 성장시키는 원동력으로 작용해 조직의 발전을 도모하기도 한다.

① 갈등의 순기능적 측면
- 정보의 투입과 대안을 풍부하게 만들고, 의사결정 과정에서 당사자들의 민주적인 참여를 활성화시킨다.

**[표5-1]  갈등의 수준과 생산성**

| 갈등 수준 | 낮음 | 이상적 | 높음 |
|---|---|---|---|
| 영향 | 역기능적 | 순기능적 | 역기능적 |
| 집단행동 | ● 환경 변화에 적응력 둔화<br>● 무사안일주의<br>● 잠재적 의욕상실 | ● 환경 변화에 신속한 적응<br>● 변화지향적<br>● 활발한 문제해결 행동<br>● 적극적 목표달성 행동 | ● 혼란<br>● 분열<br>● 상호 조정 결여<br>● 목적의식 결여 |
| 성과 | 낮음 | 높음 | 낮음 |

② 갈등의 역기능적 측면

- 의사결정을 지연시켜 불필요한 비용을 증가시키며, 갈등 당사자들을 심리적 불안과 좌절 상황에 처하게 한다.
- 일의 진행이 늦어지고 폭력적 갈등이 발생하면 손실이 커진다.

 ## 2. 갈등 발생 상황과 갈등점증모형 (Glasl's Conflict Escalation Model)

### 1) 갈등 발생 상황 – 갈등의 7가지 유형

관계를 강화하는 것 못지않게 중요한 것은 갈등이 생겼을 때 슬기롭게 해결할 수 있는 능력이다. 비즈니스 인맥뿐만이 아니라 부모, 형제, 부부, 친구관계에서 발생하는 갈등을 올바로 해결해야 인간관계의 유지, 강화가 가능해진다. 대인관계의 갈등은 보통 다음과 같은 7가지 요인으로 인하여 발생한다.

◉ 반감

　반감은 특별한 원인이나 이유 없이 상대방에게 가지게 되는 적대적 감정이다. 사회생활을 하다 보면 아무 이유 없이 그냥 얄미운 사람이 하나쯤 있었을 것이다. 티브스라는 학자에 의하면 사람이 초면에 느끼는 감정은 우애감 46%, 무관심 22%, 적대감 32%라고 한다. 반감을 줄이기 위해서는 첫인상이 호감을 줄 수 있도록 노력하고 자신의 습관, 태도에 다른 사람의 불쾌감을 자아낼 수 있는 요소가 있는지를 점검해 보아야 한다.

◉ 가치의 대립

　서로가 지향하는 가치관에 차이가 있을 경우 갈등이 발생한다. 일 중심의 가치와 사람 중심의 가치, 조직 중심의 가치와 개인 중심의 가치, 회사 중심의 가치와 고객 중심의 가치 등 사람마다 다양한 가치관을 가지고 있으며 이러한 가치관의 차이에 따라 대립이 생긴다.

◉ 경향의 대립

　가치에 있어서는 차이가 없으나 추구하는 방법에 있어 차이가 있을 경우 갈등이 생긴다. 일요일에 문화생활을 하자는 데는 동의하나 영화를 보고 싶어하는 남편과 연극을 보고 싶어하는 아내 사이에서 생기는 갈등처럼 경향, 방법의 차이는 갈등을 불러일으킨다.

◉ 이해의 대립

　상호 간의 이해가 대립될 때 갈등이 생긴다. 성과배분을 놓고 벌어지는 노사 간의 대립, 재산상속을 둘러싼 형제 간의 분쟁이 모두 여기에 속한다.

◉ 감정의 대립

　처음부터 감정적인 문제로 인해 갈등이 발생하거나 갈등의 해결과정에서 감정적인 문제로 비화되기도 한다. 자존심에 상처를 받거나 기대치가 위반되어 실망할 경우 모욕감, 원망, 분노 등의 감정에 의해 갈등이 생긴다.

◉ 상황의 대립

　상황 자체에서 갈등이 생긴다. 고부 간 갈등이 빚어지는 경우 아들로서의 역할과 남편

으로서의 역할 차이에서 갈등이 생긴다. 물건을 팔고자 하는 영업사원과 물건을 사고는 싶으나 권한이 없는 고객 사이에는 상황의 대립에 따른 갈등이 존재한다.

⊙ 오해

실제로 대립되고 있는 차이는 없으나 외형적으로 차이가 있는 것으로 간주되는 경우 갈등이 생긴다. 노사 간의 교섭에 있어 양측의 최종목표가 서로에게 받아들여질 수 있는 수준임에도 불구하고 협상과정의 불확실성으로 인해 서로의 요구가 받아들여지지 않을 것으로 오해되는 경우 갈등이 발생한다. 개인적으로는 문상 때문에 외박하고 들어온 남편의 말을 믿지 않는 아내 사이에 오해로 인한 갈등이 생기는 경우의 예를 들 수 있다.

## 2) 갈등 해결을 위한 사고의 전환

갈등을 잘 해결하려면 사고방식, 즉 패러다임의 전환이 필요하다. 부정적인 패러다임을 버리고, 더 긍정적인 방향으로 상황을 이끌어 줄 세 가지 방법은 아래와 같다.

• 생각의 전환 　　• 역지사지의 정신 　　• 긍정적인 태도

이러한 태도를 유지한다면 정신적으로 폐쇄된 관점을 벗어나 더욱 더 개방적인 관점으로 향할 수 있다. 개방적이 되면 윈윈 전략으로 갈등 해결이 성공할 가능성이 높아진다. 갈등을 성공적으로 잘 해결하기 위해서는 쟁점의 양 측면을 모두 이해해야 한다. 문제 해결을 위해 서로의 관점과 공동의 책임을 수용하도록 하는 한 가지 방법은 팀원들에게 서로의 역할을 바꾸어서 수행해 보도록 하는 것이다.

## 3) 효과적인 Win-Win 갈등 해결방법

갈등은 문제를 근본적으로 해결하는 것이 가장 바람직한 해결방안이다. 갈등과 관련된 모든 사람들로부터 의견을 받기 위해 노력한다면, 문제의 본질적인 해결책을 얻을 수 있다. 서로가 원하는 바를 얻을 수 있기 때문에 이를 '윈-윈(Win-Win) 관리법'이라고 한다.

팀에서 특정한 갈등 해결 모델을 사용하는 데 서로가 동의할 때 팀 내의 갈등이 감소된다.
다음의 모델을 살펴보자.

 **Level up Mission Step 1**

🐸 Win – Win 관리법 실습

나의 경우를 떠올리며, 각 단계에 맞는 내용을 적어보자.

◉ 1단계 : 충실한 사전준비

- 자신의 위치와 관심사를 적어보자.
- 비판적인 패러다임 전환
- 상대가 주장한 입장과 내면의 관심사를 찾아보자.

◉ 2단계 : 긍정적인 접근방식

- 상대방이 필요로 하는 것에 대해 생각해 보았다는 점을 인정
- 모두가 만족하는 '원원 의도' 주장
- 원원 절차, 즉 협동적인 절차에 임할 자세가 되어 있는지 확인

◉ 3단계 : 두 사람 사이의 입장을 명확히 하기

- 작은 부분이라도 동의하는 점이 있으면 인정
- 기본적으로 다른 부분을 인정
- 자신이 이해한 바를 확인

◉ 4단계 : 윈윈에 기초한 기준에 동의하기

　• 상대에게 중요한 기준을 명확히 하기

　• 자신에게 어떤 기분이 중요한지 말하기

◉ 5단계 : 몇 가지 해결책을 생각해내기

　• 해결책에 대해 아이디어 내보기

◉ 6단계 : 해결책에 대해 평가하기

　• 4단계에서 세운 기준을 바탕으로 5단계에서 생각해낸 몇 가지 해결책 평가하기

◉ 7단계 : 최종 해결책 선택 후, 실행에 동의하기

## 4) 갈등점증모형(Glasl's Conflict Escalation Model)

글라슬의 이 이론은 갈등이 시작되어 점점 증폭되는 과정을 정리한 것으로, 단계가 올라갈수록 긴장감이 계속 증가하는 현상에 대해 설명하고 있다.

일반적으로 갈등에 직면한 사람들은 무엇인가를 원하고 있다. 그런데 점점 갈등이 증폭될수록 원하는 것에서 그치는 것이 아니라 상대에게 고통을 주고 위협을 가하기도 하다가 결국은 상호 파괴에 이르게 되는 것을 볼 수 있다. 이를 단계별로 차례차례 짚어보자.

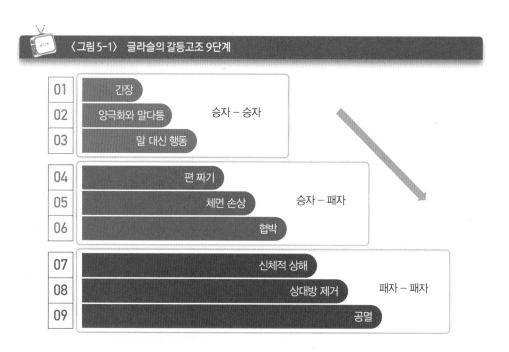

〈그림 5-1〉 글라슬의 갈등고조 9단계

| 01 | 긴장 | |
| 02 | 양극화와 말다툼 | 승자 – 승자 |
| 03 | 말 대신 행동 | |
| 04 | 편 짜기 | |
| 05 | 체면 손상 | 승자 – 패자 |
| 06 | 협박 | |
| 07 | 신체적 상해 | |
| 08 | 상대방 제거 | 패자 – 패자 |
| 09 | 공멸 | |

이와 같이 갈등의 증폭 상태를 9단계로 정리해 보았는데 보는 바와 같이 갈등의 단계가 높을수록 상대에 대한 강압은 높아지게 되며 해결할 수 있는 가능성도 줄어들게 된다. 그래서 갈등은 초기 단계에서 긍정적으로 관리가 될 수 있도록 노력하는 것이 중요하다.

### 1단계 – 경직화

서로 간의 욕구나 이해관계가 상충함으로써 갈등이 시작되는 단계이다. 소통에 문제가 생기고 의사결정의 통합이 이루어지지 않아 긴장이 발생하는 단계로 대화가 단절되고 대면기피 증상을 보이며 관계는 굳어져 버린다. 하지만 이 단계에서는 대화를 통한 갈등 해결이 가능한 상태이다.

### 2단계 – 논쟁

논쟁을 통해 자신의 생각과 감정, 의지를 나타내며 자기중심적인 사고를 나타낸다.

### 3단계 – 편향 행동

상대에 대해 적의를 갖게 되고 더 이상은 대화가 통하지 않는다는 생각을 하게 된다. 감정에 치우쳐서 오해와 왜곡이 발생하고 상대방에 대한 고의적인 방해가 나타나는 단계이다.

### 4단계 – 세력화

상대의 약점과 부정적인 이미지를 파악해 공개함으로써 타인이나 집단과의 제휴를 모색하고 편을 짜려고 하는 단계이다.

### 5단계 – 체면 훼손

공개적으로 상대방의 체면을 훼손하기 위해 음해를 한다거나 함정에 빠뜨리는 행동을 하게 되는데, 이 단계는 갈등이 극단적으로 치닫게 되는 기점이 된다.

### 6단계 – 위협

자신이 갖고 있는 인적, 물적 자원과 권력 등을 동원해 상대를 위협하는 단계이다. 전략적인 위협을 가함으로써 갈등이 가속화되게 된다.

### 7단계 – 피해주기

이 단계에 접어들면 더 이상 상대방을 인격체로 보지 않게 된다. 이때는 자신에게 손해가 되더라도 상대에서 치명상이 되는 피해를 주는 것이 목적이 되어 자신의 가치관까지 바뀌며 갈등으로 인해 초래된 손실이 오히려 이익인 것처럼 느끼게 되는 오류에 빠진다.

### 8단계 – 분열 시도

갈등이 극단적으로 치닫게 되면서 자신을 동조하던 개인이나 집단이 이탈하게 되는데 이것을 상대방 때문이라고 믿으며 상대를 비난하고 파괴하며 분열시키는 데 목적을 두게 된다.

### 9단계 – 공멸

적대관계에 있어 전혀 양보나 타협의 의사가 없고 결국 '너죽고 나죽자'라는 식의 극단적인 생각을 하게 된다. 결국 갈등 당사자 모두 치명상을 입는 공멸 단계가 되고 이것을 후회하지만 자포자기에 빠져 수습 또한 포기하게 된다. 이 모든 것이 상대방의 잘못이라는 자기합리화를 지속한다.

## 3. 갈등관리 유형과 대응전략

우리는 누구나 갈등 상황 속에서 살아간다. 갈등은 무조건 피하려고만 해서는 안 되며 적절한 갈등이 오히려 '약'이 될 수도 있다. 그렇다면 갈등에 대처하는 유형별 스타일에는 어떤 방법이 있을까? 독일의 심리학자 케네스 토머스와 랠프 킬만(Kenneth W. Thomas & Ralph H. Kilmann)은 갈등관리의 5가지 유형을 제시했는데 바로 경쟁형, 통합협, 타협형, 회피형, 수용형이다. 다음의 갈등관리 스타일을 분석해 보자.

### 1) 갈등관리 스타일 진단

[지시사항]
- 자신이 직장에서 어떻게 생각하고 행동하고 있는지를 생각합니다.
- 너무 오랫동안 생각하지 않습니다.
- 바람직한 모습이나 이상적인 모습에 답하지 않고 실제 자신의 행동 모습에 답합니다.
- 다음은 갈등을 다루는 우리의 가정과 신념에 대한 기술입니다. 각 문장을 읽고 자신이 동의하는 정도를 해당 숫자에 ○표 합니다.

Chapter 5
갈등관리능력

| 내용 | 매우 동의 | 약간 동의 | 보통 | 별로 동의안함 | 전혀 동의안함 |
|---|---|---|---|---|---|
| 1. 업무가 첫째다. 사람들은 이것에 적응해야만 한다. | 5 | 4 | 3 | 2 | 1 |
| 2. 갈등은 대부분 상위 계층에서 해결된다. 갈등에 사용되는 많은 에너지들은 낭비적인 것이다. | 5 | 4 | 3 | 2 | 1 |
| 3. 사람들을 모두 기쁘게 해주기에는 그들 사이에 너무 많은 차이가 존재한다. 우리는 중재해야만 한다. | 5 | 4 | 3 | 2 | 1 |
| 4. 협상은 분열을 최소화하려는 진지한 의도를 가지고 착수되어야 한다. | 5 | 4 | 3 | 2 | 1 |
| 5. 누군가는 이겨야만 하고 누군가는 져야만 한다는 가정은 파괴적인 경쟁을 가져올 수 있다. | 5 | 4 | 3 | 2 | 1 |
| 6. 갈등은 피할 수 없는 것이다. 사람들은 이기고자 하므로 결국 우리는 싸워야만 한다. | 5 | 4 | 3 | 2 | 1 |
| 7. 대부분의 갈등은 제3자의 중재에 의해서 해결되어야 한다. | 5 | 4 | 3 | 2 | 1 |
| 8. 합의가 불가능한 문제들을 해결하기 위한 방안들은 그룹이 만들어 놓아야 한다고 믿는다. | 5 | 4 | 3 | 2 | 1 |
| 9. 감정은 분쟁이 생겨날 때 통제되어야만 한다. | 5 | 4 | 3 | 2 | 1 |
| 10. 갈등은 자연적인 것이고, 긍정적인 힘과 부정적인 힘 모두를 가지고 있다. 이러한 힘들을 이용하는 것은 우리의 일이다. | 5 | 4 | 3 | 2 | 1 |
| 11. 의사결정은 나의 우월한 지식과 경험에 달려 있다. 사실과 논리가 이기게 될 것이다. | 5 | 4 | 3 | 2 | 1 |
| 12. 갈등은 관련된 모든 사람들을 좌절시킨다. 갈등의 부정적인 면이 나타날 때 할 수 있는 일은 아무것도 없다. | 5 | 4 | 3 | 2 | 1 |
| 13. 지성인답게 행동하고 서로 조금씩만 주고받으면 갈등에 대해서 신경 쓸 필요가 없다. | 5 | 4 | 3 | 2 | 1 |
| 14. 이기심과 편협한 태도가 사람들을 서로 멀어지게 한다. 우리는 서로의 차이점을 줄이기 위해 노력해야 한다 | 5 | 4 | 3 | 2 | 1 |
| 15. 다른 관심사들은 새로운 가능성과 상호 간의 새로운 조건으로 발전해 나갈 수 있다. | 5 | 4 | 3 | 2 | 1 |
| 16. 사람들은 사실을 직시해야만 한다. 오직 하나의 해결책만이 존재한다. 나는 그들에게 올바른 견해를 납득시켜야 한다. | 5 | 4 | 3 | 2 | 1 |

| 내용 | 매우 동의 | 약간 동의 | 보통 | 별로 동의안함 | 전혀 동의안함 |
|---|---|---|---|---|---|
| 17. 나는 어느 한쪽을 편드는 것을 반대한다. 그리고 그들 스스로 논의하고 분쟁을 해결하도록 한다. | 5 | 4 | 3 | 2 | 1 |
| 18. 갈등을 해결하는 가장 좋은 방법은 다른 의견에 동의한다는 사실을 표현하는 것이고, 문제들에 대해 양쪽 모두 공감할 수 있는 제안을 내놓는 것이다. | 5 | 4 | 3 | 2 | 1 |
| 19. 나는 마음으로부터 다른 사람들의 입장을 공감하려 하고, 가능한 그들에게 도움을 주려고 한다. | 5 | 4 | 3 | 2 | 1 |
| 20. 갈등은 건강한 것이 될 수도 있다. 따라서 상호 간의 목표가 판단을 위한 기준이 될 것이다. | 5 | 4 | 3 | 2 | 1 |
| 21. 타협은 해결하는 것보다 더 많은 문제를 일으킨다. 강한 지도력만이 오랜 갈등에 대한 유일한 해결책이다. | 5 | 4 | 3 | 2 | 1 |
| 22. 갈등은 파멸적인 것이고, 우리는 긴장을 증가시키는 대결을 피하도록 노력해야만 한다. | 5 | 4 | 3 | 2 | 1 |
| 23. 우리는 극단적인 것들을 배제하고 중도적인 합의점을 찾아내야만 한다. | 5 | 4 | 3 | 2 | 1 |
| 24. 갈등은 두려운 것이라고 생각한다. 차이점들은 사람들이 서로 화내고 공격하지 않는 과정에서 토론되어야만 한다. | 5 | 4 | 3 | 2 | 1 |
| 25. 모든 문제들은 공개되고 토론되어야 한다. | 5 | 4 | 3 | 2 | 1 |
| 26. 나는 나의 확신을 지지하고 그것들을 다른 사람들에게 강요한다. | 5 | 4 | 3 | 2 | 1 |
| 27. 나는 불안과 긴장을 일으키는 사람들을 좋아하지 않는다. 나는 이런 일이 일어날 때 그 상황을 피하기 위해서 노력한다. | 5 | 4 | 3 | 2 | 1 |
| 28. 나는 팀의 개념을 강조하고 다른 견해를 가진 편에게는 시류에 편승하라고 간청한다. | 5 | 4 | 3 | 2 | 1 |
| 29. 나는 대체로 문제해결에 방해가 되는 것을 피하고 조화를 유지하기 위해서 다른 사람들과도 협력한다. | 5 | 4 | 3 | 2 | 1 |
| 30. 나는 다른 사람들의 관심사를 알아보기 위해 노력한다. 그리고 사람들과 이러한 관심사를 해결해 보도록 요청한다. | 5 | 4 | 3 | 2 | 1 |

(로버트 벤파리著 Changing Your Management Style 참조)

[집계표]

## 〈 갈등관리 전략 〉

| 강요/대립형 | | 회피형 | | 타협형 | | 양보 | | 협력형 | |
|---|---|---|---|---|---|---|---|---|---|
| 1 | | 2 | | 3 | | 4 | | 5 | |
| 6 | | 7 | | 8 | | 9 | | 10 | |
| 11 | | 12 | | 13 | | 14 | | 15 | |
| 16 | | 17 | | 18 | | 19 | | 20 | |
| 21 | | 22 | | 23 | | 24 | | 25 | |
| 26 | | 27 | | 28 | | 29 | | 30 | |
| | | | | | | | | | |

〈그림 5-2〉 갈등관리 전략

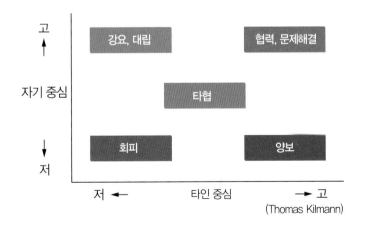

## 2) 갈등관리 유형별 특징

◉ 강요/대립 유형 (Win - Lose Style)

- 참가자는 모두 적이다.

- 반대자는 신뢰할 수 없다.

- 위협하는 자세를 취하는 것이 효과적이다.


◉ 협력 유형 (Win - Win Style)

- 갈등은 자연적인 것이거나 해결될 수 있는 것이다.

- 참가자 전원은 문제해결과정에 참여해야 한다.

- 모든 참가자들의 이익은 존중받을 만한 가치가 있다.

- 지나치게 자기 실익을 따져 다른 사람과의 타협을 기피하는 태도는 버려야 한다.


◉ 타협 유형 (Compromise Style)

- 갈등은 힘든 협상과정을 통해서 해결된다.

- 참가자들은 상호 간의 양보를 통해서 서로의 신의를 보여줄 수 있어야 한다.


◉ 회피 유형 (Lose-Leave Style)

- 갈등은 비합이며 무시될 수 있다.

- 회피 반응은 받아들여질 수 있다.


◉ 양보 유형 (Lose-Yield Style)

- 갈등은 피해야만 한다.

- 참가자는 서로 신뢰해야 하며, 양보는 상호 간의 관계를 향상시켜 준다.

## 3) 갈등관리 유형별 효과적 적용 상황

### 💡 강요(대립)

- 신속하고 결정적 대안이 필요할 때
- 인기 없는 대안이지만 관철시키는 것이 필요한 중대 사안일 경우
- 조직 전체에 영향을 주는 긴요한 사안일 경우
- 적극적으로 참여하지 않는 사람이 이익을 얻는 것을 방지할 필요가 있을 경우

### 💡 협력(문제해결)

- 양측의 주장이 모두 중요하여 절충할 수 없을 때 통합적인 해결책을 찾을 경우
- 서로 다른 관점을 가진 사람들의 견해를 통합시킬 필요가 있을 때
- 양측의 참여나 합의가 절대적으로 필요한 경우

### 💡 타협

- 동등한 힘을 가진 양측이 서로 배타적인 목표를 강하게 고집할 경우
- 복잡한 사안에 대해 잠정적인 대안이 필요한 경우
- 크게 중요한 목표는 아니지만 굳이 마찰을 불러일으킬 필요가 없을 경우
- 시간이 촉박하여 임시해결책 마련이 필요한 경우
- 문제해결에 실패해서 대안의 마련이 필요한 경우

### 💡 회피(억압)

- 별로 중요하지 않은 사안일 경우
- 원하는 바를 만족시킬 수 있는 기회가 없다고 여겨질 때
- 대립해서 얻을 손실이 이익보다 클 경우
- 냉각기를 두고 긴장을 감소시키며 평정을 되찾을 필요가 있을 때
- 다른 사람들이 그 갈등을 보다 효과적으로 해결할 수 있을 경우

### 💡 양보(화해)

- 자신이 잘못되었음을 인식할 경우
- 사안이 상대방에게 더 중요한 경우
- 이후 더 중요한 일을 위해 신뢰를 쌓을 필요가 있을 경우
- 경쟁, 대립의 지속이 서로에게 모두 해가 될 경우
- 조화의 유지와 분류로부터 벗어나는 것이 급선무일 경우

### 4) 갈등 해결을 위한 의사소통

① 개방적으로 행동하라.(Openness)

- 자신의 감정과 생각을 개방적으로, 직접적으로, 정직하게 표현하라.
- 부정적인 말로써 탓하지 말라.
- 상대를 향한 비난이 아닌 현 상황에 대한 객관적 판단과 자신의 감정을 전하는
  I 메시지를 이용하여 자신의 느낌, 원하는 것을 말하라.
- 현재의 구체적인 것에 초점을 맞추어 문제를 확인하라.

② 공감하라.(Empathy)

- 공감적으로 경청하며, 상대방이 느끼고 있는 것을 이해하고 자신도 느끼려고 노력하라.
- 자기가 이해하고 있는 바를 이야기하고, 상대방의 감정을 확인하라.

③ 지지하라.(Supportiveness)

- 상대방을 지지하고 있으며, 늘 관심을 가지고 있음을 표출한다.
- 서로 간에 이익이 되는 해결책을 찾기 원한다는 것을 상대방이 알게 한다.

④ 적극적으로 대처하라.(Positiveness)

- 전체 상황을 좀 더 이해하기 위한 수단으로서, 새롭고 보다 좋은 해결책을 찾기 위한
  수단으로서 갈등을 인식한다.
- 상대방에 대해 적극적으로 대하고, 적극적인 대인관계를 유지한다.

⑤ 동등하게 대하라.(Equality)

- 상대방과 그의 생각, 의견을 동등하게 대한다.
- 모든 아이디어와 의견을 논리적으로 평가한다.

 학습평가 Quiz

1. 다음은 무엇에 대한 설명인가?

> • 지나치게 감정적으로 논평과 제안을 한다.
> • 타인이 의견 발표를 마치기 전에 타인의 의견에 대해 공격한다.
> • 핵심을 이해하지 못한 것에 대해 서로 비난한다.
> • 편을 가르고 타협을 거부한다.
> • 개인적인 수준에서 미묘한 방식으로 서로를 공격한다.

① 갈등의 단서      ② 갈등의 심화

③ 설득의 정석      ④ 협상의 단서

2. 다음 중 갈등관리법에 대한 설명으로 바르지 않은 것은?

① 문제의 본질적인 해결책을 얻는 방법이다.

② 갈등을 피하거나 타협으로 예방하기 위한 방법

③ 갈등 당사자 서로가 원하는 바를 얻을 수 있는 방법

④ 긍정적인 접근방식에 의거한 갈등 해결방식

3. 갈등을 유발하는 3가지 요인에 대해 서술하시오.

4. 다음은 갈등 해결을 위한 의사소통 중에서 무엇에 대한 설명인가?

> - 자신도 같은 어려움이 있다는 것을 행동으로 설명한다.
> - 상대방을 지지하고 있으며, 늘 관심을 가지고 있음을 표출한다.
> - 서로 간에 이익이 되는 해결책을 찾기 원한다는 것을 상대방이 알게 한다.
> - 기꺼이 자신의 의견을 바꾸도록 유동적인 입장을 견지한다.
> - 기꺼이 상대방의 입장을 지지한다.

① 위로하라          ② 공감하라

③ 협동하라          ④ 지지하라

5. 다음 중 갈등관리 대응전략에 해당하지 않는 것을 고르시오.

① 패-패 전략          ② 패-승 전략

③ 승-승 전략          ④ 휴전

학습내용 요약 Review (오늘의 Key Point)

1. 갈등이란 동시에 두 개 이상의 상반된 충동, 동인 및 내·외적 욕구가 발생했을 때 나타나는 거의 비슷한 힘이 대립된 상태를 의미한다.

2. 갈등은 심리적 원인과 사회적 원인, 조직적 원인에 의해서 발생된다.

3. 글라슬의 갈등점증모형은 갈등이 시작되어 점점 증폭되는 과정을 정리한 것으로, 단계가 올라갈수록 긴장감이 계속 증가하는 현상에 대해 설명하고 있다. 글라슬의 갈등 9단계 이론은 [경직화 – 논쟁 – 편향 행동 – 세력화 – 체면 훼손 – 위협 – 피해주기 – 분열 시도 – 공멸]로 이어진다.

4. 케네스 토머스와 랠프 킬만(Kenneth W. Thomas & Ralph H. Kilmann)은 갈등관리의 5가지 유형을 경쟁형, 통합형, 타협형, 회피형, 수용형으로 제시했다.

스스로 적어보는 오늘 교육의 메모

# 협상능력

## Contents

## Learning Objectives

1. 협상의 의미와 특징을 설명할 수 있다.

2. 협상전략 및 협상의 5단계 프로세스를 설명할 수 있다.

3. 설득의 6가지 법칙 및 설득전략에 대해 설명할 수 있다.

**6**
Chapter

상황에 맞는 대화법

김교사는 어린이집 근무 8년 차 베테랑 교사이다. 현재 임금협상 중에 있는 상태이며 김교사와 어린이집 원장님의 대화를 살펴보고 두 가지 상황에 대해서 이야기 해보자.

[상황 1]

원장님: 김선생님, 어서 와요. 커피 한 잔해요. 자, 머리 아픈 연봉 협상 시즌이 돌아왔네요. 그렇죠?

김교사: 네, 원장님 감사합니다. 머리가 아프긴 하지만 제 능력에 대한 적정한 평가가 이루어졌으면 좋겠습니다.

원장님: 그래요. 김선생님 작년 연봉은 3천 5백만원이고 전년 인상률은 5%입니다. 내 생각엔 작년 수준으로 올해도 반영했으면 하는데 김선생님 생각은 어때요?

김교사: 올 한 해를 돌아볼 때 정말 최선을 다했다고 생각합니다. 실제로 추가 근무수당 없이 밤을 새워 행사를 준비한 날도 많았고, 제가 주도한 생태 프로젝트가 재단에서 상을 받기도 했습니다.

원장님: 맞아요. 김선생님의 업무 능력에 대해서는 나도 100% 인정합니다. 성실하고 맡은 일에 대한 책임감이 강해서 제가 가장 신뢰하는 선생님 중에 한 명입니다.

김교사: 감사합니다. 그런데 최근 제 친구들 이야기를 들어보니 제 연봉이 좀 낮게 책정되어 있는 것 같습니다.

원장님: 그래요. 그 친구들도 우리 경쟁사나 관련 업계에서 일하고 있나?

김교사: 꼭 그런 건 아니지만 나이와 근속 연수를 비교해 보자면 차이가 나는 것 같습니다. 작년 한 해 동안 이룬 성과를 보자면 최소 10% 이상은 인상되어야 한다고 생각합니다.

원장님: 연봉은 관련 업계 간 비교가 공정한 비교 같은데… 동종 업계에서는 연봉이 낮은 편이 아닌데… 여하튼 알겠어요. 다시 얘기해 보도록 합시다.

[상황 2]

원장님: 김선생님, 어서 와요. 커피 한 잔해요. 자, 머리 아픈 연봉 협상 시즌이 돌아왔네요. 그렇죠?

김교사: 네, 원장님 감사합니다. 원장님께서 가장 힘드실 것 같습니다. 고생많으십니다.

원장님: 그래요. 김선생님 작년 연봉은 3천 5백만원이고 전년 인상률은 5%입니다. 내 생각엔 작년 수준으로 올해도 반영했으면 하는데 김선생님 생각은 어때요?

김교사: 올 한 해를 돌아볼 때 정말 최선을 다했다고 생각합니다. 실제로 추가 근무수당 없이 밤을 새워 행사를 준비한 날도 많았고, 제가 주도한 〈우리가 이끌어 갈 깨끗한 세상〉 생태 프로젝트가 재단에서 상을 받아 우리 어린이집에 수족관을 설치하기도 했지요.

원장님: 맞아요. 김선생님의 업무 능력에 대해서는 나도 100% 인정합니다. 성실하고 맡은 일에 대한 책임감이 강해서 제가 가장 신뢰하는 선생님 중에 한 명입니다.

김교사: 사실 얼마 전에 제 동문이 부원장으로 있는 어린이집에서 연봉 4천만원으로 이직 권유를 받았습니다. 하지만 연봉을 제외하고는 현재에 정말 만족하고 있습니다. 원장님께 배우고 싶은 것도 많고요… 그래서 고민이 됩니다.

상황 1, 2번 중에서 높은 연봉을 받을 가능성이 높은 쪽은 단연 상황 2이다. 상황이 여의치 않다면 다른 곳으로 가겠다는 뜻을 흘리며 자신의 가치를 높이고 있는 것이다.

6장에서는 협상의 개념 및 특징에 대해 학습하고, 협상력을 결정하는 4가지 요소에 대해 학습한다. 또한 성공하는 협상의 5단계 프로세스를 학습한다.

1. 다음 중 협상의 특징이 아닌 것은 무엇인가?

   ① 두 사람 이상의 이해관계 당사자가 있어야 한다.
   ② 갈등 해소를 위한 상호작용 과정이다.
   ③ 상호 이익극대화가 목적이다.
   ④ 통제권을 우선 확보한다.

2. 다음 중 협상의 4가지 결정요소가 아닌 것은 무엇인가?

   ① 시간                    ② 요구
   ③ 정보                    ④ 힘

3. 협상의 설득전략 중 어떤 과학적인 논리보다 동료나 사람들의 행동에 의해서 상대방 설득을
   진행하는 전략은?

   ① See-Feel-Change 전략
   ② 상대방 이해전략
   ③ 연결전략
   ④ 사회적 입증전략

 **1. 협상의 개념 및 특징**

### 1) 협상의 개념

우리는 세상을 살아가며 끊임없이 협상을 한다. 어릴 적 부모님과 용돈 금액을 조정하던 것부터 조직에서 연봉을 협상하는 것까지 살다보면 반드시 여러 가지 협상을 하게 된다. 그렇다면 협상이란 무엇인가? 리차드 셸(Richard Shell)은 "협상이란 자신이 협상 상대로부터 무엇을 얻고자 하거나 상대가 자신으로부터 무엇을 얻고자 할 때 발생하는 상호작용적인 의사소통 과정이다."라고 정의했다. 또한 모란과 해리스(Moran, R & Harris, P)는 "협상이란 상호 이익이 되는 합의에 도달하기 위해 둘 또는 그 이상의 당사자가 서로 상호작용을 하여 갈등과 의견의 차이를 축소 또는 해소시키는 과정이다."라고 했다. 이를 종합해 보면 협상이란, "둘 이상의 의사결정주체가 서로 상충하는 이해관계에 대하여 보다 나은 결과를 도출하기 위하여 의견교환 과정을 통해 합의에 도달하는 것"이라고 정의할 수 있다.

협상이란?

갈등 상태에 있는 이해당사자들이 대화와 논쟁을 통해서 서로를 설득하여 문제를 해결하려는 정보전달과정이자 의사결정 과정이다.

### 2) 협상의 5가지 특징

협상은 자신 또는 상대방의 일방적인 승리보다는 협상 양측이 적절하게 만족을 느끼는 수준에서 합의를 도출하는 것에 주요 목적을 두어야 한다. 협상의 개념은 다음의 5가지 특징을 가지고 있다.

첫째, 두 사람 이상의 이해관계 당사자가 있어야 한다.

이해당사자는 개인이나 집단, 국가 모두에 해당되며, 한 사람이 단독으로 협상을 진행할 수 없으므로 반드시 두 사람 이상의 이해관계 당사자가 존재한다.

둘째, 협상 주제가 존재해야 한다.

협상을 진행하기 위해서는 협상 이슈가 있어야 할 것이다. 이는 결국 당사자들의 이해관계가 될 것이다.

셋째, 갈등 해소를 위한 상호작용 과정이다.

협상이란 희소한 자원을 나누어 가지려는 과정에서 발생하는 갈등을 합리적이고 효율적으로 해소하기 위한 것이므로 한정된 자원을 나누어 가지려는 사람들끼리 대화를 해야 한다. 이러한 협상 과정은 당사자들 간에 정보교환과 소통을 위한 상호작용이 절대적으로 필요하다.

넷째, 상호 이익극대화가 목적이다.

협상에서는 상호 간에 이해대립이 존재한다는 것을 인지하고 상호 만족할 만한 대안을 도출하여 서로의 이익극대화가 1차 목표라는 점을 이해해야 한다.

다섯째, 상호 존중과 신뢰가 중요하다.

협상 과정이 상호 간에 갈등을 증폭시키는 과정으로 변질된다면 이는 상호 불신 때문이라고 할 수 있다. 따라서 협상이 본래의 목적을 달성하기 위해서는 협상자들 간의 존중과 신뢰를 바탕으로 진행될 때 성공적인 협상이 된다는 것을 알아야 한다.

## 3) 협상의 4가지 결정요소

협상을 결정하는 데 4가지 중요한 요소가 있다. 이는 생각보다 훨씬 중요한 요소이다. 협상에 직·간접적으로 영향을 주는 이 4가지 요소를 다루는 실력이 곧 협상 성패에 그대로 반영된다고 할 수 있으며, 바로 이것이 협상력을 결정한다고도 할 수 있겠다.

### ① 시간(Time)

협상에서도 시간이 정말 중요하다. 즉, 협상에서 '시간이 급하면 진다.'라는 사실을 명심해야 한다. 그렇기 때문에 협상에 대한 시간 제약과 압력으로 상대의 협상시한이 언제까지인지 알아두는 것이 중요하다.

누구나 마음이 급하면 쉽게 양보하거나 혹은 더 큰 양보를 하게 되고, 자신의 주장을 굽히기도 한다. 만약 우리 측의 급박한 상황을 상대가 알게 된다면, 상대는 더욱 여유롭게

접근할 것이고, 우리 측은 급한 마음으로 협상 상황이 악화되기 쉽다. 따라서 협상의 시간을 최대한 확보해야 한다. 또한 협상 일정을 결정할 때 과연 어느 쪽이 시간을 더 많이 가지게 되는가를 예측해야 한다.

② 최초요구(Primary request)

협상에서 최초요구란 협상 당사자가 제시하는 최초 제안을 말한다. 최초의 요구가 협상에서 차지하는 비중은 매우 크며, 당당하게 요구하는 것이 포인트이다. 아주 당연한 듯이 충분한 근거를 들어 상당히 높은 범위에서 불러야 한다. 첫 제안은 그 이후에 진행되는 모든 협상에서의 준거가 된다. 최초요구에 대한 적절한 대응이 협상의 향후 방향과 주도권에 많은 영향을 미치기 때문이다.

③ 정보(Information)

손자병법에도 '지피지기면 백전불패'라고 했다. 협상에서 정보란 협상당사자, 경쟁사, 협상상황 등에 대한 것을 말한다. 21세기에 기업이 비즈니스를 하면서 가장 중요하게 여겨야 할 것 중의 한 가지가 바로 정보수집능력이다. 협상 상황에 영향을 주는 정보를 사전에 가능한 많이 입수해 두어야 하며, 사전정보가 준비되지 않은 상태에서 협상에 들어가지 않는 것은 협상의 기본 상식이라고 할 수 있다.

협상에 임하는 데 꼭 알아야 할 상대의 정보에는 상대방의 요구사항, 상대방의 장점과 단점, 상대방의 협상기한, 상대방이 양보할 수 있는 한계선(가격), 그리고 협상이 결렬되었을 때 상대방이 취할 수 있는 대체수단이 있다.

④ 힘(Power)

협상에서의 힘은 통제력을 발휘할 수 있도록 하는 것들로 지식, 합법성, 관계, 권위, 다른 경쟁자, 시간 등으로 수없이 많은데 다음과 같이 크게 3가지로 분류할 수 있으며, 이외에도 시간, 경쟁자, 제3의 대안 등이 있다.

① 개인적 역량의 힘 : 지식, 경험, 태도, 전문성 등
② 사회적 타당성의 힘 : 합법성, 정당성, 관례, 전례, 상식 등
③ 사회적 우월성의 힘 : 권위, 나이, 직책, 성별 등

사 례 1

얼마 전 금 시세가 정점에 달했다는 뉴스를 보고 김씨는 유행 지난 반지를 팔아야겠다고 생각했다. 며칠 뒤 김씨는 고객과의 미팅을 위해 이동하던 중 귀금속 가게 3곳에 들어가 지니고 있던 반지의 시세를 물었다.

대체로 40만원 정도라는 말을 듣고 네 번째 가게를 들어가니 "다른 가게에서 얼마로 알아보고 오셨어요?"란 주인의 말에 "43만원 주신다고 하던데요."라고 대답했다.

"그럼 43만원 이상 드려야 파시겠네요?"라며 가게 주인은 가격을 책정해 보더니 승낙했다. 그러나 잠시 뒤 주인은 심각한 얼굴로 예상치 못한 이야기를 했다.

"죄송한데 제가 금의 무게를 잘못 잰 거 같아요. 큐빅 무게를 빼지 않았네요."라며 다시 책정하기 시작했다. 미팅 시간 때문에 마음은 조급했지만 또 언제 나와서 팔 수 있을지 몰라 무작정 기다릴 수밖에 없었다. 주인이 "죄송합니다만 40만원 이상은 드리기가 힘드네요. 아까는 제가 무게를 잘못 계산해서…"라고 말하기에 "알겠어요. 그럼 제가 지금 가야 하니 딱 중간 42만원에 해주세요."라고 제안했다.

"아니요. 죄송합니다만 40만원 이상은 드리기가 힘들겠네요."라는 가게 주인의 말에 김씨는 고민에 빠졌다. 미팅 시간은 촉박했고, 몇 만원의 이익을 위해서 다시 올 것인가, 아니면 평균적인 금액을 받고 갈 것인가. 잠깐의 고민 끝에 40만원에 금반지를 팔고 안타까운 마음으로 귀금속 가게를 나왔다.

이 흥정은 무엇이 잘못된 것일까?

- 수정 및 참고 〈한국형 협상스킬〉, 이재현 외, 2015, 형설아카데미 -

 ## 2. 협상전략

### 1) 협상의 5단계 프로세스

협상 과정은 다음과 같이 협상시작, 상호이해, 실질이해, 해결대안, 합의문서의 5단계로 나누어 볼 수 있다.

### (1) 협상시작

협상시작 단계에서는 협상당사자들 사이에 라포(Rapport)를 형성하여 친근감을 쌓는다.

처음부터 직접적으로 협상의사를 전달하는 것보다 간접적인 방법으로 협상의사를 전달한다. 협상에 임하는 상대방이 협상의지가 없다면, 협상이 진행되기 어려우므로 협상의지를 우선 확인한 후, 협상진행을 위한 체제를 계획한다.

### (2) 상호이해

상호이해의 단계에서는 우선 상호 간에 발생한 갈등문제가 어떻게 진행되고 있는지 현재 상황을 점검한다. 이러한 과정에서 적극적으로 상대방의 의견을 경청하면서 협상할 내용을 제시한다. 이러한 경청과 의견 제시 과정을 반복하며 협상을 위한 협상대상 안건을 결정한다.

### (3) 실질이해

실질이해 단계에서는 협상에서 겉으로 주장하는 의견과 실제로 원하는 의견을 구분하여 실제로 원하는 것을 찾아낸다. 협상의 사안에 따라 분배협상 또는 통합협상을 활용하여 이해관계를 분석한다. 여기서 분배협상은 협상당사자들 간에 분배되는 확정된 가치의 양이 있다고 가정하는 것으로 한쪽이 이익을 보면 나머지 한쪽은 손해를 본다는 의미이다. 그러나 통합협상에서는 협상과정에서 상호 이익을 달성하기 위한 상생(win-win)현상을 추구한다.

### (4) 해결대안

해결대안의 단계에서는 협상 안건마다 대안들이 적절한지 평가하고, 개발한 대안들을 평가하게 된다. 협상에 참석한 모든 당사자가 만족할 수 있는 최선의 대안에 대해서 합의하고 선택하게 되는 중요한 단계이다. 또한 최선의 대안의 이행을 위한 실행계획을 수립한다.

### (5) 합의문서

협상의 마지막 단계로 상호 간에 합의된 합의문을 작성하고 합의문상의 합의내용, 용어 등을 재점검한 후, 합의문에 서명한다.

## 2) 4가지 협상전략

협상에 사용될 전략으로서 협상전략의 형태는 다양하다. 협상당사자는 자신의 목적과 상대방의 목적 그리고 상황적 요인에 따라서 다양하게 협상전략을 구사할 수 있다.

레위키(Lewicki, 1996)는 사람들이 협상을 진행할 때 여러 가지 상황에 따라 다른 협상전략을 사용하는 것에 기초하여 다음과 같은 기본적인 전략을 제시하였다.

협상전략은 크게 두 가지 요인에 의해 4가지로 구분할 수 있는데, 첫째 요인은 협상상대와 인간관계이며, 둘째 요인은 협상에서 얻게 될 성과이다. 이 두 가지 요인인 인간관계와 협상성과를 배열하면 다음과 같이 4가지 협상전략이 도출된다.

### (1) 협동전략

협동전략은 협상 참여자들이 협동과 통합으로 문제를 해결하고자 하는 협력적 문제해결전략이다. 즉, 나도 잘되고, 상대방도 잘되는 '누이 좋고, 매부 좋은 상황', 즉 'Win-Win' 전략이라고 할 수 있다.

협동전략은 협상상대와의 인간관계에도 매우 중요하고 협상 결과에서 얻게 될 성과에도 큰 관심을 가지는 경우이다. 협상상대방과 함께 협력하여 우호적인 인간관계를 형성하면서 큰 협상 결과를 얻고자 하는 것이다.

### (2) 수용전략

수용전략은 상대방이 제시하는 것을 일방적으로 수용하여 협상의 가능성을 높이려는 전략이다. 당신의 승리를 위해서 나는 손해를 봐도 괜찮다는, 즉 'Lose-Win' 전략이다.

수용전략은 협상상대와의 인간관계는 상당히 중요한 반면, 협상으로부터 얻어낼 성과는 별로 크지 않거나 중요하지 않다고 생각하는 경우이다.

예를 들면, 가게를 새로 오픈한 주인이 방문하는 손님마다 단골로 만들고 싶어 손해를 보면서도 선물(경품)을 제공하여 원가 이하로 팔게 되는 경우를 들 수 있다.

### (3) 경쟁전략

경쟁전략은 자신이 상대방보다 힘에 있어서 우위를 점유하고 있을 때 자신의 이익을

극대화하기 위한 공격적 전략이다. 내가 승리하기 위해서 당신은 희생되어야 한다는, 즉 'Win-Lose' 전략이다. 경쟁전략은 협상상대방과의 인간관계보다는 당장 협상 성과를 중시하는 경우 사용할 수 있다.

예를 들면, 고속버스 터미널이나 기차역의 음식점처럼 단골을 확보할 필요가 없는 일회성 거래로 나타나는 대부분의 상황에서 이루어지는 경우가 많다.

### (4) 회피전략

회피전략은 상대방이나 자신에게 돌아올 결과에 대해서 전혀 관심을 가지지 않을 때 사용할 수 있고, 자신이 얻게 되는 결과나 인간관계 모두에 대해서 관심이 없을 때 상대방과의 협상을 거절할 수 있다. 나도 손해 보고 상대방도 피해를 입게 되어 모두가 손해를 보게 되는, 즉 'Lose-Lose' 전략이다.

예를 들면 명품가게에 허름한 손님이 방문하는 경우 주인은 별로 친절하게 응대하지 않는다. 이러한 차림의 손님은 물건을 구입하는 것보다 눈으로 구경만 하다가 간다는 것을 알고 있기 때문이다. 손님 또한 물건을 구입하기보다는 그냥 시간을 소비하거나 눈요기나 하자는 마음으로 별 관심 없이 돌아다니기 때문이다. 양측 모두 단골로도 거래 성과에도 관심이 없어 거래하는 협상을 회피하고 싶은 심정인 것이다.

## 3. 설득전략

### 1) 설득의 6가지 법칙

협상을 잘하기 위해서는 상대방을 설득하는 것이 매우 중요한데 미국 애리조나 주립대학 심리학과의 로버트 치알디니 교수는 '사람의 마음을 사로잡는 6가지 불변의 법칙'이라는 제목으로 설득의 심리학을 잘 설명하고 있다. 다음 설득의 6가지 법칙에 대해 살펴본 후 협상에 임한다면 훨씬 더 효과적인 협상에 도움이 될 것이다.

### (1) 호감의 법칙

사람들은 자신이 좋아하는 사람이 하는 것은 모두 좋아 보이기 마련이다. 또한 자신을 좋아해주는 사람을 좋아하며 자신과 유사한 부분이 많으면 호감을 가지게 된다. 이것이 인간 사이의 호감의 법칙이다.

우리가 좋아하는 사람이 어떤 부탁을 하면, 냉정하게 거절하지 못하고 상대방의 부탁을 들어주는 것이 대부분 사람들의 일반적 성향이다. 미국 자동차 판매왕 조 지라드의 말을 빌리면, 고객은 그들이 좋아하는 영업사원에게 차를 구입한다고 한다. 이는 자기가 좋아하는 사람이 말하면 설득이 잘 된다는 것이다.

### (2) 상호성의 법칙

상대방을 설득하고자 할 때 내가 무언가를 받고 싶으면, 내가 먼저 상대방에게 주는 경우가 많다. 'Give and Take', '황금률의 법칙'과 같은 상호성의 법칙을 협상에서 활용하면 내가 먼저 하나 양보하면 상대방도 하나 양보하겠지 라고 생각할 수 있는 '일보후퇴 이보전진' 설득전략이 될 수 있을 것이다.

저명한 문화인류학자인 리키(Leakey)는 상호성의 법칙이야말로 인간을 인간답게 하는 가장 중요한 원천이라고 규정하고 있다. 그의 주장에 따르면 우리가 인간답게 된 것은 우리의 조상들이 가진 식량과 기술을 서로 나누는 방법을 습득하였기 때문이라고 한다.

### (3) 사회적 증거의 법칙

사람들은 어떤 행위나 요구 혹은 결정을 할 때, 대부분 남들이 하는 대로 따라 하려는 경향이 있다. 즉, 사회적으로 남들이 많이 하는 것을, 자신도 하고 싶어 하는 것이다. 수많은 다이어트 방법 중에서 인기를 끄는 방법이 언론매체에 소개되었다면 사람들은 자신의 체질이나 건강에 상관없이 인기 있는 다이어트 방법을 따라 한다. 인간은 사회적 동물이기 때문에 타인이 느끼는 감정과 유사하게 느끼고, 설득되는 심리를 가지고 있다.

### (4) 일관성의 법칙

일관성의 법칙은 우리가 지금까지 행동해 온 것과 일관되게 혹은 일관되게 보이도록

행동하려 하는, 거의 맹목적인 욕구를 말한다. 일단 우리가 어떤 선택을 하거나 입장을 취하게 되면, 그러한 선택이나 입장과 일치되게 행동해야 한다는 심리적 부담감을 느끼게 된다. 그리하여 그러한 부담감은 우리가 이전에 취한 선택이나 입장을 정당화하는 방향으로 행동하게 만들고 있다(Fazio, Blascovich, & Driscoll, 1992).

예를 들면, 홈쇼핑이나 인터넷쇼핑 후 게시판에 베스트 상품평을 쓴 고객에게 추가 증정품을 보내주겠다고 하면 이에 공모한 사람들은 포상의 유무와 상관없이 그 제품의 열렬한 응원자가 되는 것이다.

### (5) 권위의 법칙

권위의 법칙은 보편적으로 누구나 활용하는 설득 기법이다. 즉, 어떤 분야의 권위자의 말은 당연히 말에 힘이 실린다. 어느 분야의 전문가는 해당 분야의 문제점을 상대방에게 설득시키기가 쉽다. 예를 들어, 화장품 광고에 저명한 피부과 의사가 나와서 주름을 없애주는 성분이 들어있다고 하면 소비자들을 설득하는 데 더 효과적인 경우도 이러한 권위의 법칙에 해당된다고 할 수 있다.

### (6) 희소성의 법칙

사람들은 귀한 것을 갖고 싶어 하는 본능을 가지고 있다. 특히 이 순간이 지나고 나면 없어지는 많은 것들에 대한 애착이 많다. 홈쇼핑 방송에서 자주 등장하는 "이 조건, 오늘 이 방송이 마지막입니다. 매진 임박입니다."라는 시간제한 또는 숫자제한 등이 있다. 이런 방송을 보면 당장 사야 할 것 같고, 안사면 안 될 것 같은 조급한 마음이 든다. 사람의 마음을 조급하게 만들어 설득하는 것이다.

또한 보통 사람들은 자신이 갖지 못한 것을 더 갖고 싶어 한다. 내가 선호하는 디자인이 아니더라도 한정판 시계를 꼭 사야 할 것 같은 심리이다.

수년 전에 어떤 대학의 교수가 다음과 같은 재미있는 실험을 한 적이 있다. 그는 성탄절을 맞이하여 그가 전혀 알지 못하는 낯선 사람들의 이름과 주소를 전화번호부에서 무작위로 선정하여, 그들에게 크리스마스 카드를 만들어 보냈다. 그는 낯선 사람들로부터 얼마만큼의 답장이 올까 궁금해했는데 놀랍게도 엄청난 양의 카드가 그가 한 번도 만난 적이 없는 낯선 사람들로부터 답신되었다.

크리스마스 카드를 답신한 사람들은 그들에게 카드를 보낸 사람이 전혀 모르는 사람이라는 사실을 꿈에도 생각하지 못했을 것이다. 그저 그들은 카드를 받으면 무조건 답신해야 한다는 고정관념에 따라 행동했을 뿐이었다(Kunz & Woolcott, 1976).

비록 위의 연구가 재미있는 하나의 이야기에 지나지 않을지도 모르지만, 위의 연구결과는 '상호성의 법칙'이라고 불리는, 막강한 힘을 가지고 있는 설득의 법칙 한 가지를 우리에게 분명하게 제시해 주고 있다. 이 법칙에 의하면, 우리는 다른 사람이 우리에게 베푼 호의를 그대로 갚아야 한다는 강박관념에 시달린다. 만일 어떤 사람이 당신의 생일을 기억하여 생일선물을 보내면, 당신도 그의 생일날 선물을 보내야 하며, 또 만일 어떤 사람이 당신을 저녁 식사에 초대하면 언젠가는 당신도 그들을 저녁 식사에 초대해야 한다는 것이다. 상호성의 법칙은 남의 호의, 선물, 초대 등이 결코 공짜가 아니라 분명 미래에 당신이 갚아야 할 빚이라는 사실을 우리에게 일깨워 주고 있다.

- 〈설득의 심리학〉 中, 로버트 치알디니 저, 이현우 역, 2002, 21세기 북스 -

## 2) 9가지 설득전략

협상에 있어 상대방을 설득시키는 일은 필수적이다. 상대방을 설득시키는 방법은 상대방에 따라, 상황에 따라 매우 다양하다. 설득은 이성적인 요인도 있지만, 감정적인 요인도 작용하기 때문이다.

### (1) See-Feel-Change 전략

설득전략으로 'See(보고)-Feel(느끼고)-Change(변화한다)' 전략을 사용할 수 있다. 즉, 설득전략을 사용하여 갈등관리를 순조롭게 하고, 설득전략을 통해서 협상의 목적을 성공적으로 달성할 수 있다. 협상전략 관점에서 볼 때, 'See' 전략은 시각화하고 직접 보게 하여 이해시키는 전략이고, 'Feel' 전략은 스스로가 느끼게 하여 감동시키는 전략이며, 'Change' 전략은 변화시켜 설득에 성공한다는 전략이다.

### (2) 상대방 이해 전략

협상상대방을 설득하기 위해서는 설득에 장애가 되는 요인들을 척결해야 한다. 협상 전략에 있어서 상대방 이해란 협상 과정상의 갈등해결을 위해서 상대방에 대한 이해가 선행되어 있으면 갈등해결이 용이하다는 것이다.

예컨대 상사가 부하를 설득하기 위해서는 부하에 대한 이해가 선행되어야 한다. 사용자가 노동자들을 설득하기 위해서는 노동자들에 대한 이해가 선행되어야 하며, 부처 간의 갈등에 있어서도 상대방 부처를 설득하기 위해서는 상대방 부처에 대한 이해가 선행되어야 한다.

### (3) 호혜관계 형성 전략

호혜관계란 협상당사자 간에 어떤 혜택들을 주고받은 관계가 형성되어 있으면 그 협상 과정상의 갈등해결에 용이하다는 것이다.

예컨대 부처 간에 도움을 받으면 도움을 주어야 한다는 것이다. 이는 빚은 갚아야 한다거나 약속은 지켜야 한다는 것과 같은 사회적 의무에 관한 교육과 학습의 영향이다.

관리자와 부하 간의 호의에 있어서, 이 호의는 부하가 원했는지 관계없이 모든 호의가 이에 해당된다. 따라서 부하를 일단 빚진 상태로 만들면 된다. 즉, 부하를 먼저 도와주면 된다. 시민과의 관계에서도 마찬가지다. 정부는 시민에게 먼저 어떤 호혜를 베풀면 된다. 그렇게 되면 부하와 상사 간에 또는 시민과 정부 간에 호혜관계에 놓이게 된다.

평소에 이렇게 호혜관계를 잘 형성해 놓으면 차후에 어떤 정책을 추진할 때 다른 사람으로부터 협조를 잘 받아낼 수 있다.

### (4) 헌신과 일관성 전략

헌신과 일관성이란 협상당사자 간 기대하는 바에 일관성 있게 헌신적으로 행동하면 협상 과정상의 갈등해결이 용이하다는 것이다.

헌신과 일관성이란 상대방의 기대에 헌신적이고 일관성 있게 부응하여 행동하는 것이다. 이는 일종의 습관 같은 것으로 반복하다 보면 존재하지 않는 것도 존재하는 것처럼 착

각하게 된다.

관리자가 부하들에게 대하는 행동도 마찬가지로 적용된다. 사소한 습관에서부터 큰 것으로 지속적으로 진행해야 한다. 도중에 나쁜 습관을 이것저것 허락하게 되면 헌신과 일관성의 법칙이 깨어지기 때문에 부하들은 자신들도 모르는 사이에 나쁜 버릇을 가지게 된다.

### (5) 사회적 입증 전략

사회적 입증이란 어떤 과학적인 논리보다도 동료나 사람들의 행동에 의해서 상대방 설득을 진행하는 것이 협상 과정상의 갈등해결에는 더 쉽다는 것이다. 사회적 입증이란 사람은 과학적 이론보다 자신의 동료나 이웃의 말이나 행동에 의해서 쉽게 설득된다는 것과 관련된 기술이다. 광고에서 말하는 소위 '입 소문'을 통해서 설득하는 것이 광고를 내보내서 설득하는 것보다 더 효과가 있다는 것이다.

### (6) 연결 전략

연결이란 협상 과정상의 갈등상태가 발생했을 때 그 갈등문제와 갈등관리자를 연결하는 것이 아니라 그 갈등을 야기한 사람과 관리자를 연결하면 갈등해결이 용이해진다는 것이다.

연결이란 제품과 자신을 연결하는 것이 아니라 그 제품을 판매하는 사람과 자신을 연결한다는 것이다. 따라서 어떤 정책을 집행할 때 그 정책에 이해관계를 가진 집단들에게 우호적인 사람이 집행하게 되면 그 정책으로 인해 발생하는 갈등을 용이하게 해결할 수 있다는 것이다.

따라서 연결기술을 효과적으로 사용하기 위해서는 우호적이거나 좋은 이미지, 협력적인 행정이나 정책들을 사용하여 다른 사람을 설득시키는 것이 용이하다.

### (7) 권위 전략

권위란 직위나 전문성, 외모 등을 이용하면 협상 과정상의 갈등해결에 도움이 될 수 있다는 것이다.

설득기술에 있어서 권위란 직위, 전문성, 외모 등에 의한 기술이다. 사람들은 자신보다 더 높은 직위, 더 많은 지식을 가지고 있다고 느끼는 사람으로부터 설득 당하기가 쉽다. 대리의 말보다 사장님 말에 더 권위가 있고 설득력이 높다. 비전문가보다 전문가의 말에 더 동조하게 된다. 전문성이 있는 사람이 그렇지 않은 사람보다 더 설득력이 있다.

### (8) 희소성 해결 전략

희소성이란 인적, 물적 자원 등의 희소성을 해결하는 것이 협상 과정상의 갈등해결에 용이하다는 것이다. 그러나 이 희소성의 문제는 그 희소한 것을 강력히 소유하고자 하는 사람 또는 집단들의 소유욕이 있을 때에 한해서 통용된다. 즉, 아무리 자원이 희소하더라도 그것을 소유하고자 하는 사람이 없으면 그 희소성으로 인해서 갈등이 야기되지 않는다는 것이다.

사람들은 시간적으로 희소하고 사회경제적으로 희소한 것에 대해서 더 강력히 소유하고자 하는 큰 욕구를 가지고 있을 때 목숨을 걸 정도로 설득을 잘 당한다는 것이다.

### (9) 반항심 극복 전략

반항심이란 협상 과정상의 갈등관리를 위해서 자신의 행동을 통제하려는 상대방에게 반항한다는 것에 관련된 것이다.

로미오와 줄리엣 효과는 희소성과 반항심리를 잘 묘사하고 있다. 부모들의 '하지 마라'라는 반대가 연인들의 반항심리를 불러 일으켜 더 깊은 사랑을 하게 만든다. 부모들의 반대가 심화되면 될수록 로미오와 줄리엣에게 희소성이 강화되고 반항심을 더욱 자극하여 더 깊은 사랑에 빠지게 만들고 결국엔 자살로 이어진다는 것이다.

부하나 시민들을 설득하는데도 마찬가지이다. 억압하면 할수록 더욱 반항하게 될 가능성은 높아진다. 부하나 시민들을 비난하거나 부정하는 말 또는 행동으로 설득시키려 하면 부하나 시민들의 반항심리를 유발시켜 설득에 실패하게 될 확률이 높다.

사례 3

로미오와 줄리엣 효과

로미오와 줄리엣은 몬타규집안과 캐플렛집안 사이의 뿌리 깊은 반목으로 인하여 불운한 사랑으로 끝을 맺는 셰익스피어 희곡의 주인공이다.

두 사람은 그들 사이를 떼어 놓으려는 양가의 집요한 압력에 끝내 굴복하지 않고 비극적인 죽음을 통하여 저승에서 마침내 하나가 되었다. 우리가 특별히 관심을 가져야 할 사실은 이들의 자살 행위가 자유의지의 궁극적인 표출행위라는 점이다.

이들 연인들의 애정이 너무도 강렬하고 또한 그들의 행동이 너무도 극단적이어서 연극을 관람하고 난 관중들은 깊은 경탄과 함께 당혹감을 느끼게 된다. 어린 청소년들이 어찌하여 그처럼 단시간에 죽음도 두려워하지 않는 맹목적인 사랑에 빠질 수 있었을까? 낭만주의자들은 그들이 천생연분이었기 때문이라고 말할지도 모른다. 그러나 사회과학자들의 대답은 좀 다르다. 그 이유는 아마도 그들의 사랑에 대한 부모의 간섭과 그에 대한 심리적 저항 때문이었을 것이다.

로미오와 줄리엣의 사랑이 처음부터 양가의 거센 반발을 뛰어넘을 정도로 뜨겁지는 않았을 것이다. 그러나 양가의 반발이 계속되자 그들의 사랑은 오히려 더욱 뜨겁게 활활 타올라서 마침내 죽음에까지 치닫게 되었다. 부모의 반대가 없었더라면 그들의 사랑은 한줌의 풋내기 사랑으로 끝나지 않았을까?

물론 로미오와 줄리엣은 연극의 주인공에 불과하기 때문에 위의 질문은 증명이 불가능한 한낱 가설에 지나지 않는다. 그러나 똑같은 질문을 현대판 로미오와 줄리엣에게 물어본다면 우리는 보다 확실한 대답을 들을 수 있을 것이다.

부모의 반대에 직면한 연인들은 부모의 반대에 저항하여 서로 간에 오히려 더욱 헌신하고 사랑하게 되었을까? 콜로라도 주에 살고 있는 140상의 부부에 대한 연구는 앞의 질문에 '그렇다'라고 답하고 있다.

연구자들이 발견한 것은 부모의 반대와 간섭이 그들 부부 사이에 약간의 문제를 초래하기는 했지만, 오히려 그 때문에 서로의 사랑을 더욱더 확실하게 확인하게 되었고 궁극적으로 결혼까지 하게 되었다는 것이다.

한편, 또 하나의 흥미로운 발견은 이들 부부에 대한 부모의 간섭이 강해지면 그에 비례하여 부부 사이의 애정이 더욱 강해지고 부모의 간섭이 시들해지면 부부 사이도 시들해지고 있었다는 사실이었다(Driscoll, Davis, & Lipetz, 1972).

- 〈설득의 심리학〉 中, 로버트 치알디니 저, 이현우 역, 2002, 21세기 북스 -

 학습평가 Quiz

1. 다음 중 협상에 대한 설명으로 적절하지 않은 것은?

　① 협상은 갈등관계에 있는 이해당사자 간에 대화를 통해 갈등을 해결하고자 하는
　　　상호작용 과정이다.

　② 협상은 자신의 욕구 충족을 위해 상대방으로부터 최선의 것을 얻어내기 위해 상
　　　대방을 설득하는 커뮤니케이션 과정이다.

　③ 협상에서 성공하기 위해서는 시종 협상의 통제권을 잃지 않도록 해야 한다.

　④ 일반적으로 협상의 과정은 협상시작, 상호이해, 실질이해, 해결대안, 합의문서
　　　작성의 5단계로 구분할 수 있다.

2. 협상 과정 5단계 중 '겉으로 주장하는 것과 실제로 원하는 것을 구분하여 실제로 원하는 것을
　찾아냄'은 어느 단계인가?

　① 협상시작　　　　　　　　　　② 상호이해

　③ 실질이해　　　　　　　　　　④ 해결대안

3. 다음 중 협상전략에 대한 설명으로 적절하지 않은 것은?

　① 협동전략은 협상당사자들이 자신들의 목적이나 우선순위에 대한 정보를 서로
　　　교환하여 이를 통합적으로 문제를 해결하고자 할 때 사용한다.

　② 수용전략은 자신의 주장을 견지하면서 자신과 상대방의 주장을 절충하여 서로
　　　양보하고자 할 때 사용한다.

　③ 회피전략은 상대방에게 돌아갈 결과나 자신에게 돌아올 결과에 대하여 전혀 관
　　　심을 가지지 않을 때 사용한다.

　④ 경쟁전략은 자신의 주장을 상대방에세 확실하게 제시하고 일방적인 양보를 얻
　　　어내는 전략이다.

4. 다음 중 상대방의 마음을 사로잡는 호감의 법칙이 아닌 것은?

① 반항심의 법칙        ② 호감의 법칙

③ 상호성의 법칙        ④ 권위의 법칙

5. 협상전략은 크게 협동전략, 유화전략, 회피전략, 경쟁전략으로 구분할 수 있다. 각각의 전략과 특징을 올바르게 연결시켜 보자.

협동전략   •       • 'Lose-Lose' 전략, 'I Lose, You Lose, We Lose' 전략

유화전략   •       • 'Win-Win' 전략, 'I Win, You Win, We Win' 전략

회피전략   •       • 'Win-Lose' 전략, 'I Win, You Lose' 전략

경쟁전략   •       • 'Lose-Win' 전략, 'I Lose, You Win' 전략

학습내용 요약 Review (오늘의 Key Point)

1. 협상이란 갈등 상태에 있는 이해당사자들이 대화와 논쟁을 통해서 서로를 설득하여 문제를 해결하려는 정보전달 과정이자 의사결정 과정이다.

2. 협상 과정은 관점에 따라 다양하지만 5단계로 구분하면, 협상시작, 상호이해, 실질이해, 해결방안, 합의문서 등으로 구분할 수 있다.

3. 협상에 활용되는 전략은 다양한데, 크게 다음의 4가지 전략으로 요약할 수 있다.

   (1) 협동전략 (Win-Win)
   (2) 수용전략 (Lose-Win)
   (3) 경쟁전략 (Win-Lose)
   (4) 회피전략 (Lose-Lose)

4. 협상에 성공하기 위해서는 상대방을 잘 설득하는 것이 중요한데 '사람의 마음을 사로잡는 설득의 6가지 법칙'은 다음과 같다.

   (1) 호감의 법칙        (2) 상호성의 법칙        (3) 사회적 증거의 법칙
   (4) 일관성의 법칙      (5) 권위의 법칙          (6) 희소성의 법칙

5. 협상에 있어 상대방을 설득시키는 일은 필수적이다. 상대방을 설득시키기 위한 전략은 다음과 같이 9가지로 구분할 수 있다.

   (1) See-Feel-Change 전략  (2) 상대방 이해 전략    (3) 호혜관계 형성 전략
   (4) 헌신과 일관성 전략     (5) 사회적 입증 전략    (6) 연결 전략
   (7) 권위 전략             (8) 희소성 해결 전략    (9) 반항심 극복 전략

스스로 적어보는 오늘 교육의 메모

# 고객서비스

## Contents

## Learning Objectives

1. 고객서비스의 개념과 중요성을 설명할 수 있다.

2. 고객불만 유형 및 고객불만 처리 프로세스를 설명할 수 있다.

3. 고객만족경영의 개념을 설명할 수 있다.

4. 고객만족 조사계획 수립 4가지를 설명할 수 있다.

5. 고객만족 방법 10가지를 설명할 수 있다.

**7**
Chapter

아마존의 고객만족경영

인터넷의 가상세계에서는 '총체적 고객 경험'의 만족이 무엇보다도 중요한 요소이다. 아래의 아마존 사례는 이러한 고객 경험을 고객만족으로 이끌어내는 경영 방식으로 성공을 거두고 있다. 아마존은 지금도 '지구상에서 가장 큰 선택(Earth's Biggest Selection)'이라는 슬로건을 내걸고 인터넷 비즈니스 세계에서 공격적인 판매활동을 펼치고 있으며, 2017년 12월 기준 아마존의 네트워크 매출은 약 1,778억 달러를 원화로 환산하면 약 213조 원에 이른다. 또한 전 세계 160개국에 걸쳐 840만 명에 달하는 고객을 확보하고, 그 가운데 아마존을 통해 지속적으로 서적을 주문하는 사람이 전체의 절반을 넘는 66%에 달하고 있다고 한다. 이러한 성공의 비결을 아마존의 '고객 감동 서비스'에서 찾고 있다.

아마존은 흔히 '지상 최대의 가상서점'으로 일컬어지고 있다. 하지만 그 이상의 의미를 담고 있다. 아마존 웹사이트는 가장 폭넓은 범위의 소매 거래를 경험하게 해준다. 아마존은 지속적으로 판매방식을 개선해 나가고 있으며, 경쟁자들에 한 발 앞서 사업 모델을 발전시키고 있다. 아마존은 310만 명에 달하는 엄청난 열성 고객을 확보하고 있다. 아마존과의 사이에서 이루어지는 고객 경험이 너무나 만족스러운 나머지, 다른 곳은 쳐다보지도 않게 만드는 것, 이것이 바로 아마존의 성공을 설명하는 가장 중요한 요인으로 꼽고 있다. 다음은 이러한 아마존의 고객 중심 경영의 구체적인 사례이다.

한국에 사는 P씨는 Amazon.com을 통해 몇 가지 책과 음반 CD를 주문했다고 한다. 아마존이 전자우편으로 재차 확인한 도착시간이 지났건만, 물건은 감감 무소식이었다. 애가 탄 그는 황급히 주문한 물건이 아직까지 도착하지 않았다는 전자우편을 아마존 측에 다시 보냈다. 아마존은 국제우편의 경우 고객이 주문한 물건을 컴퓨터로 정확하게 추적할 수 있는 시스템이 갖추어지지 않았음을 죄송하게 생각한다며, 그 다음 날로 전 세계 네트워크망을 보유한 FedEx를 통해 주문한 물건을 다시 보내주었다. 고객 P씨의 주장을 전적으로 신뢰했음은 물론 한푼의 추가금도 받지 않고, 다음과 같은 전자우편을 함께 보냈다 : "만약 첫 번째 발송한 물건이 도착했다면 아마존의 너그러운 선물이라 생각하고 그냥 받아주십시오. 혹시 그 책이 필요 없다면, 주변에 유익하게 사용할 수 있는 사람에게 전해주십시오."

- 자료출처 http://tip.daum.net/question/48923453 -

7장에서는 고객서비스의 개념과 중요성을 살펴본다. 고객불만 유형과 고객불만 처리 프로세스를 알아볼 것이다. 또한 고객만족경영에 대해 살펴본다.

1. 다음 중 고객불만 처리 프로세스가 바르게 제시된 것은?

① 경청－공감표시－사과－해결약속－정보파악－신속처리－처리확인－피드백
② 공감표시－사과－경청－해결약속－정보파악－신속처리－피드백－처리확인
③ 경청－공감표시－사과－해결약속－정보파악－신속처리－피드백－처리확인
④ 공감표시－사과－경청－해결약속－정보파악－신속처리－처리확인－피드백

2. 고객만족 조사계획에서 수행되어야 할 것이 아닌 것은?

① 조사분야 및 대상 결정
② 조사인원 설정
③ 조사방법 및 횟수
④ 조사결과 활용계획

3. 다음 중 고객만족 조사의 목적이 아닌 것은?

① 전체적 경향의 파악　　　② 평가목적
③ 개선목적　　　　　　　④ 고객통제

151

## 1. 고객서비스의 개념과 중요성

고객서비스는 재화나 서비스 상품을 구입한 고객에게 제공되는 사전 및 사후 관리서비스를 말한다. 오늘날 많은 기업들이 고객서비스를 주요 경쟁우위 수단으로 간주하고 '고객만족헌장'이나 '고객서비스헌장'을 제정, 그 실천을 위해 노력하고 있다. 여기서 고객서비스란 다양한 고객의 요구를 파악하고, 대응법을 마련하여 고객에게 양질의 서비스를 제공하는 것을 말한다.

'세계적인 기업이 되기 위해서는 고객서비스가 탁월해야 한다.'는 말이 소비재 뿐만 아니라 품질력이 최우선시 되는 반도체 부문에서도 중요시되고 있어, 이제 '고객서비스가 호텔이나 백화점에서만 하는 활동'이 아님을 실감할 수 있다. 이는 대부분의 경영자들이 현대사회에서 고객서비스에 문제가 있을 시에는 그들의 가장 중요한 자산인 고객이 자사를 떠나버린다는 사실을 잘 알고 있기 때문이다. 그리고 '아마존 닷컴'을 최고의 인터넷 커머스 기업으로 이끈 제프 메이조스 회장은 '고객의 경험'을 중시하는 것이 성공의 비결이라고 말한 바 있다. 이처럼 적당히 서비스를 제공하는 것만으로는 고객을 다소 만족시킬 수는 있어도 그를 자사의 열렬한 전도자로는 만들 수 없다는 것이 오늘날의 실정이라 하겠다.

고객서비스를 제공하는 목적은 조달, 생산, 판매, 혹은 고객지원 등의 기업활동 중 어디에 중점을 두느냐에 따라 다르다. 여기서 고객중심 기업의 일반적 특성을 알아보면 다음과 같다.

- 내부고객, 외부고객 모두를 중요시 한다.
- 고객만족에 중점을 둔다.
- 고객이 정보, 제품, 서비스 등에 쉽게 접근할 수 있도록 한다.
- 기업의 전반적 관리시스템이 고객 서비스 업무를 지원한다.
- 기업이 실행한 서비스에 대해 계속적인 재평가를 실시함으로써 고객에게 양질의 서비스를 제공하도록 서비스 자체를 끊임없이 변화시키고 업그레이드한다.

고객서비스를 통해서 기업의 성장을 이루는 과정은 우선 고품위의 고객서비스를 제공하여 고객은 감동을 받고, 이로 인해 회사에 대한 충성도, 즉 애착이 생기게 된다. 이로 인해 고객들의 기업에 대한 선호도가 높아져 성장과 이익을 달성할 수 있는 것이다.

**사례 7 : 리츠칼튼호텔의 '고객인지 프로그램 Mystic'**

로버트는 미국 출장길에 샌프란시스코의 리츠칼튼호텔에서 하루를 묵은 적이 있었다. 그는 서양식의 푹신한 베개가 싫어서 프론트에 전화를 걸어 좀 딱딱한 베개를 가져다 달라고 요청하였다. 호텔 측은 곧 딱딱한 베개를 가져다주었고 덕분에 편하게 잘 수 있었다. 다음 날 현지 업무를 마치고 다음 목적지인 뉴욕으로 가서 우연히 다시 리츠칼튼에서 묵게 되었는데, 아무 생각 없이 방안에 들어간 그는 깜짝 놀랐다. 침대 위에 전날 밤 사용하였던 것과 똑같은 딱딱한 베개가 놓여 있는게 아닌가.

어떻게 뉴욕의 호텔이 그것을 알았는지 그저 놀라울 뿐이었다. 그는 호텔 측의 이 감동적인 서비스를 잊지 않고 출장에서 돌아와 주위 사람들에게 침이 마르도록 칭찬했다. 어떻게 이런 일이 가능했을까?

그것은 바로 리츠칼튼호텔의 고객인지 프로그램인 'Mystic Program' 때문이었다. 리츠칼튼호텔은 세계 70여 개 이상의 모든 체인점이 고객의 개인적 취향까지도 실시간으로 공유할 수 있는 Mystic이라는 고객 데이터베이스를 구축하고 있었고, 이 정보를 활용해서 리츠칼튼을 다시 찾는 고객에게 완벽한 서비스를 제공하고 있었던 것이다.

**리츠칼튼호텔의 Customer Recognition Program**

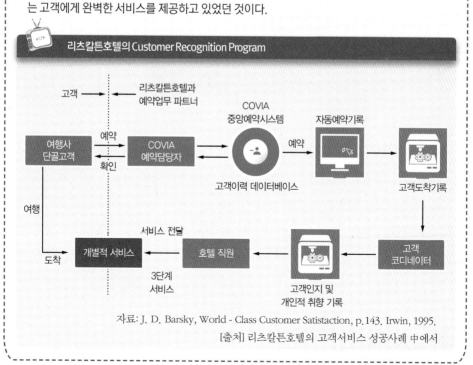

자료: J. D. Barsky, World - Class Customer Satistaction, p.143. Irwin, 1995.

[출처] 리츠칼튼호텔의 고객서비스 성공사례 中에서

## 2. 고객불만 응대

### 1) 고객불만 유형과 유형별 대처방안

고객을 다루기 위해서는 고객의 유형을 알아야 한다. 회사의 제품이나 서비스에 만족하는 고객이 있는가 하면, 만족하지 못하는 고객이 있다. 고객서비스 능력을 향상시키기 위해서는 불만족한 고객을 다룰 줄 아는 것이 매우 중요하다.

불만족한 고객은 불만을 표현하는 방식이 매우 다양하다.

 〈그림 7-1〉 불만 표현 유형

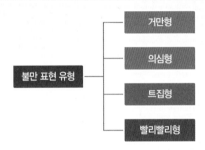

거만형은 자신의 과시욕을 드러내고 싶어 하는 사람으로, 보통 제품을 폄하하는 사람들이 많이 있다. 의심형은 직원의 설명이나 제품의 품질에 대해 의심을 많이 하는 사람이고, 트집형은 사소한 것으로 트집을 잡는 까다로운 고객을 말한다. 빨리빨리형은 성격이 급하고, 확신 있는 말이 아니면 잘 믿지 않는 고객을 말한다. 이런 고객들을 상대하는 데 있어 주의해야 할 사항을 요약하면 다음과 같다.

### (1) 거만형

• 정중하게 대하는 것이 좋다.

- 자신의 과시욕이 채워지도록 뽐내든 말든 내버려 두는 것이다.
- 의외로 단순한 면이 있으므로 일단 그의 호감을 얻게 되면 여러 면으로 득이 될 경우가 많다.

## (2) 의심형

- 분명한 증거나 근거를 제시하여 스스로 확신을 갖도록 유도한다.
- 때로는 책임자가 응대하는 것도 좋다.

## (3) 트집형

- 이야기를 경청하고, 맞장구치고, 추켜세우고, 설득해 가는 방법이 효과적이다.
- 예: "손님의 말씀이 맞습니다. 역시 손님께서 정확하십니다." 하고 고객의 지적이 옳음을 표시한 후 "저도 그렇게 생각하고 있습니다만…" 하고 설득한다.
- 잠자코 고객의 의견을 경청하고 사과를 하는 응대가 바람직하다.

## (4) 빨리빨리형

- "글쎄요?", "아마…", "저…" 하는 식으로 애매한 화법을 사용하면 고객은 신경이 더욱 날카롭게 곤두서게 된다.
- 만사를 시원스럽게 처리하는 모습을 보이면 응대하기 쉽다.

---

- 불만족한 고객 대부분은 불평하지 않는다. 불평하는 고객은 사업자를 도와주려는 생각에서 불평을 하는 경우가 많다. 따라서 고객의 불평을 감사하게 생각해야 한다.
- 고객의 불평은 종종 거친 말로 표현된다. 그러나 그것은 꼭 불만의 내용이 공격적이기 때문에 그런 것은 아니다.
- 대부분의 불평고객은 단지 기업이 자신의 불평을 경청하고, 잘못된 내용을 설명하고 제대로 고치겠다고 약속하면서 사과하기를 원한다.
- 미리 들을 준비를 하고 침착하게 긍정적으로 고객을 대하면, 대부분의 불평은 빠르게 큰 고통 없이 해결된다.

## 2) 고객불만 처리 프로세스

불만고객이란 서비스제공자<sup>(기업)</sup>를 상대로 불만을 표현하고 해결을 요구하는 고객을 말한다. 고객불만은 서비스제공자의 불친절한 태도, 고객에 대한 무관심, 고객의 요구 외면 또는 무시, 건방떨기, 무표정과 기계적 서비스, 규정 핑계, 고객전화 다른 부서로 떠넘기기 등 여러 가지 원인에 의해 발생한다.

많은 서비스제공자들은 고객의 불만에 대해서 다른 사람들은 아무 소리 안하는데 왜 이 고객만 유별나게 구느냐고 성가시게 여기는 경향이 있다. 그러나 이렇게 유별난 고객이야말로 기업에게 소중한 고객이며, 기업이 안고 있는 문제를 해결해주는 스승이 된다. 왜냐하면, 불만을 밖으로 표출하는 고객은 100명 중에서 4명밖에 되지 않고, 나머지 불만을 품은 96명은 소리 없이 떠나가는 고객이 되기 때문이다. 그리고 불만고객은 자신이 겪은 불만사항에 대하여 8~10명의 다른 사람들에게 전파하며, 불만족고객의 80%가 거래를 중단한다고 한다.

반면에 불만이 있어도 그것이 만족스럽게 해결되면 54~70%가 다시 거래를 하며, 불만이 신속하게 해결되기만 하면 반복구매율이 95%까지 증가하고 이들은 단골고객이 되기도 한다. 서비스 분야에서 오랜 경력을 가지고 베테랑이라고 자처하는 사람들도 까다로운 고객이나 화가 난 고객을 응대할 경우에는 어려움을 호소하고는 한다. 그러나 이런 특별한 상황은 우리에게 오히려 차별화되고 특별한 서비스를 제공하는 성공 기회가 될 수도 있다. 그러므로 평소 고객의 불만을 다루는 프로세스를 몸에 체득하고 있으면 이를 쉽게 해결할 수 있을 것이다.

고객불만 처리 프로세스는 8단계로 나누어질 수 있는데, 이는 다음의 그림과 같다.

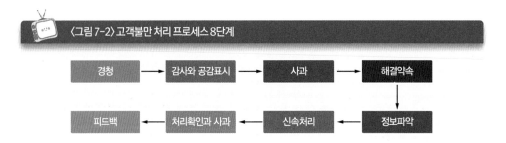

〈그림 7-2〉 고객불만 처리 프로세스 8단계

각 단계에 대한 자세한 설명은 다음과 같다.

## (1) 경청

- 고객의 항의에 경청하고 끝까지 듣는다.
- 선입관을 버리고 문제를 파악한다.

## (2) 감사와 공감표시

- 일부러 시간을 내서 해결의 기회를 준 것에 감사를 표시한다.
- 고객의 항의에 공감을 표시한다.

## (3) 사과

- 고객의 이야기를 듣고 문제점에 대한 인정과 잘못된 부분에 대해 사과한다.

## (4) 해결약속

- 고객이 불만을 느낀 상황에 대해 관심과 공감을 보이며, 문제의 빠른 해결을 약속한다.

## (5) 정보파악

- 문제해결을 위해 꼭 필요한 질문만 하여 정보를 얻는다.
- 최선의 해결방법을 찾기 어려우면 고객에게 어떻게 해주면 만족스러운지를 묻는다.

## (6) 신속처리

- 잘못된 부분을 신속하게 시정한다.

## (7) 처리확인과 사과

- 불만 처리 후 고객에게 처리 결과에 만족하는지를 물어본다.

## (8) 피드백

- 고객불만 사례를 회사 및 전 직원에게 알려 다시는 동일한 문제가 발생하지 않도록 한다.

고객의 불만을 해결하는 과정을 제대로 이해하고 이행하는 것은 고객서비스를 향상시키는 데 있어 매우 중요한 역할을 한다. 고객의 불만을 처리하는 방법은 다음 다섯 가지와 같다.

첫째, 고객의 불평사항을 잘 듣는다. 고객이 말하는 것을 성의를 가지고 메모를 하면서 듣고, 고객과는 의견 대립을 하지 않으며, 불평사항을 긍정적으로 받아들인다.

둘째, 원인을 분석한다. 요점을 파악하여 고객의 착오는 없었는지를 검토한다. 또한 과거의 예와 비교하여 어디에서 책임을 져야 할 문제인가 또는 즉시 대답할 수 있는가를 생각한다.

셋째, 해결책을 마련한다. 회사의 방침과 결부하여 결정하며, 자신의 권한 밖에 있을 때는 이관하되 진행은 자신이 한다.

넷째, 해결책을 전달한다. 신속하게 해결책을 마련하여 처리하고, 친절하게 해결책을 납득시킨다.

다섯째, 결과를 검토한다. 결과를 검토 · 반성하여 두 번 다시 동일한 고객불만이 발생하지 않도록 유의한다.

##  3. 고객만족경영

### 1) 고객만족경영의 이해

고객만족경영이란 경영의 모든 부문을 고객의 입장에서 생각하고 고객을 만족시켜 기업을 유지하고자 하는 신 경영기업으로 1980년대 후반부터 미국과 유럽 등지에서 주목받기 시작하였다.

고객만족을 높이기 위해서는 고객의 기대를 충족시킬 수 있는 제품을 제공하고, 고객의 불만을 효과적으로 처리하며, 사원들의 복지 향상과 일체감 조성 등 기업에 대한 사원만족도 필수요소이다.

고객만족경영이란 경영의 모든 부문을 고객의 입장에서 우선적으로 생각하고 진정한 의미에서 고객을 만족시켜 기업의 생존을 유지하고자 기업의 최종목적을 고객만족의 향상에 두는 경영전략이라고 할 수 있다. 고객만족을 위해서는 고객이 기대를 충족시킬 수

있는 품질을 제공해야 하고 고객의 불만을 효과적으로 처리해야 한다. 또한 고객만족을 위해서는 기업에 대한 종업원의 만족이 필수적이므로 사원들의 복지향상, 일체감 조성 등 사원만족도 아울러 뒤따라야 한다.

### 2) 고객만족 조사의 목적과 계획 수립

#### (1) 고객만족 조사의 목적

대부분의 고객만족 조사는 고객의 요구를 파악하고 이를 비즈니스 프로세스에 입안하려는 의도가 보이지 않는 구성을 하거나 자사의 가시적인 성과만을 보여주려는 의도가 보인다. 사전에 고객의 요구도 파악하지 않고, 고객에 대한 지식이 전혀 없는 사람이 고객 조사 설문을 작성했을 때의 결과는 전혀 엉뚱한 결과가 될 것이다. 그야말로 형식적인 조사에 그치는 경우가 많다.

고객만족 조사의 목적은 고객의 주요 요구를 파악하여 가장 중요한 고객요구를 도출하고, 자사가 가지고 있는 자원을 토대로 경영 프로세스의 개선에 활용함으로써 경쟁력을 증대시키는 것이라고 할 수 있다. 결국 기업은 수익이 증대되고 품질 향상으로 인한 유형 및 무형의 가치를 창출하게 된다.

#### (2) 고객만족 조사계획 수립

고객만족 조사를 적절히 수행하기 위해서는 적절한 조사계획이 수립되어야 한다. 고객만족 조사계획에서 수행되어야 할 것은 조사 분야 및 대상 결정, 조사목적 설정, 조사방법 및 횟수, 조사결과 활용계획으로 나눌 수 있다.

① 조사 분야 및 대상 설정

시장이 다양화되고, 제품 및 서비스가 점점 복잡화함에 따라 조사 분야와 대상을 확실히 설정하는 것이 필요하다. 그렇지 않으면 정확히 측정하고자 하는 것에 대한 고객만족을 조사할 수 없게 될 것이다.

기업의 어떤 제품에 대한 고객만족인지, 아니면 서비스에 대한 고객들의 만족도를 조

사할 것인지를 분명히 선정해야 한다.

② 조사목적 설정

고객만족 조사의 목적은 크게 4가지로 나눌 수 있다.

● 전체적 경향의 파악

- 고객만족도 수준은 어떠한 상황에 있는지, 어떻게 변화하고 있는지, 어떠한 요인에 의해 결정되는지, 고객의 심리는 어떻게 되어 있는지 등 전체적인 관점에서 조사한다.

- 객관성, 공평성, 과학적 합리성이 요구되는 조사가 실시되어야 한다.

● 고객에 대한 개별대응 및 고객과의 관계유지 파악

- 개별고객의 불만해소, 니즈 파악, 이후의 비즈니스 관련 정보입수 등이 중요하다.

- 조사대상의 선택은 무작위이어서는 안 된다. 중요한 고객을 우선해야 한다.

● 평가목적

- 포괄적인 질문, 상세한 질문은 불필요하다.

- 평균치 계산으로 많은 목적이 달성된다.

● 개선 목적

- 고객심리 및 평가의 결정요인의 해명 등이 분석의 대상이다.

- 가능한 한 고객의 감정에 따른 질문 작성이 요구, 비교적 상세한 질문 및 자유회답이 바람직하다.

③ 조사방법 및 횟수

□ 조사방법

고객만족 조사에 사용되는 방법으로는 설문조사, 심층면접법이 있다.

● 설문조사

- 고객만족을 측정할 수 있는 문항으로 구성된 설문지를 통하여 응답자들의 인식을 조사하는 방법이다.

- 비교적 빠른 시간 내에 조사를 실시할 수 있다.

- 조사결과를 통계적으로 처리할 수 있다. 응답자들이 쉽게 알아들을 수 있는 말로 질문을 구성해야 한다.

● 심층면접법

- 조사자와 응답자 간의 일대일 대면접촉에 의해 응답자의 잠재된 동기, 신념, 태도 등을 발견하는 데 사용한다.
- 30분에서 1시간 정도의 비교적 긴 시간이 소요된다.
- 다른 방법을 통해 포착할 수 없는 심층적인 정보를 경험적으로 얻을 수 있다.
- 독특한 정보를 얻을 수 있다.
- 인터뷰 결과를 사실과 다르게 해석할 수 있다.

□ 조사횟수

보통 1회 조사로 고객만족 조사를 하는 경우가 많이 있지만, 1회 조사는 실패하기 쉽다. 조사방법이나 질문내용이 부적절하기도 하고, 정확한 조사결과를 얻기 어렵기 때문이다. 그래서 보통 연속조사를 하는 것을 권장한다. 연속조사 시 주의해야 할 사항은 다음과 같다.

- 조사방법 및 질문내용을 가능한 한 변경하지 않는 것이 필요하다. 조사에 생각하지 않은 영향이 있기 때문이다.
- 위험을 초래하지 않는 경우라면 조금씩 변경하거나, 일시적으로 예전의 질문과 새로운 질문을 병행시키는 등의 계획을 하는 것도 좋다.

④ 조사결과 활용계획

조사결과 활용계획은 앞선 조사목적과 일맥상통한다. 조사결과를 평가에 반영하기 위한 것인지, 아니면 서비스나 제품을 개선하기 위한 것인지에 따라 활용계획은 달라질 것이다. 목적에 맞는 활용계획을 설정해 놓는 것이 조사의 방향에 일관성을 부여할 수 있다.

 **Level up Mission**

 고객만족을 측정하는 데 있어서 많은 사람들이 범할 수 있는 유형을 3가지만 적어보고, 그 이유를 팀원과 이야기 나누어 보자.

1. _____

_____

2. _____

_____

3. _____

_____


**사례 2 : 최고의 서비스가 행해지는 위안의 공간**

청주공항 고객감동 사례

떠날 때의 설렘, 도착의 안도감.

그동안 내 안에서 갖는 공항의 이미지는 이 두 가지였습니다. 그러나 지금은 '최고의 서비스가 행해지는 위안의 공간'이 아닐까 합니다.

3개월을 품고 있었던 우리 아가는 예정되었던 봄빛을 보지 못한 채 이 가을에 사라졌습니다. 초음파 기계를 이리저리 저으며 "어, 이상하네.."라는 의사의 한 마디 이후, 며칠간의 기억 또한 함께 사라졌습니다. 그렇게 며칠을 보내고 이대로는 안 되겠다는 생각에 무작정 집을 나섰습니다.

청주에 내려와 산지도 10개월 정도가 흘렀지만 딱히 만날 사람도 없었고, 갈 곳은 더더욱 없었습니다. 무슨 정신으로 공항을 찾았는지는 모르겠지만 이제와 생각해보면 복잡한 심경을 떠나보내고 싶다는 마음이 공항으로 발길을 이끈 것 같습니다.

평일 오후의 청주국제공항은 꽤 한산했습니다. 딱히 목적이 있어 찾은 것이 아니었기에 공항을 어슬렁거리며 지친 몸과 마음을 쉬게 해줄 공간을 찾았습니다. 또르르 눈물이 흐를 것 같아 내 얼굴을 드러내지 않는 곳에서 머물고 싶었습니다. 구석구석을 돌아다니다 보니 위층에 커다란 창이 뚫려 있고 그 앞에 의자가 있었습니다. 큼지막한 창으로 적당한 햇살이 들어오고, 파란 하늘을 볼 수 있는 그곳은 여행을 떠나려는 사람들이 잠시 머물며 설렘을 발산하고, 소중한 사람들이 돌아오기를 기다리는 곳 같았습니다.

큰 창 너머로 보이는 하늘은 너무나도 맑았고, 1층에서 구입한 커피는 그때의 제 상황과는 달리 참 달고 맛있었습니다. 커피 몇 모금을 마셨을 때쯤 어디선가 아이 울음소리가 나서 돌아보니 신나게 달리던 아이가 넘어진 듯 했습니다. 아이엄마가 부리나케 달려와 달래주는 모습을 보고 있자니 이제는 뱃속에 없는 아기가 생각났습니다. 아가가 우리에게 찾아와 준 것을 확인한 날, 처음으로 아기 심장 소리를 듣던 날, 이제 부모가 된다는 생각에 남편과 마주보며 웃었던 날들이 하나하나 떠올랐습니다. 멀지 않은 기억들인데 참 아득하게 느껴진다는 그 '사실'에 참았던 눈물이 터졌습니다. 슬퍼하는 모습을 가족에게 보이면 모두에게 슬픔이 번져 나갈까봐 꾹꾹 참아왔던 감정들이 나를 모르는 이들로 가득한 낯선 공간에 오니 그제야 분출된 것입니다.

그렇게 어깨를 들썩들썩, 콧물을 찍찍 흘려가며 한참을 서럽게 울고 있을 무렵 갑자기 누군가 툭툭 하고 어깨를 쳐서 돌아봤습니다. 복장과 분위기를 보니 아마 공항에서 일하시는 직원 분이셨던 것 같습니다. 아까 지나가다가 보고 안 그래도 얼굴이 참 안 좋다고 생각했는데, 지금 보니 울고 있어서 그냥 지나칠 수가 없었다고 하셨습니다. 그리고 손에 쥐고 있던 사탕 하나와 티슈를 건네 주셨습니다. 힘내라는 한 마디와 함께.

서비스업계에서는 고객을 위한 봉사와 친절한 태도 등을 모토로 삼고 업무를 합니다. 저는 그동안 공항을 이용하면서 그들의 모토에 맞는 서비스를 받아 보았고, 그에 대한 감사한 마음을 품기도 했습니다. 그러나 '고객'의 입장에서 그들의 서비스를 당연하게 여겼던 것도 사실입니다. 서비스는 그들이 해야만 하는 '업무'라고 생각했기 때문입니다. 그러나 공항에서 겪은 이번 일을 계기로 그들이 고객에게 하는 '서비스'에 대한 진심의 농도에 대해 다시 한 번 생각을 하게 되었습니다. 공항을 찾는 모든 고객들 하나하나에게 관심을 갖고 눈여겨보며 그들의 마음을 헤아리고자 한 그 서비스 정신이 있었기에 굳이 말을 걸지 않아도 됐을 상황이었음에도 저에게 따뜻한 말씀을 건네주셨다고 생각했기 때문입니다. 그것은 저에게 있어서 단순한 '말 한마디'가 아닌 정말 큰 '위안'이 되었기에 그 분에게 받은 서비스를 앞으로도 결코 잊을 수 없을 것입니다.

사람을 떠나게 하는 것도, 찾아오게 하는 것도 결국은 '사람'입니다. 청주공항은 공항을 찾은 사람을 위한 따뜻한 마음이 깃든 서비스가 있는 곳이기에 그 진심이 더 많은 이들의 발걸음과 마음을 끌어당길 것입니다.

- 자료출처: 한국공항공사 홈페이지(www.airport.co.kr) 고객의 소리 中 -

## 3) 고객만족방법

고객생애가치(CLV, Customer Lifetime Value)란, '한 소비자가 일생 동안 얼마만큼의 이익을 가져다 주는가'를 돈으로 환산한 개념이다. 한 명의 고객이 줄 수 있는 가치는 생각보다 훨씬 크다. 한 명의 만족한 고객은 다른 어떠한 것보다 더 효과적인 광고 수단이기 때문이다. 고객만족도를 향상시키는 10가지 방법은 다음과 같다.

### (1) '고객이 원하는 것'은 고객에게 직접 물어보자.

고객이 무엇을 원하는지 모르고 최고의 서비스를 제공할 수는 없으므로 고객이 얼마나 서비스에 만족하고 있는지, 더 원하는 것은 없는지 주기적으로 체크하라. 고객에게 질문을 던지는 것만으로도 고객들은 만족감을 느낀다. 또한 이렇게 얻게 된 피드백은 향후 비즈니스를 어떻게 꾸려나갈지 정하는 데에 많은 도움을 준다.

### (2) 만족도의 변화를 체크하자.

고객만족도를 파악할 때는 여러 기간에 걸친 조사로 그 변화를 체크해야 한다. 한 번의 설문조사로는 고객의 만족도를 알 수 없다. 예를 들면, 설문조사를 통해 오늘 고객만족도가 75%라는 결과가 나왔다고 해서 고객만족도가 높다고 결론을 내릴 수는 없는 것이다. 평소에 고객만족도가 85% 정도였다면, 75%는 절대 높은 수치가 아닐 것이다. 과거의 수치와 비교해 보면서 끊임없이 고객만족도를 향상시키기 위해 노력해야 한다.

### (3) 고객의 피드백을 바탕으로 서비스를 개선하자.

고객들의 피드백이 모두 서비스 개선에 도움을 주는 것은 물론 아니다. 하지만 고객의 피드백을 듣고 서비스에 변화를 줌으로써 소비자들의 반응을 볼 수 있으므로 긍정적인 효과를 기대해볼 수도 있다.

### (4) 고객의 요구에 재빨리 대응하자.

신속하게 고객의 문의에 응답하는 것은 매우 중요하다. 전화를 이용할 수도 있고, 이메일이나 SNS를 통해서 이뤄질 수도 있다. 어떠한 방법으로 이뤄지든, 고객의 문의에 최대

한 빨리 답변을 해야 한다는 점은 한결같이 지켜져야 할 원칙이다.

'문의에 답변을 한다는 것'이 꼭 모든 문제를 해결해줘야 한다는 뜻은 아니다. 고객의 메시지에 신경을 쓰고 있다는 것을 보여주는 것만으로도 상당한 효과가 있다.

### (5) 고객 응대 시스템을 안정적으로 유지하자.

고객의 요구에 재빨리 대응하기 위해서는 안정적인 시스템을 구축할 필요가 있다. 문제가 터지고 난 후에는 이미 고객이 실망하고 떠났을지도 모르기 때문에 미리 대비하는 자세가 필요하다. 이메일이나 SNS에서 고객의 문의에 답변을 하거나 빈번하게 발생하는 문제를 해결하는 전담 팀을 만드는 것도 하나의 방법이다.

### (6) 불만사항이 접수되면 겸허히 받아들이자.

아무리 회사나 직원이 잘못한게 없어 보여도, 고객들이 불만족스러워 한다는 사실에는 변함이 없다. 고객들은 긍정적인 평가보다 부정적인 평가에 더 민감하다. 그렇기 때문에 불만사항이 접수되면 문제가 없다는 점을 피력할 것이 아니라, 귀 기울여 듣고 정중히 사과하는 것이 훨씬 더 좋은 결과를 낳을 수 있다.

### (7) 고객에게 지속적으로 정보를 제공하자.

만약 고객이 문의를 했는데 곧바로 답변을 줄 수가 없는 상황이라고 해도, 지금 처리 중이니 나중에 연락을 달라는 식으로 매듭지어서는 안 된다. 계속해서 일이 어떻게 진행되어가고 있는지 설명해주어야 한다. 예를 들면, 고객이 홈페이지 로그인이 안 된다고 문의했는데 담당하는 개발팀이 부재 중일 경우가 있겠지만 고객에게 현재 어떤 상황인지 알리고 문제가 해결되기까지 어느 정도의 기간이 소요될 것이지 구체적으로 전달해야 한다. 문제가 해결된 후에도 고객에게 바로 통보해주고 또 다른 문제는 없는지 확인하면 고객의 만족도를 더 높일 수 있을 것이다.

### (8) 상담전화 대기시간을 줄이자.

고객들은 불평 접수를 하거나 궁금한 것이 있어서 전화 거는 것을 굉장히 싫어한다. 대

기시간도 긴데다 문제 상황을 해결해줄 수 없는 부서와 연결되어 같은 말을 반복하는 것이 다반사이기 때문이다. 그러므로 문의전화에 응대하기 위한 시스템을 구축할 때는 대기시간이 너무 길어지지 않도록 하는 것이 좋다.

### (9) 단골 고객에게 더 많은 관심을 기울이자.

모든 고객은 중요하지만 오랫동안 여러분의 서비스를 각별히 사랑해준 고객이 있다면 당연히 더 많은 관심을 기울여야 한다. 고객의 이름이나 직업 같은 개인적인 사항들을 기억하는 것만으로도 고객은 자신이 대우받고 있다는 느낌을 받는다. 단골 고객은 반복해서 구매를 한다는 점은 물론, 주변인에게 추천을 하기도 한다는 점을 고려한다면, 고객에 대한 작은 관심은 미래를 위한 내실 있는 투자라고 볼 수 있다.

### (10) 직원 교육을 철저히 하자.

최고의 서비스는 직원 몇 명이 하는 것이 아니다. 모든 직원이 마음을 합쳐야 하는 것이다. 그렇기 때문에 고객서비스에 대한 중요성을 잘 이해하고 있는 사람을 고용하고, 직원들을 상대로 정기적인 고객 응대 교육을 시행해야 한다. 고객에게 불만사항이 접수되고 특정한 조치를 취했다면, 다른 직원에게도 이 내용이 전달되도록 해야 한다. 비슷한 문제가 발생했을 때 모든 직원이 효과적으로 대응할 수 있기 때문이다.

 **Level up Mission**

☎ 여러분이 최근 경험했던 고객만족 사례를 세 가지만 적어보고 팀원들과 이야기 나누어 보자.

- _____

- _____

- _____

**사례 3 : 페덱스의 고객생애가치**

세계적인 물류 서비스업체인 '페덱스(FedEx)'의 직원들은 고객을 대할 때 항상 이 고객생애가치를 고려한다고 한다. 고객 한 명의 가치를 1회의 택배 비용인 5,000원이 아닌, 그 이상의 가치로 인식한다는 뜻이다.

예를 들면, 한 명의 고객이 자사의 서비스를 이용하게 되면, 한 달에 3회, 그리고 평생 50년간 서비스를 이용한다고 가정하자. 그렇다면 그 고객의 가치는 1회의 택배 비용인 5,000원이 아닌, 5,000원 x 3회 x 50년이 되는 것이다. 즉, 900만원이 되는 것이다. 또한 이 고객이 서비스에 만족해서 다른 고객에게 추천을 할 수도 있다. 그렇다면 그 가치는 더 어마어마해지게 된다.

- 자료출처 http://blog.wishket.com -

 학습평가 Quiz

1. 다음 중 고객중심 기업의 특징이 아닌 것은?

① 고객만족에 중점을 둔다.

② 고객이 정보, 제품, 서비스 등에 쉽게 접근할 수 있도록 한다.

③ 기업이 실행한 서비스에 대한 평가는 한 번만 실시한다.

④ 보다 나은 서비스를 제공할 수 있도록 기업정책을 수립한다.

2. 다음 중 트집형 고객에 대한 응대로 적절하지 않은 것은?

① 이야기를 경청하고 추켜세우며 설득한다.

② 분명한 증거나 근거를 제시하여 확신을 갖도록 유도한다.

③ 고객의 지적이 옳음을 표시하고 "저도 그렇게 생각하고 있습니다만…" 하고 설득한다.

④ 잠자코 고객의 의견을 들어주고 사과를 하는 응대가 바람직하다.

3. 아래 그림의 고객불만 처리 프로세스를 완성하시오.

4. 다음 중 고객만족 조사계획과 관련한 설명으로 적절하지 않은 것은?

① 조사분야와 조사대상을 명확하게 설정해야 한다.

② 고객만족 조사방법에는 설문조사, 심층면접법 등이 있다.

③ 고객만족 조사는 궁극적으로 종업원의 업무성과를 평가하는 데 목적이 있다.

④ 보통 1회 조사로 고객만족 조사를 하는 경우가 많지만, 1회 조사는 실패하기 쉽다.

5. 고객만족경영이란 무엇인가?

( )

학습내용 요약 Review (오늘의 Key Point)

1. 고객서비스란 다양한 고객의 요구를 파악하고 대응법을 마련하여 고객에게 양질의 서비스를 제공하는 것을 말한다.

2. 고객의 불만 표현 유형은 크게 4가지로 나눌 수 있다. 거만형은 자신의 과시욕을 드러내고 싶어 하는 사람으로, 보통 제품을 폄하하는 사람들이 많이 있다. 의심형은 직원의 설명이나 제품의 품질에 대해 의심을 많이 하는 사람이고, 트집형은 사소한 것으로 트집을 잡는 까다로운 고객을 말한다. 빨리빨리형은 성격이 급하고, 확신 있는 말이 아니면 잘 믿지 않는 고객을 말한다.

3. 고객불만 처리 프로세스의 8단계는 '경청 → 감사와 공감표시 → 사과 → 해결약속 → 정보파악 → 신속처리 → 처리확인과 사과 → 피드백'으로 이루어진다.

4. 고객만족경영이란 경영의 모든 부문을 고객의 입장에서 우선적으로 생각하고 진정한 의미에서 고객을 만족시켜 기업의 생존을 유지하고자 기업의 최종목적을 고객만족의 향상에 두는 경영전략이라고 할 수 있다.

5. 고객만족 방법에는 다음의 10가지가 있다. ① '고객이 원하는 것'은 고객에게 직접 물어보자. ② 만족도의 변화를 체크하자. ③ 고객의 피드백을 바탕으로 서비스를 개선하자. ④ 고객의 요구에 재빨리 대응하자. ⑤ 고객 응대 시스템을 안정적으로 유지하자. ⑥ 불만사항이 접수되면 겸허히 받아들이자. ⑦ 고객에게 지속적으로 정보를 제공하자. ⑧ 상담전화 대기시간을 줄이자. ⑨ 단골 고객에게 더 많은 관심을 기울이자. ⑩ 직원 교육을 철저히 하자.

스스로 적어보는 오늘 교육의 메모

# 의사소통능력

## Contents

PART
II

# 의사소통능력의 개념 및 유형

## Contents

## Learning Objectives

1. 의사소통의 개념과 중요성을 말할 수 있다.

2. 의사소통의 유형에 대해 언어와 비언어, 의사소통의 구분으로 나누어 설명할 수 있다.

3. 의사소통의 저해요인과 개발방안을 설명할 수 있다.

**1**
Chapter

'침묵이 금이다.'라는 말이 있다. 하지만 이는 말을 신중히 하라는 의미이며 의사소통에 대한 중요성에 대한 의미이지 결코 말을 하지 말라는 말은 아니다.

 특히 요즘은 말을 줄이고 무게감을 주는 것을 중요시했던 과거 아버지들의 인간상과는 달리 '스피치의 시대'라고 불리울 정도로 커뮤니케이션의 중요성이 강조되고 있다. 즉, 자신의 의견을 명확히 피력하고 의사소통을 잘해야 인간관계를 잘 맺을 수 있고, 성공으로 연결된다는 것이다.

그런데 언젠가부터 스마트폰이 보급되면서 학교에도 많은 변화가 생겼다. 긍정적인 변화로 신입생과 재학생의 커뮤니케이션 창의 역할을 해주고, 빠른 의사소통이 가능하게 되었으며, 수업시간에 스마트폰을 통해 쉽게 정보를 습득할 수 있게 해 주었다. 그러나 수업시간에 떠드는 학생이 문제가 아니라 수업시간에 핸드폰을 만지는 학생이 더 문제가 되었으며, 오프라인으로 해야 하는 일들을 온라인으로 처리하게 되면서 학생들 간의 의사소통이 부족한 현상도 생기게 되었다.

핸드폰은 엄밀히 말해서 사람과 사람을 이어주는 매개체의 역할을 하는 기기이다. 즉, 의사소통을 원활하게 하기 위한 수단이라는 말이다. 그러나 오히려 이러한 핸드폰이 대화의 단절 현상을 강화시키는 기제로 작용하고 있다는 점이 안타깝다.

인공지능(Artificial Intelligence) 컴퓨터를 개발하고 전 세계인이 의사소통할 수 있는 기기들을 활용하는 현대사회이지만, 이 엄청난 과학기술과 정보통신기술의 발달은 오히려 사람들 간의 의사소통을 줄이고 있다는 생각에 디지털 세상에서 가끔은 아날로그 세상이 그립기까지 하다.

스피드시대라고는 하지만 인간과 인간을 이어주는 관계에 있어서 직접적인 접촉과 함께 이루어지는 의사소통은 매우 중요하다. 1장에서는 이토록 중요한 의사소통에 대해 학습한다. 의사소통의 개념과 유형, 중요성과 의사소통을 저해하는 요인과 개발방안을 알아보고 그동안 무심코 해왔던 자신의 의사소통 방식을 돌아보는 시간을 만들어 보자.

-의사소통 컬럼- 충북일보 오피니언 기고.
충북도립대 자치행정학과 교수 조주연. 수정발췌

1. 다음은 무엇에 대한 설명인가?

> 두 사람 이상의 사람들 사이에서 언어, 비언어 등의 소통 수단을 통하여 자신들이 가지고 있는 생각, 감정, 사실, 정보, 의견을 전달하고 피드백을 받으면서 상호작용하는 과정이다.

① 토론          ② 의사소통

③ 설득          ④ 발표

2. 다음 중 의사소통의 4가지에 해당하지 않는 것은?

① 말하기          ② 듣기

③ 읽기          ④ 생각하기

3. 다음 중 의사소통의 세 가지 저해요인 분류에 해당하지 않는 것을 고르시오.

① 인간적 요인          ② 조직구조적 요인

③ 사회문화적 요인          ④ 심리적 요인

## 1. 의사소통의 개념

### 1) 의사소통의 개념

우리의 일상생활에서 언어가 사라진다면 어떻게 될까? 우리는 언어를 통해 서로 의사소통을 하고 이를 통해 관계를 유지해 나간다. 이를 통해 자신의 생각과 느낌을 표현하고 감정의 교류를 나눈다. 또한 업무적인 상황에서의 정보전달과 교환을 통해 보다 건설적인 미래 상황을 만들어 나간다. 큰 틀에서의 의사소통능력은 직장생활에서 문서를 읽거나 상대방의 말을 듣고 이해하는 능력을 말한다.

의사소통으로 번역되는 Communication의 뜻은 공통, 공유의 뜻을 가진 라틴어 'communis'에서 나온 말이다. 의사소통은 두 사람 이상의 사람들 사이에서 언어, 비언어 등의 소통 수단을 통하여 자신들이 가지고 있는 생각, 감정, 사실, 정보, 의견을 전달하고 피드백을 받으면서 상호작용하는 과정이다.

① 의사소통 과정 모델의 이해

- 의사소통은 하나의 과정(Process)이다.
- 의사소통이란 메시지를 주고받는 과정이며 순환적인 것이다.
- 의사소통 과정은 송신자, 수신자, 피드백, 메시지라는 네 가지 요소의 상호작용이다. (성격, 가치관, 문화, 경험, 스타일, 기술, 상황 등이 중간에서 영향을 미친다)

② Berlo의 SMCR 모형

 **〈그림 1-1〉Berlo의 SMCR 모형**

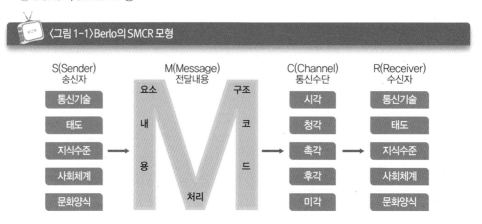

- 송신자(S)

  생각, 감정, 정보 등의 메시지를 전달하는 사람

- 메시지(M)

  의사소통 과정에서 언어적 혹은 비언어적 형태를 띠는 주제

  송신자가 보내는 전달내용은 내용, 요소, 처리, 구조, 코드 등으로 이루어지게 된다.

- 통신수단(C)

  전달내용이 전달되기 위한 통신 수단에는 시각, 청각, 촉각, 후각, 미각이라는 인간
  의 다섯 가지 감각이 있다.

- 수신자(R)

  송신자가 전달하는 메시지를 듣고 받아들이는 사람

 Level up Mission Step 1

의사소통의 방법에는 어떤 것이 있을까? 생각나는 대로 적어보고 각각의 방식이 가지는 장단점
을 논의해 보자.

③ 의사소통의 원칙

| 의사소통의 일반원칙 |
| --- |

- 명료성(clarity)
- 일관성(consistency)
- 적시성(timeliness)
- 정량성(adequacy)

- 배포성(distribution)
- 적응성과 통일성(adaptability & uniformity)
- 관심과 수용(interest & acceptance)

## 2) 의사소통능력의 정의와 구성

### ① 의사소통능력의 개념(NCS [국가직무능력 표준] 정의)

직장생활에서 문서를 읽거나 상대방의 말을 듣고 의미를 파악하며, 자신의 의사를 정확하게 표현하고, 간단한 외국어 자료를 읽거나 외국인의 간단한 의사표시를 이해하는 능력이다.

### ② 직업기초능력으로서의 의사소통능력

 **[표 1-1] 직업기초능력으로서의 의사소통능력**

| 하위능력 | 하위능력 개념 |
|---|---|
| 문서이해능력 | 직장생활에서 필요한 문서를 확인하고, 문서를 읽고, 내용을 이해하고, 요점을 파악할 수 있는 능력 |
| 문서작성능력 | 목적과 상황에 적합한 아이디어와 정보를 전달하는 문서를 작성할 수 있는 능력 |
| 경청능력 | 다른 사람의 말을 주의 깊게 들으며 공감할 수 있는 능력 |
| 의사표현능력 | 목적과 상황에 맞는 말과 비언어적 행동을 통해서 아이디어와 정보를 효과적으로 전달할 수 있는 능력 |
| 기초외국어능력 | 외국어로 된 간단한 자료를 이해하거나 간단한 외국인의 의사표현을 이해할 수 있는 능력 |

## 3) 문서적인 의사소통능력으로서 문서이해능력과 문서작성능력

직업인으로서 업무에 관련된 문서를 통해 구체적인 정보를 획득하고, 수집하고, 종합하기 위한 능력을 말한다. 이를 바탕으로 상황과 목적에 적합한 문서를 시각적이고 효과적으로 작성하기 위해 노력해야 한다. 문서적인 의사소통은 언어적인 의사소통에 비해 권위감이 있고, 정확하며, 전달성이 높고 보존성도 크다. 문서적 의사소통은 언어적 의사소통의 한계를 극복하기 위해 문자를 수단으로 하는 방법이다.

### 4) 언어적인 의사소통능력으로서 경청능력과 의사표현력

언어를 통한 의사소통 방법은 가장 오래된 방법이다. 상대방의 이야기를 듣고, 의미를 파악하며, 이에 적절히 반응하고, 이에 대한 자신의 의사를 목적과 상황에 맞게 설득력을 가지고 표현하기 위한 능력으로 꼭 필요하다. 언어적인 의사소통은 문서적인 의사소통에 비해 정확을 기하기 힘든 경우가 있기는 하지만 대화를 통해 상대의 반응이나 감정을 즉각적으로 살필 수 있고, 상황에 맞게 적절하게 대응할 수 있는 유동성을 가지고 있다.

## 2. 의사소통의 중요성과 유형 분류

### 1) 의사소통의 4가지 기능

[표 1-2]  의사소통의 4가지 기능

| 구분 | 기능 |
|------|------|
| 말하기 | 현상과 사실에 대한 자신의 생각과 감정, 느낌과 의견을 표현 |
| 듣기 | 상대방의 생각과 감정, 느낌과 의견을 경청하고 공감하고 이해 |
| 읽기 | 다양한 관점에서 독서활동을 통해 지식과 인식을 넓힘 |
| 쓰기 | 사실과 현상에 대한 자신의 생각과 의견, 느낌을 표현 |

### 2) 직장생활에서 의사소통의 중요성과 역할

직업생활에서의 의사소통은 조직과 팀의 효율성과 효과성을 성취할 목적으로 이루어지는 구성원 간의 정보와 지식의 전달 과정이다. 또한 여러 사람의 노력으로 공통의 목표를 추구해 나가는 집단 내의 기본적 존재기반이며 성과를 결정하는 핵심 기능이다. 자신의 생각과 느낌을 효과적으로 표현하는 것과 타인의 생각과 느낌, 사고를 이해하기 위한

노력은 개인은 물론이고 조직이나 팀의 성과를 위한 핵심 요소이다.

이처럼 직장생활에서의 의사소통은 내가 상대방에서 메시지를 전달하는 과정 그 자체가 아니라 상대방과의 상호작용을 통해 메시지를 다루는 과정을 말한다. 따라서 성공적인 의사소통을 위해서는 내가 가진 정보를 상대방이 이해하기 쉽게 표현하는 것이 무엇보다 중요하다. 또한 상대방이 어떻게 받아들일 것인가에 대한 고려가 밑바탕이 되어야 한다.

의사소통은 서로에 대한 지각의 차이를 좁혀주며, 선입견을 줄이거나 제거해 주는 수단이 되기 때문에 역지사지의 자세로 상대를 이해하고자 하는 자세가 중요하다.

- 의사소통은 두 사람 또는 두 기관 사이에 공통 이해를 조성하여 공동 목표를 향한 상호 협조를 가능하게 해 준다.
- 의사소통은 조직에서 행하는 많은 의사결정(decision-making)에 있어서 그것의 전제적 조건이 된다.
- 의사소통은 조직 내 구성원의 심리적 욕구를 충족시켜 주는 데 큰 역할을 한다.
- 의사소통은 조직 차원에서 효과적인 장래의 대비를 가능하게 해준다.

## 3) 의사소통의 유형 분류

의사소통의 종류는 크게 언어적 의사소통과 비언어적 의사소통으로 구분된다. 이 둘의 구성요인은 다음과 같다.

 [표 1-3] 언어적 의사소통과 비언어적 의사소통의 구분

| 구성요인 | 하위차원 |
|---|---|
| 언어적 의사소통 | 음성요인 (발음, 음색) |
| | 유사언어 (속도, 크기, 억양, 쉼, 강조) |
| 비언어적 의사소통 | 몸짓언어 (표정, 제스처, 눈맞춤, 자세) |

① 언어적 의사소통(verbal communication)

**[표1-4] 구두와 문서 커뮤니케이션의 구분**

| 구분 | 구두 | 문서 |
| --- | --- | --- |
| 의사소통 대상 | 제한적 | 대량 |
| 정확성 | 왜곡의 가능성이 큼 | 높음 |
| 피드백 | 즉각적 | 어려움 |
| 보존성 | 낮음(왜곡 가능성 큼) | 높음 |
| 표현의 자유 | 높음 | 낮음 |

위에서 보는 바와 같이 언어 커뮤니케이션(verbal communication)은 말로 하는 구두 커뮤니케이션(oral communication)과 글에 의한 문서 커뮤니케이션(written communication)으로 분류된다.

구두 커뮤니케이션은 가장 기본이 되는 커뮤니케이션으로 정보와 의사전달에 있어서 가장 빈번히 사용되는 방법이다. 여기에는 직접대면, 영상 및 전화에 의한 방법이 있다. 수신인에게 감정을 표현하고, 수신인을 설득하기 위해서는 문서 커뮤니케이션보다는 일대일 대면을 통한 구두 커뮤니케이션이 바람직하다. 또한 일대일 대면에서 발신자는 수신인으로부터 바로 피드백을 받을 수 있고, 그에 따른 메시지를 조절할 수 있다. 대부분의 커뮤니케이션이 구두 커뮤니케이션이지만, 전달내용이 중요하거나 기록으로 남겨 두어야 하는 경우에는 문서 커뮤니케이션이 더 효과적이다. 문서 커뮤니케이션에는 서신, 이메일, 보고서, 안내서, 협조문, 공람, 회람 등이 포함된다.

구두와 문서 커뮤니케이션의 장단점을 정리하면 다음과 같다.

 [표1-5] 구두와 문서 커뮤니케이션의 장단점

| 구분 | 장점 | 단점 |
|---|---|---|
| 구두 | 오해나 착오가 적음 | 기록이 남지 않음 |
| | 비언어 커뮤니케이션과 결합해 시너지 | 시간낭비이거나 불편 |
| | 다수의 합의를 유도하는 데 효과적 | 대화를 비즈니스에 한정하기 어려움 |
| | 자연스러운 커뮤니케이션 | 타인의 업무방해 |
| 문서 | 영구적 기록 가능 | 공식적 기록으로 많은 준비 필요 |
| | 정교한 메시지 전달 가능 | 글쓰기 능력 필요 |
| | 상호 간의 일정에 관계없이 작성, 검토 가능 | |

② 비언어적 의사소통(non-verbal communication)

언어적 의사소통의 효과를 높이고, 언어적 의사소통으로만 표현하기 어려운 복잡하고

 [표1-6] 비언어적 커뮤니케이션의 분류

| | |
|---|---|
| 신체언어<br>(Body Language) | 제스처, 몸과 다리의 움직임, 자세, 응시, 걸음걸이 등 가시적인 몸의 움직임 |
| 의사언어<br>(Vocalics 또는<br>Paralanguage) | 피치, 크기, 템포, 휴지, 그리고 모음동화 등 낱말 외의 음색 사용 |
| 용모(Physical<br>Apperance) | 옷, 헤어스타일, 화장, 향수, 기타 장식 등 꾸민 특성 |
| 접촉(Haptics) | 빈도, 강도, 그리고 터치 방법 등 모든 접촉행위 |
| 공간언어<br>(Proxemics) | 개인적 거리, 공간의 활용, 지역성을 포함 |
| 시간언어<br>(Chronemics) | 시간 지키기, 대기시간, 약속시간, 시간 소모량 등 메시지 체계로서 시간의 이용 |
| 인공적 장식과 환경<br>(Artifacts) | 꾸밀 수 있는 오브제와 디자이너나 이용자가 꾸미는 환경적 특성 |

미묘한 감정이나 태도의 전달에 효과적이다. 의사소통 중에 전달자를 조심스럽게 관찰하는 것은 생각과 의미와 감정을 주고받는 데에 큰 도움이 된다.

❖ 메라비언의 법칙

〈그림 1-2〉 '메라비언의 법칙(The Law of Mehrabian)'

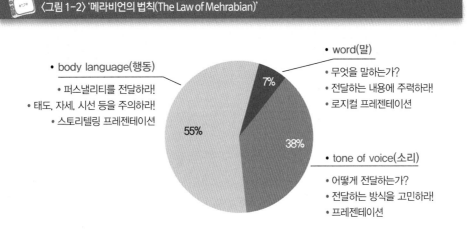

- body language(행동)
  - 퍼스낼리티를 전달하라!
  - 태도, 자세, 시선 등을 주의하라!
  - 스토리텔링 프레젠테이션

55%

7%

38%

- word(말)
  - 무엇을 말하는가?
  - 전달하는 내용에 주력하라!
  - 로지컬 프레젠테이션

- tone of voice(소리)
  - 어떻게 전달하는가?
  - 전달하는 방식을 고민하라!
  - 프레젠테이션

앞의 〈그림 1-2〉는 비언어적 의사소통의 영향에 대한 연구결과로 유명한 이론이다. 이 법칙은 미국 캘리포니아대학 UCLA의 심리학과 명예교수인 앨버트 메라비언(Albert Mehrabian)이 1971년 출간한 저서 「Silent Messages」에 포함된 커뮤니케이션 이론으로 연구결과에 따르면, 사람의 호감을 결정하는 중요 요인은 상대방이 하는 말의 내용이 아니라 이미지였다. 상대방의 인상이나 호감을 결정하는 데 목소리는 38%, 보디랭귀지가 55%(표정이 35%, 태도가 20%)의 영향을 미친 반면, 특히 전화로 상담할 때에는 목소리의 중요성이 82%로 올라가며, '말하는 내용' 그 자체는 겨우 7%의 효과만 있었다고 한다. 즉, 효과적인 의사소통에 있어서 말투나 표정, 눈빛과 제스처 같은 비언어적 요소가 차지하는 비율이 무려 93%의 높은 영향력을 가지고 있다는 것이다. 이게 바로 "행동의 소리가 말의 소리보다 크다."는 명언을 탄생시킨 이론으로서 그 후 '메라비언의 법칙(The Law of Mehrabian)'으로 불리게 되었다.

올바른 비언어적 의사소통을 위한 3가지 방법은 다음과 같다.

첫째, 시선 맞춤을 적절하게 유지한다. 눈은 마음의 창이라는 말이 있다. 눈을 맞추지

않고 다른 곳을 쳐다보면서 대화할 때 상대방은 화자를 신뢰하기 어려울 것이다.

둘째, 상황에 맞고 상대에게 호감을 주는 적절한 자세를 취한다. 예를 들어 팔짱을 끼고 몸을 뒤로 젖힌 자세는 매우 거만해 보인다. 또한 지나치게 경직된 자세도 말하는 사람으로 하여금 부담을 느끼게 만든다. 몸을 상대에게 향하고 약간 앞으로 숙인 자세, 그러면서 몸의 힘을 약간 뺀 자세가 적절하다. 자연스럽게 눈높이를 맞추려는 노력이 중요하고, 의자에 앉아서 대화할 것을 제안하는 것도 상대방에 대한 훌륭한 배려다.

셋째, 얼굴 표정을 잘 활용한다. 얼굴의 표정이야말로 인간의 감정을 가장 직접적이면서도 다양하게 표현할 수 있는 수단이다. 웃는 얼굴 또는 긍정적 얼굴 표정이 기본이 되는 것이 가장 좋다. 즉, 긍정적인 표정을 최대한 늘리고, 부정적인 표정을 최소로 줄인다.

 사례

몸짓 언어를 가장 잘 구사한 정치인은 미국의 로널드 레이건 대통령이다. 레이건은 워싱턴과 링컨에 이어 '가장 훌륭한 대통령' 랭킹 3위에 오를 정도로 대중적 인기가 높았다. 그를 뛰어난 정치가로 만든 인기 비결은 정치적 업적이 아니었다. 영국 옥스퍼드대 피터 콜릿 교수는 이를 특유의 미소와 목소리라고 분석했다. 즉, 레이건의 정책 실패나 무지 등 부정적 요소들이 그의 탁월한 몸짓 언어에 의해 가려졌다는 것이다. 그렇다면 말의 내용은 어떻더라도 상관없다는 말일까. 오히려 그 반대다. 목소리와 보디랭귀지, 얼굴 표정이 말의 내용과 조화를 이룰 때 설득력을 갖게 마련이다.

 ## 3. 의사소통의 저해요인과 개발 방안

### 1) 의사소통의 저해요인

① 인간적 요인

㉠ 공식적 의사소통(formal communication)

- 인간의 판단기준 : 인간이 가지고 있는 지식, 경험, 가치관, 선입견 등 나의 의견이 100% 맞는다는 보장은 없음

- 인간 능력의 한계 : 간소화된 의사전달을 통해 의사가 왜곡 전달될 가능성

- 의식적인 제한 : 경쟁관계나 적의를 품고 있을 때는 곡해할 소지가 있음

② 조직구조적 요인

- 해당 조직의 생리 : 조직의 성격, 규모, 인간관계 구조 등

- 조직 내의 분화 : 엄격한 위계질서에 따른 신분상의 간격, 전문화에 의한 분야상의 간격, 장소분산에 의한 공간적 간격 등

- 조직의 업무 : 과다한 업무량, 혹은 비밀유지를 특히 필요로 하는 업무 등인 경우

③ 사회문화적 요인

- 언어 : 다언어를 사용하는 다민족 국가의 경우, 은어라든가 전문용어, 방언 등 <sup>(예: 제주도, 전라도 등의 사투리)</sup>

- 환경, 정세 : 물가, 안보 등 상황의 변동

- 사회분화도 : 사회분화도가 진화되어 그 전문화의 도가 깊어진 사회일수록 의사소통이 어려워짐

## 2) 잡음에 따른 장애요인

**〈그림 1-3〉 의사소통의 저해요인**

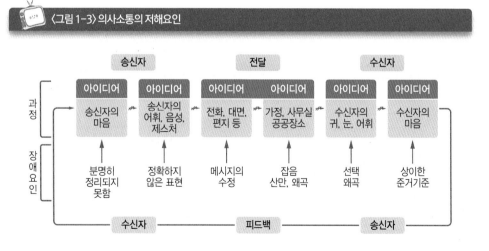

① 잡음(noise)의 의미

- 의사소통을 저해하는 요인을 의미
- 원활한 의사소통을 방해하는 요인으로 이를 제거하지 않으면 효과적인 소통은 어려워짐

② 잡음의 종류

### ◼ 인지 · 심리적 잡음의 종류

| 종류 | 의미 |
| --- | --- |
| 왜곡 | 개인의 경험 또는 동기에 따라 형성된 가치관, 선입견, 편견, 고정관념 등에 따라 화자의 메시지가 의도와 다르게 왜곡되어 해석되는 상황 |
| 무관심 | 상대에 대한 무관심과 편견으로 대화에 집중하지 않는 경우 진정한 의사소통은 언어뿐 아니라 그 안에 숨겨진 의도, 얼굴의 표정이나 자세, 말투, 비언어 등을 통해 종합적으로 전달된다. |
| 불신 | 대화를 하는 쌍방이 서로를 신뢰하지 못하는 경우 |
| 평가·조언 성향 | 개인이 가지고 있는 평가나 조언의 성향이 소통을 어렵게 하는 것을 의미 의사소통은 상대의 생각과 감정을 있는 그대로 수용하고 이해하는 것이 중요한데, 상대에 대해 평가나 조언의 성향을 보이게 되면 공감과 수용능력이 부족해서 결국 갈등을 유발하게 된다. |
| 감정상태 | 감정에 치우칠 경우 진행된 의사소통 활동은 송 · 수신자 모두에게 부정적인 영향을 준다. 결국 합리적인 이성적 소통은 어려워진다. |

### ◼ 물리적 잡음의 종류

| 종류 | 의미 |
| --- | --- |
| 정보 격차 | 새로운 정보기술에 쉽게 접근할 수 있는 능력을 가진 사람과 그렇지 못한 사람 사이에 경제적 · 사회적 격차가 심화되는 현상 |
| 생략 · 누락 | 화자의 능력이나 지식이 부족하거나, 혹은 매체의 불완전성 때문에 메시지 전달 과정에서 정보가 누락되거나 생략되는 경우 |
| 타이밍 | 의사소통의 생명은 적시성(timing)이다. 정보가 아무리 중요해도 수신자가 필요로 하는 상황에 전달되어야 진정한 의미가 있다. |
| 환경 · 분위기 | 외부의 공사, 음악소리, 대화나 소음, 온도나 조명상태 등 주변 환경이 열악할 경우에도 의사소통은 어려워진다. 서로 집중할 수 있는 조용하고 편안한 분위기에서 대화가 이루어지는 것이 좋다. |

## 3) 의사소통능력 개발방안

의사소통능력을 개발하기 위해서는 원활한 의사소통을 방해하는 요인을 분명히 알고, 이를 제거하기 위한 노력을 해야 한다. 이를 위해 무엇보다 자신이 스스로 의사소통의 중요한 주체임을 확인하고, 자신의 문제점을 객관적으로 분석할 수 있어야 한다. 또한 타인을 이해하려는 노력과 조직의 구성원으로서 조직 분위기를 개선하도록 노력하는 것도 필요하다. 이를 위한 효과적인 소통방법은 다음과 같다.

① 발신자의 효과적 메시지 전달

- 사전에 전달할 내용 명확화
- 먼저 전달할 내용이 무엇인지와 왜 전달해야 하는지 한 번 더 생각해 본다.
- 수신자가 이해할 수 있는 전달매체 선택
- 자신에게 편리한 방법이 아닌 수신자가 이해하기 편한 방법을 고려해야 한다.
- 상호 신뢰적 분위기 조성
- 상호 신뢰의 분위기는 의사소통에 큰 영향을 미치므로 중요하게 생각해야 한다.
- 적당한 피드백 및 전달 확인
- 수신자가 제대로 이해했는지 피드백 및 전달 내용을 한 번 더 확인함으로써 오류를 줄일 수 있다.
- 전문성 확보
- 발신자가 전달하는 주제에 전문성이 있으면 메시지의 신뢰성이 향상된다.

② 수신자 측의 메시지 수용

- 선입견 및 섣부른 판단 금지
- 발신자가 내용을 충분히 전달하기 전에 수신자가 성급히 판단하게 되면 메시지 이해도 정확히 안 될 뿐 아니라 발신자를 방어적으로 만들어 버린다.
- 능동적 경청
- 메시지를 능동적으로 주의 깊게 경청함으로써 신뢰와 이해를 도모할 수 있다.

- 직접적 대면
- 중간단계를 거치지 않을수록 의사전달은 명확해진다. 따라서 가급적 직접 대면의 방법을 활용해 의사소통하는 것이 효과적이다.

또한 조직의 의사소통 활성화 방안은 다음과 같다.

① 대인관계의 개선

- 상하계층 간의 인간관계를 개선하고 집단구성원 간의 사회심리적 거리를 단축시켜 의사소통을 원활하게 한다.
- 자유롭게 의사표시를 할 수 있는 분위기를 조성한다.
- 하급자들이 상급자들에게 접근하기 용이한 개방정책(open door policy)을 실시한다.
- 제안함(suggestion box)이나 건의함을 설치하여 의견 제시의 활성화를 도모한다.

② 의사소통 체계의 확립

- 의사소통의 통로는 공식적으로 명시되고 명확하게 모든 구성원들에게 알린다.
- 조직의 모든 구성원에게 명확한 공식적 의사소통의 통로가 있어야 한다.(하의상달과 상의하달의 소통체계)
- 상향식 커뮤니케이션을 장려한다.(고충처리 절차, 문호개방 절차, 퇴직자 면접 등의 제도적 장치로 상향적 커뮤니케이션 증대 가능)

③ 적절한 언어의 사용

- 전달자는 수신자가 가장 잘 이해하고 해석할 수 있는 방법을 사용한다.
- 전달자는 언어적 정보와 비언어적 정보를 동등하게 사용하여 수신자의 이해를 도와야 한다.

④ 신뢰의 분위기 조성

- 쌍방을 통해서 이루어져야 하며 상호 신뢰에 기초한 공개적인 분위기 속에서 의사소통이 이루어질 때 가장 효과적이다.
- 상사는 하위직원에게 최대한 공개적으로 모든 관련 정보를 제공, 자신과 하위직원 간의 접촉을 극대화시키려고 노력해야 한다.

⑤ 공동의 목표 제시

- 과도한 내부의 경쟁은 조직 내에서 충성심, 팀워크, 정보의 공유를 저해한다.

- 대의를 위해 토의와 논쟁할 수 있는 건설적 문화를 구축한다.

⑥ 핵심 메시지로 승부

- 조직구성원들에게 전달하고자 하는 핵심 메시지는 반복적으로 강조하고 충분히 이해와 공감이 가능하도록 구체적인 사례를 제시한다.

- 구성원들이 외부의 왜곡된 소문을 통해 조직 내부의 부정적인 소식을 듣기 전에 가능한 빨리 관련 정보를 투명하게 공개한다.

⑦ 반복(redundancy)과 피드백(feedback)

- 반복 : 의사소통의 전부 또는 일부를 두 번 이상 되풀이해서 의사소통의 정확성을 높임

- 피드백 : 전달자가 발송한 정보를 피전달자가 정확히 받아서 바르게 해석하였는가를 전달자가 알 수 있도록 해준다. 이 방법은 의사소통의 신속성을 감소시키나 의사소통의 정확성을 높일 수 있는 장점이 있다. 커뮤니케이션 행태에 대한 연구결과 긍정적 발언과 부정적 발언의 적절한 피드백 비율은 5.6 : 1인 것으로 나타났다. 따라서 긍정적 피드백과 부정적 피드백을 적절한 비율(5.6 : 1)로 조합해 의사소통하는 노력이 필요하다.

  부정적 피드백을 하는 상황에서는 "자네는 무능하군" 등의 평가적 발언이 아닌 사실에 기초한 의사소통을 하는 것이 중요하다. 즉, 문제 자체에 집중하도록 한다.

  📖 자네. 오늘 2시가 보고서 마감이었는데 시간을 넘기도록 마무리를 못했군.

⑧ 경청 후 판단

- 조직 내 집단지성의 발휘를 위해 다양한 구성원의 소리를 경청하도록 한다.

- 구성원의 다소 엉뚱한 제안이나 아이디어도 끝까지 경청하고 판단한다.

⑨ 칭찬과 격려

- 질책 위주의 회의, 거친 말 등은 조직 내 부정적인 분위기를 조성해 구성원들의 방

어적인 태도를 불러일으키게 된다.

• 구성원들은 조직 내 리더의 영향을 받으며 성장한다. 칭찬과 격려로 긍정적인 분위기를 연출해 구성원 모두가 긍정의 감성을 가질 수 있도록 노력한다.

⑩ 종합적 접근

커뮤니케이션은 조직의 여건과 상황에 영향을 크게 받으므로 조직 내 의사소통의 활성화를 위해서는 단편적인 사항 하나를 개선하는 것보다 전반적·종합적·입체적 집근이 필요하다.

## Level up Mission Step I

 다음에 제시된 의사소통 개발 tip과 비교해 자신이 더 노력할 부분을 찾아보자.

의사소통 개발 tip

1. 사후 검토와 피드백의 활용
 – 직접 말로 물어보거나 상대의 표정이나 비언어 등을 관찰해 정확한 반응을 살핀다.

2. 언어의 단순화
 – 명확하고 쉽게 이해 가능한 단어를 선택해 이해를 높인다.

3. 적극적인 경청
 – 감정을 이입해 능동적으로 집중하며 경청한다.

4. 감정의 억제
 – 감정적으로 상대의 메시지를 곡해하지 않도록 침착하게 의사소통한다.

 나는 어떤 노력을 더 해야 할까?

## 학습평가 Quiz

1. 다음은 의사소통에 대한 설명이다. 각각 (A), (B)에 들어갈 적절한 말을 고르시오.

> 의사소통이란 두 사람 또는 그 이상의 사이에서 일어나는 (　)과 (　)가 이루어
> 진다는 뜻이며, 개인이나 집단 상호 간에 정보, 감정, 사상, 의견 등을 전달하고
> 이를 받아들이는 과정이라고 볼 수 있다.

① A : 의사의 전달, B : 상호 교류　　② A : 설득, B : 상호 교류

③ A : 의사의 전달, B : 니즈　　④ A : 생각, B : 니즈

2. 다음 중 인지·심리적 잡음의 종류에 해당하지 않는 것은?

① 왜곡　　　　　　　　　　② 무관심

③ 정보 격차　　　　　　　　④ 평가 · 조언 성향

3. 다음은 의사소통의 저해요인 중 어디에 해당하는 내용인가?

> • 언어 : 다언어를 사용하는 다민족 국가의 경우, 은어라든가 전문용어, 방언 등(예 :
> 　제주도, 전라도등의 사투리)
> • 환경, 정세 : 물가, 안보 등 상황의 변동
> • 사회분화도 : 사회분화도가 진화되어 그 전문화의 도가 깊어진 사회일수록 의사
> 　소통이 어려워짐

① 인간적 요인　　　　　　　② 차별화 요인

③ 조직구조적 요인　　　　　④ 사회문화적 요인

4. Berlo의 SMCR 모형의 4가지 구성요인을 적으시오.

5. 아래의 (1)과 (2)에 들어갈 알맞은 커뮤니케이션의 형태를 적으시오.

| 구분 | 장점 | 단점 |
|---|---|---|
| (1) | 오해나 착오가 적음 | 기록이 남지 않음 |
| | 비언어 커뮤니케이션과 결합해 시너지 | 시간낭비이거나 불편 |
| | 다수의 합의를 유도하는 데 효과적 | 대화를 비즈니스에 한정하기 어려움 |
| | 자연스러운 커뮤니케이션 | 타인의 업무방해 |
| (2) | 영구적 기록 가능 | 공식적 기록으로 많은 준비 필요 |
| | 정교한 메시지 전달 가능 | 글쓰기 능력 필요 |
| | 상호 간의 일정에 관계없이 작성, 검토 가능 | |

학습내용 요약 Review (오늘의 Key Point)

1. 의사소통은 두 사람 이상의 사람들 사이에서 언어, 비언어 등의 소통 수단을 통하여 자신들이 가지고 있는 생각, 감정, 사실, 정보, 의견을 전달하고 피드백을 받으면서 상호작용하는 과정 이다.

2. 직업기초능력으로서의 의사소통능력은 문서이해능력, 문서작성능력, 경청능력, 의사표현능 력, 기초외국어능력으로 구성된다.

3. 의사소통의 4가지 기능 설명

| 구분 | 기능 |
|------|------|
| 말하기 | 현상과 사실에 대한 자신의 생각과 감정, 느낌과 의견을 표현 |
| 듣기 | 상대방의 생각과 감정, 느낌과 의견을 경청하고 공감하고 이해 |
| 읽기 | 다양한 관점에서 독서활동을 통해 지식과 인식을 넓힘 |
| 쓰기 | 사실과 현상에 대한 자신의 생각과 의견, 느낌을 표현 |

4. 언어적 의사소통과 비언어적 의사소통의 구분

| 구성요인 | 하위차원 |
|----------|----------|
| 언어적 의사소통 | 음성요인 (발음, 음색) |
| | 유사언어 (속도, 크기, 억양, 쉼, 강조) |
| 비언어적 의사소통 | 몸짓언어 (표정, 제스처, 눈맞춤, 자세) |

5. 의사소통의 저해요인은 크게 인간적 요인, 조직구조적 요인, 사회문화적 요인으로 구분된다.

6. 잡음의 종류는 크게 두 가지로 인지·심리적 잡음과 물리적 잡음으로 구분된다.

7. 효과적인 소통을 위해 발신자와 수신자는 다음과 같은 노력을 해야 한다.

　① 발신자의 효과적 메시지 전달

- 사전에 전달할 내용 명확화

- 수신자가 이해할 수 있는 전달매체 선택

- 상호 신뢰적 분위기 조성

- 적당한 피드백 및 전달 확인

- 전문성 확보

　② 수신자 측의 메시지 수용

- 선입견 및 섣부른 판단 금지

- 능동적 경청

- 직접적 대면

스스로 적어보는 오늘 교육의 메모

# 문서이해와 작성능력

## Contents

## Learning Objectives

1. 문서의 개념과 중요성을 설명할 수 있다.

2. 다양한 종류의 비즈니스 문서를 작성할 수 있다.

3. 문서 작성 시 원칙과 주의사항을 이해하고 문서 표현을 시각화하는 것의 중요성을 이해할 수 있다.

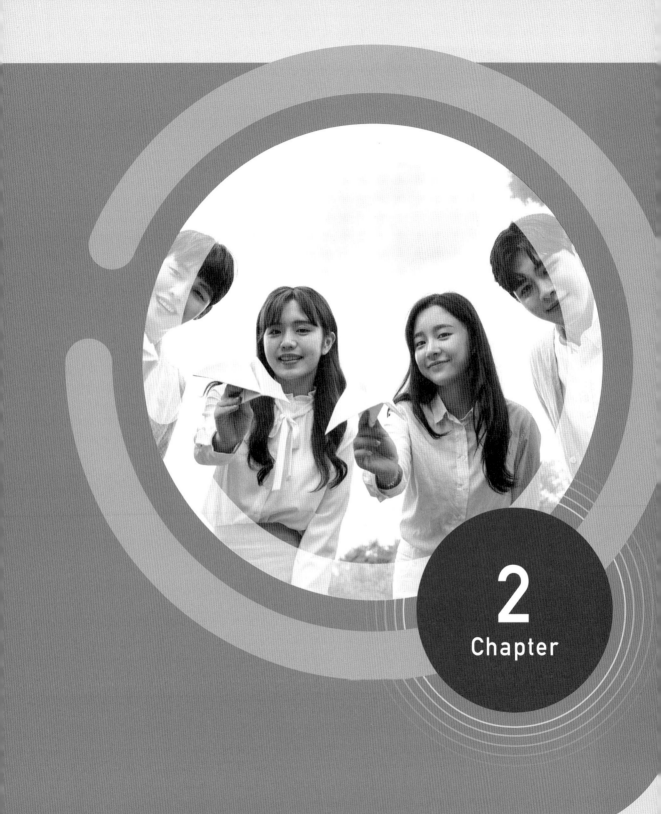

2

Chapter

이야기 속으로 ...

우리나라 직장인의 77.7%가 보고서 작성 능력과 성공이 상관관계가 있다고 생각한다는 조사결과가 있다. 한 시장조사 업체에서 직장인 578명을 대상으로 설문조사를 한 결과에서는 응답자의 88.4%가 보고서 작성으로 인해 스트레스를 받는다고 응답한 것을 확인할 수 있는데, 연령별로는 만 30~39세가, 직급별로는 과장급이 가장 많은 스트레스를 받는다고 대답했다. 이는 부서와 팀에서 실질적인 업무를 담당하는 핵심 역할을 하기 때문으로 보인다. 과장급 다음으로는 부장급과 대리급이 뒤를 이었는데 이러한 통계를 보면 결국 전 직급의 직원이 보고서에 대한 스트레스에 시달린다 해도 과언이 아닐 것이다. 하지만 힘들다고 회사 업무의 대다수를 차지하는 보고서 작성을 피할 수는 없다.

보고서뿐만 아니라 이메일이나, 제안서, 기획서 등 비즈니스 글쓰기는 직장인에게 필수적인 능력이 되었다. 조직은 효율적인 의사소통과 업무 생산성 향상을 위해 임직원들에게 문서작성능력을 요구한다. LG그룹에서는 홍보 직무를 수행하는 직원에게 필요한 역량 중 하나로 '미디어에 대한 이해 및 활용'능력을 꼽는다고 한다.

예를 들어 사원급은 '주제 혹은 사안에 대해 보고서, 보도자료, 기사, 멀티미디어 홍보 자료 등을 작성할 수 있다.'고 기술하고 있으며, 대리급은 '팀의 홍보 전략에 맞추어 각종 문서를 작성할 수 있어야 한다.', 과장급은 '각종 홍보 자료 등의 문서를 감수, 수정할 수 있어야 한다.'라고 규정했다. 이처럼 직급이 높아질수록 비즈니스 글쓰기에 있어 필요한 역량 수준도 높게 요구되는 것이다. 그렇다면 리더에게는 어떤 능력이 필요할까? '경영층과 고객을 대상으로 핵심 사항 중심의 논리정연하고 간결하며 설득력 높은 보고서를 작성할 수 있다.'고 규정된 것에서 확인할 수 있듯이 각 직급에 따라 차별화된 역량이 요구되는 것을 알 수 있다.

마찬가지로 세계적인 리더를 배출하기로 유명한 하버드 대학교에서 흥미로운 설문조사를 진행했는데, 그 학교 졸업생 중 사회적인 리더로 활동하는 사람들에게 성공의 가장 큰 요인을 물어봤더니 그 결과 가장 많은 대답이 '글 쓰는 능력'이라고 나온 연구 결과도 의미 있게 생각해 볼 필요가 있다.

"피할 수 없는 비즈니스 글쓰기, 이렇게 시작하세요" 2014.06.11. 수정발췌

2장에서는 이처럼 직장에서의 성공을 위해 필수적으로 갖춰야 하는 문서작성능력에 대해 알아본다. 문서 작성의 중요성과 비즈니스 문서 작성법, 문서 작성의 원칙 등을 살펴보며 조직생활에서 필요한 실무적인 문서이해능력을 키울 수 있을 것이다.

1. 다음은 무엇에 대한 설명인가?

> 제안서, 보고서, 기획서, 편지, 이메일, 팩스, 메모, 공지사항 등 문자로 구성된 것을 의미한다.

① 문서　　　　　　　② 자료

③ 원고　　　　　　　④ 안내문

2. 다음 중 좋은 비즈니스 문서를 위한 4가지 질문에 해당하지 않는 것은?

① Where　　　　　　② What

③ Why　　　　　　　④ How

3. 다음은 무엇에 대한 설명인가?

> 정보를 뜻하는 Information과 그림/시각적 형상을 의미하는 Graphic이라는 단어를 합친 단어로, 복잡하게 글로 되어 있는 문서 자료를 시각화해 표현한 자료를 의미한다.

① 마인드 맵　　　　　② 통계

③ 인포그래픽　　　　　④ 그래프

## 1. 문서의 개념과 중요성

　문서란 제안서, 보고서, 기획서, 편지, 이메일, 팩스, 메모, 공지사항 등 문자로 구성된 것을 의미한다. 사람들은 일상생활에서는 물론 직업현장에서 다양한 문서를 사용하고 이를 통해 상대방에게 효율적으로 의사를 전달함으로써 상대를 설득하고자 한다. 따라서 우리는 다양한 상황에서 활용되는 문서를 보다 정확하게 읽고, 쓰고, 이해하여 전달하고자 하는 내용을 명확히 전달하는 방법을 알아야 한다.

### 1) 문서의 개념

① 문서의 개념

　- 문자나 기호를 사용하여 업무에 필요한 사항을 구체적으로 기록하고 표시한 것으로써 기업이나 관공서 등의 조직에서 업무상 활용되는 모든 서류와 기록물을 말한다.

② 비즈니스 문서의 개념

　- 문자와 기호, 도표 등을 사용해 사실과 정보, 의사를 기록한 것을, 업무상 취급하는 일체의 서류를 의미한다.

③ 문서의 종류

**• 공문서**

- 공공기관이나 단체에서 대내외적인 공무를 집행하기 위해 공식으로 작성한 문서

**• 기획서**

- 기업에서 일어날 수 있는 다양한 일들에 대해 적극적인 아이디어를 문서 형태로 만든 것. 구체적인 계획을 세우고 시행하도록 설득하는 문서

**• 기안서**

- 기업 활동 중 어떤 사항의 문제해결을 위해 해결방안을 작성해 결재권자에게 업무 협조를 구하거나 의사결정을 요청하는 사내 공문서

- 보고서

  - 특정한 일에 관한 현황이나 그 진행상황 또는 연구·검토 결과 등을 보고하고자
    할 때 작성하는 문서

| 종류 | 내용 |
|---|---|
| 영업보고서 | 재무제표와 달리 영업상황을 문장 형식으로 기재해 보고하는 문서 |
| 결산보고서 | 진행됐던 사안의 수입과 지출 결과를 보고하는 문서 |
| 일일업무보고서 | 매일의 업무를 보고하는 문서 |
| 주간업무보고서 | 한 주간에 진행된 업무를 보고하는 문서 |
| 출장보고서 | 회사 업무로 출장을 다녀와 외부 업무나 그 결과를 보고하는 문서 |
| 회의보고서 | 회의 결과를 정리해 보고하는 문서 |

- 설명서

- 상품의 특성이나 사물의 작동법과 과정을 소비자에게 설명하는 것을 목적으로 작성
  하는 문서

| 종류 | 내용 |
|---|---|
| 상품소개서 | 일반인들이 친근하게 읽고 내용을 쉽게 이해하도록 하는 문서로, 소비자에게 상품의 특징을 잘 전달해 상품 구입을 유도하는 것이 목적 |
| 제품설명서 | 제품의 특징과 활용도에 대해 세부적으로 언급하는 문서로, 제품 구입도 유도하지만 제품의 사용법에 대해 자세히 알려주는 것이 목적 |

- 보도자료

- 성부 기관이나 기업체, 각종 단체 등이 언론을 상대로 자신들의 정보가 기사로 보도되
  도록 하기 위해 보내는 자료

- 자기소개서

- 자신의 가정환경과 성장과정, 입사동기와 근무자세 등을 구체적으로 기술해 자신을
  소개하는 문서

• 비즈니스 레터 (E-mail)

- 사업상의 이유로 고객이나 단체에 보내는 편지나 이메일 등

• 비즈니스 메모

- 업무상 필요한 중요한 일이나 앞으로 체크해야 할 일이 있을 때 필요한 내용을 메모 형식으로 작성해 전달하는 글

| 종류 | 내용 |
|---|---|
| 전화 메모 | 업무적인 내용부터 개인적인 전화의 전달사항 등을 간단히 삭성해 당사사에게 전달하는 메모 |
| 회의 메모 | 회의에 참석하지 못한 상사나 동료에게 전달 사항이나 회의 내용에 대해 간략하게 적어 전달하거나, 회의 내용 자체를 기록해 회의기록이나 참고자료로 남기기 위해 작성한 메모 |
| 업무 메모 | 개인이 추진하는 업무나 상대의 업무 추진 상황을 적은 메모 |

## 2) 문서 이해의 의미와 절차

문서 이해의 의미는 다음과 같다.

① 문서이해능력의 개념

• 작업 현장에서 자신의 업무와 관련된 인쇄물이나 기호화된 정보 등 필요한 문서를 확인하여 문서를 읽고, 내용을 이해하여 요점을 파악하는 능력을 말한다.

② 직장에서 요구되는 문서이해능력의 의미

• 문서를 읽고 이해할 수 있는 능력
• 각종 문서나 자료에 수록된 정보를 확인해 알맞은 정보를 구별하고 비교해 통합할 수 있는 능력
• 문서에 나타난 타인의 의견을 이해하여 요약하고 정리할 수 있는 능력

또한 문서 이해의 구체적인 절차는 아래와 같이 도식화해 볼 수 있다.

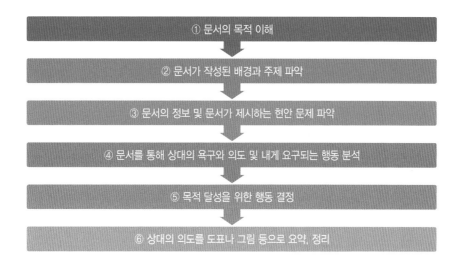

① 문서의 목적 이해

② 문서가 작성된 배경과 주제 파악

③ 문서의 정보 및 문서가 제시하는 현안 문제 파악

④ 문서를 통해 상대의 욕구와 의도 및 내게 요구되는 행동 분석

⑤ 목적 달성을 위한 행동 결정

⑥ 상대의 의도를 도표나 그림 등으로 요약, 정리

## 3) 문서 작성의 중요성

① 문서 작성의 중요성

- 직장에서의 문서 작성은 업무와 관련된 일로 조직의 목표와 비전을 실현시키는 생존을 위한 것이다. 그렇기 때문에 직장인으로서 문서작성능력은 개인의 의사표현이나 의사소통을 위한 과정으로서의 업무의 일부라고 생각하기 쉽지만 이를 넘어 조직의 사활이 걸린 중요한 업무이기도 하다.

② 비즈니스 문서의 구성요소

- 품위 있고 짜임새 있는 골격
- 객관적이고 논리적이며 체계적인 내용
- 명확한 핵심 메시지 전달
- 명료하고 설득력 있는 구체적인 문장
- 세련되고 인상적이며 효과적인 배치

## 2. 비즈니스 문서 작성

비즈니스 상황에서의 의사소통은 크게 문서와 언어소통으로 나뉜다. 말을 통해 진행되는 의사소통은 전체의 약 30%에 해당하지만 글로 내용을 정리해 작성한 문서 의사소통은 나머지인 70%의 비중을 차지한다.

### 1) 비즈니스 문서의 기능

① 회사의 중요한 의사를 대내외적으로 연결하는 수단

② 자료로서의 보존 기능

③ 혹시 발생할지도 모르는 위험에 대한 책임을 명확히 함

좋은 비즈니스 문서는 다음과 같은 특징을 가지고 있다.

① 상사의 입장을 고려해 상황을 객관적으로 바라보고 정확히 진단해 핵심을 짚는 문서

② 체계적이고 논리적 일관성이 있는 문서

③ 사실관계가 명확하고 객관적인 문서

④ 적절한 사례와 비유, 통계 등으로 흥미를 유발하는 문서

## 2) 비즈니스 문서의 구성

### ① 좋은 문서를 위한 4가지 질문

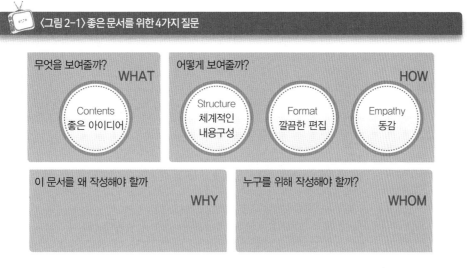

〈그림 2-1〉좋은 문서를 위한 4가지 질문

### ② 문서작성의 3W 1H 세부항목

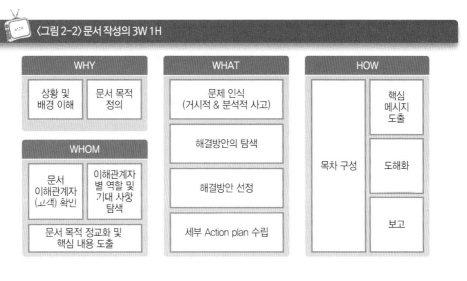

〈그림 2-2〉문서 작성의 3W 1H

• Why

• 배경상황에 대한 이해와 문서의 목적 정의

- Whom

- 누구에게 보고하는 문서인가?

  - Key MAN 분석을 통해 결재권자를 고려한 문서 작성

- 문서를 만들 사람은 누구인가?

  - 권한위임과 건설적인 비판 실행

- What

- 무엇을 담아야 하는가?

- 문제 인식과 해결방안의 탐색

- 비즈니스 문서의 핵심을 한 줄로 요약 - 1p 보고서를 넘어선 한 줄 핵심 제시

- How

- 목차 구성과 핵심 메시지 도출. 비즈니스 문서의 마지막인 결재받기

 **Level up Mission Step 1**

☎ 부서의 하반기 워크숍을 기획해 보자.

| WHY | WHAT | HOW |
|---|---|---|
| | | |

| WHOM | | |
|---|---|---|
| | | |

## 3) 종류에 따른 문서 작성법

문서의 서식은 각 회사나 기관별로 고유의 양식이 있을 경우에는 상황에 따라 적합한 문서양식을 사용하고, 별도의 양식이 없는 경우에는 일반적으로 많이 쓰이는 양식에 작성한다.

| 문서 종류 | 작성법 |
|---|---|
| 공문서 | • 공문서는 회사 외부로 전달되는 문서로 누가, 언제, 어디서, 무엇을, 어떻게(왜)가 정확하게 드러나도록 작성한다.<br>• 날짜는 연도와 월일을 반드시 함께 기입한다.<br>• 날짜 다음에 괄호를 사용할 경우에는 마침표를 찍지 않는다<br>• 내용 구성은 한 장에 담는 것이 원칙이다.<br>• 복잡한 내용은 항목별로 구분한다('-다음-', 또는 '-아래-').<br>• 대외문서이고, 장기간 보관되는 문서의 성격에 따라 정확히 기술한다.<br>• 마지막엔 반드시 '끝'자로 마무리한다. |
| 설명서 | • 상품이나 제품에 대해 설명하는 글의 성격에 맞춰 정확히 기술한다.<br>• 명령문보다 평서문으로 작성한다.<br>• 동일한 문장 반복을 피하고 다양하게 표현한다.<br>• 정확한 내용 전달을 위해 간결하게 작성한다.<br>• 소비자들이 이해하기 어려운 전문용어 사용은 가급적 지양한다.<br>• 복잡한 내용은 도표를 통해 시각화하여 이해도를 높인다. |
| 기획서 | 〈기획서 작성 전 유의사항〉<br>• 기획서의 목적을 달성할 수 있는 핵심 사항이 정확히 기입되었는지 확인한다.<br>• 상대에게 어필해 채택하게끔 설득력을 갖춰야 하므로 상대의 요구사항을 면밀히 고려해 작성한다.<br><br>〈기획서 내용 작성 시 유의사항〉<br>• 내용이 한눈에 파악되도록 체계적인 목차 구성이 필요하다.<br>• 핵심 내용이 잘 전달되도록 표현에 신경 쓴다.<br>• 내용의 효과적인 전달을 위해 표나 그래프를 활용해 시각화한다.<br><br>〈기획서 제출 시 유의사항〉<br>• 충분한 검토 후 제출하도록 한다.<br>• 인용한 자료의 출처가 정확한지 확인한다. |

| 문서 종류 | 작성법 |
|---|---|
| 보고서 | 〈보고서 내용 작성 시 유의사항〉<br>• 업무 진행 과정 중 쓰는 보고서의 경우, 진행 과정에 대한 핵심 내용을 구체적으로 제시하도록 작성한다.<br>• 내용의 중복을 피하고 핵심 사항만을 산뜻하고 간결하게 작성한다.<br>• 복잡한 내용일 때에는 도표나 그림을 활용한다<br><br>〈보고서 제출 시 유의사항〉<br>• 보고서는 개인의 능력을 평가하는 기본요인이므로, 제출하기 전에 반드시 최종 점검을 한다.<br>• 참고자료는 정확히 제시한다.<br>• 내용에 대한 예상 질문을 사전에 추출해보고 그에 대한 답을 미리 준비한다. |

 **Level up Mission Step 1**

 기획서를 만들어보자.

| 기획서 |
|---|
| 제목 :<br><br>1. 개요<br><br>2. 현재 상태<br><br>3. 목표<br><br>4. 구성<br> 1)<br> 2)<br> 3)<br><br>5. 추진기간<br><br>6. 기대효과<br><br>　　　　　　　　　　　　년 월 일<br>　　　　　　　　　　　　작성자 |

## 3. 문서 작성의 원칙과 문서 표현의 시각화

### 1) 문서 작성의 원칙과 주의사항

• 원칙

① 문장은 짧고 간결하게 작성한다.

② 상대방이 이해하기 쉽게 쓴다.

③ 한자의 사용을 자제한다.

④ 긍정문으로 작성한다.

⑤ 간단한 표제를 붙인다.

⑥ 간결체로 작성한다.

⑦ 문서의 주된 내용을 먼저 작성한다.

• 주의사항

각 회사마다 각 문서에 대한 정형화된 기본 틀이 있다. 문서 작성은 공적으로 자신을 표현하고, 대외적으로는 회사를 대표하는 것이기 때문에 실수가 있어서는 안 된다. 문서 작성 시에 주의해야 할 사항은 다음과 같다.

• 문서는 육하원칙에 의해 쓴다.

• 문서는 작성시기가 중요하다.

• 문서는 한 사안을 한 장의 용지에 작성해야 하다

• 문서 작성 후 반드시 다시 한번 내용을 검토하도록 한다.

• 문서의 첨부자료는 반드시 필요한 자료 외에는 첨부하지 않도록 한다.

• 문서내용 중 금액, 수량, 일자 등의 기재에 정확성을 기하도록 한다.

• 문장 표현은 작성자의 성의가 담기도록 하고 경어나 단어 사용에 주의한다.

**Tip** 효과적인 문서작성의 팁

- 내용 이해 : 전달하고자 하는 내용과 그 핵심 내용을 완벽히 파악해야 한다.

- 목표 설정 : 전달하고자 하는 목표를 정확히 설정해야 한다.

- 구성 : 효과적인 구성과 형식이 무엇인지 생각해야 한다.

- 자료수집 : 목표를 뒷받침해 줄 자료를 수집해야 한다.

- 핵심 전달 : 단락별 핵심을 하위목차로 요약해야 한다.

- 대상 파악 : 대상에 대한 이해와 분석을 철저히 해야 한다.

- 보충설명 : 질문을 예상하고 그에 대한 구체적인 답변을 준비해야 한다.


## 2) 문서 표현의 시각화

직장 업무 중 많은 비중을 차지하는 것이 문서와 관련된 일들이다. 하지만 어떤 문서는 무엇을 의도하고 있는지 그 내용을 파악하기 어려운 경우를 볼 수 있다. 그 이유는 문장의 길이가 길 뿐 아니라 내용도 중구난방으로 나열되어 요점을 파악하기 어렵기 때문이다. 결국 좋은 문서란 그 내용이 보는 사람에게 효과적으로 전달될 수 있는 것을 의미한다.

① 문서 표현의 시각화

문서를 구성하는 방법은 다음과 같이 크게 3가지로 나눌 수 있다.

- 차트 표현 : 개념이나 주제 등을 나타내는 문장표현, 통계적 수치 등을 한눈에 알아볼 수 있게 표현하는 것
- 데이터 표현 : 수치를 표로 나타내는 것
- 이미지 표현 : 전달하고자 하는 내용을 그림이나 사진 등으로 나타내는 것

이러한 3가지의 표현방법은 문서를 보다 효과적으로 나타내기 위한 시각화 방법으로, 간결하게 잘 표현된 그림 한 장이 한 페이지의 긴 글보다 훨씬 효과적이다.

※ 문서를 시각화하는 4가지 포인트

√ 시각자료는 보기 쉬워야 한다.

√ 이해하기 쉬워야 한다.

√ 다채롭게 표현되어야 한다.

√ 숫자는 그래프로 표시한다.

② 전달력을 높여주는 인포그래픽

인포그래픽이란, 정보를 뜻하는 Information과 그림/시각적 형상을 의미하는 Graphic 이라는 단어를 합친 단어로, 복잡하게 글로 되어 있는 문서자료를 시각화해 표현한 자료를 의미한다.

이렇게 인포그래픽은 정보를 전달하는 목적 외에도 마케팅 및 홍보를 하는 데에도 널리 쓰이고 있다. 그럼 인포그래픽은 왜 이렇게 효과적인 것일까? 경영대학으로 세계적으로 유명한 와튼 스쿨(Wharton School of Business)의 한 연구에 따르면 다음과 같은 결론을 내렸다.

 〈그림 2-3〉 인포그래픽이 효과적인 이유

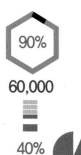

- 우리 뇌로 들어오는 정보들 중 90%는 시각적이다.
- 우리 뇌에서는 시각적 정보가 문자 정보보다 60,000배나 빨리 처리된다.
- 40%의 사람들은 텍스트 정보보다 시각적 정보에 더 빠른 반응을 한다.

93%의 인간의 소통은 말을 사용하지 않는다.

사람들이 텍스트보다 시각적 정보를읽을 확률이 30배 더 높다.

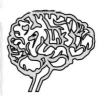

■ 문장으로 작성한 문서의 내용을 인포그래픽으로 이해하기 쉽게 표현한 사례

미래를 함께 하는 따뜻한 금융이란?

'금융의 힘으로 세상을 이롭게 한다.'는 신한금융그룹의 미션으로, 상품, 서비스, 자금운용 등에서 과거와는 다른 방법, 새로운 환경에 맞는 새로운 방식을 추구하여 '고객'과 '신한', 그리고 '사회'의 가치가 함께 커지는 상생의 선순환 구조를 만들어가는 것을 의미합니다.

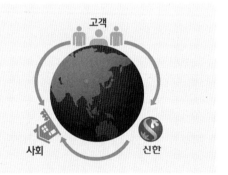

[출처] [인포그래픽] 프레젠테이션(PT) 미생에서 완생으로! 인포그래픽 입문 A to Z | 작성자 눈썹미남

## 3) 문서 사례

• e-mail

SNS의 기능이 다양화되면서 간단한 의사 전달은 SNS를 이용해 업무를 보고 비즈니스 커뮤니케이션을 하는 경우가 일상화되었지만, 아직도 비즈니스 문서 및 상세한 업무 내용을 전달할 경우에는 이메일을 사용하는 것이 일반적이다.

① 구성요소

e-mail은 크게 4자기 틀로 구분된다. 메일을 보내는 목적을 설명하는 도입부와, 핵심 내용을 담은 본문, 상대에게 기대하는 요청사항, 맺음말로 나뉜다.

• 제목은 간결하면서도 명확하게

- 제목엔 메일 내용을 짐작할 수 있을 만큼 명확하고도 간략하게 요약한다.

• 센스 있는 첫인사로 기분 좋게

- 날씨나 이슈, 상대의 안부를 묻는 정도로 가볍게 시작하면 상대에게 좀 더 부드러운 인상을 전달할 수 있다.

• 한 문장은 너무 길지 않게

- 특히 스마트폰, 태블릿 PC 등으로 이메일을 확인하는 경우도 있으므로 문장은 길지 않고 쉽게 작성한다.

• 정보를 제공할 때는 정확하게

- 정보를 제공할 때는 마지막에 깔끔하게 정리해주는 것이 좋다. 일시나 장소 등 한눈에 알아볼 수 있도록 정리해준다.

- 요청은 명확하게

- 의사결정 사항, 협조 방법, 답변 요령 등 바라는 바를 명확하게 정리한다.

• 필요한 정보는 확실하게

- 이미지가 필요한 경우 잊지 말고 꼭 첨부하며, 필요한 경우 한눈에 보일 수 있도록 메일 안에 그림을 삽입하여 보낸다. 첨부 파일을 보낼 경우 이를 잊어버리고 또 다시 보내는 경우가 더러 있는데 꼼꼼히 체크하도록 한다.

- 첨부 파일이 여러 개인 경우 첨부 파일의 개수와 파일 제목 등을 기재해 전달 항목을 정확히 명시한다.

예 첨부파일 [첨부 파일] 1. 제안서 2. 참고이미지 zip파일 3. 프로필 (총 3개)

• 서명은 반드시 포함한다.

- 메일 마지막에는 자신을 알리는 서명을 반드시 포함해야 한다. 자신의 소속/직함/연락처가 포함된 서명을 추가함으로써 상대방이 따로 연락처를 찾아 볼 필요를 덜어준다.

[출처] 다이퀘스트. 신뢰도 높이는 비즈니스 이메일 작성요령 수정 발췌

• 메일 사례

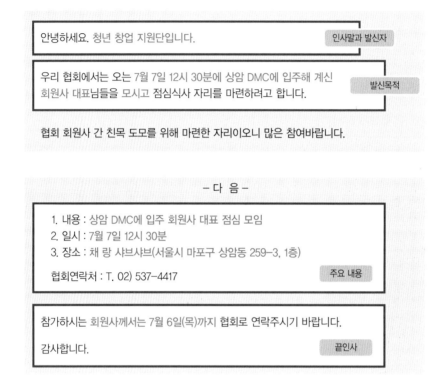

(2) 회의록

회의록은 회의가 이루어지는 장소에서 나오는 핵심 안건, 결론, 행동사항, 스케줄, 책임자 정보 등 모든 내용을 작성하는 문서를 말한다. 회의록은 결정된 사항을 증명하고 기록할 수 있기 때문에 중요 회의 때는 꼭 작성하는 것이 좋다.

작성자는 전반적인 내용의 흐름을 신속하게 이해할 수 있는 사람이 좋으며, 회의 내용을 잘 분석하고 객관적으로 내용을 기재할 수 있는 사람으로 선정해야 한다.

회의록 작성법은 특별히 정해져 있는 것은 아니지만 토의된 중요한 내용과 결정된 사항들을 알맞은 형식을 갖추어 정확하게 기록해야 한다.

• 회의록 기재사항

회의록은 회의가 이루어지는 장소에서 나오는 핵심 안건, 결론, 행동사항, 스케줄, 책임자 정보 등 모든 내용을 작성하는 문서를 말한다. 회의록은 결정된 사항을 증명하고 기록할 수 있기 때문에 중요 회의 때는 꼭 작성하는 것이 좋다.

작성자는 전반적인 내용의 흐름을 신속하게 이해할 수 있는 사람이 좋으며, 회의 내용을 잘 분석하고 객관적으로 내용을 기재할 수 있는 사람으로 선정해야 한다.

회의록 작성법은 특별히 정해져 있는건 아니지만 토의된 중요한 내용과 결정된 사항들을 알맞은 형식을 갖추어 정확하게 기록해야 한다.

• 회의록 예시

| 회의명 | 2020 재롱잔치 준비 |
|---|---|
| 회의개최일시 | 2020년 11월 7일(토) 15:00~16:30 |
| 회의장소 | 토미 유치원 |
| 참석자 | 원장, 각 반 담임 |

안건
2020 재롱잔치 준비 ( 참고자료 : 2019 재롱잔치 보고서 )

1. 2020 재롱잔치 논의
- 총 5개 반, 작년에 비해 유아 1개반 감소
- 각 반별 율동과 놀이 등 프로그램 초안 작성
- 초안 예시안을 보고 업무에 관련 토의
- 원장과 각 반 교사가 회의를 통하여 결정할 것임

〈 1안 〉
① 작년에 연극은 아이들이 대사를 까먹어서 발표에 지장이 있었음 - 무언극 제안
② 전체 율동 안무 선생님 외부에서 추가 배정
③ 율동은 성인가요보다 동요로 진행하는 것이 좋겠음
④ 유니폼 비용 부담을 줄이기 위해 대여
⑤ 학부모 도시락 제공
⑥ 조명과 음향 담당 1인 세팅
⑦ 비가 올 경우 야외 활동에 대한 대응책

〈건의〉 강사 공고 및 채용, 계약서 건을 행정실에서 처리 고려

〈차후 회의 안내〉 10월 30일까지 각 반별 필수 프로그램 세팅

2020 재롱잔치 설계 건

## 학습평가 Quiz

1. 비즈니스 문서의 세부 항목에서 목차 구성은 어디에서 진행되는가?

① How  ② What

③ Whom  ④ Why

2. 다음은 무엇에 대한 설명인가?

> 모임이 이루어지는 장소에서 나오는 핵심 안건, 결론, 행동사항, 스케줄, 책임자
> 정보 등 모든 내용을 작성하는 문서를 말한다.

① 기획서  ② 보고서

③ 회의록  ④ 일지

3. 다음 중 문서를 구성하는 대표적인 방법에 해당하지 않는 것은?

① 차트 표현 : 개념이나 주제 등을 나타내는 문장 표현, 통계적 수치 등을 한눈에 알아
  볼 수 있게 표현하는 것

② 문자 표현 : 서술식의 문자로 이해가 쉽게 설명하는 것

③ 데이터 표현 : 수치를 표로 나타내는 것

④ 이미지 표현 : 전달하고자 하는 내용을 그림이나 사진 등으로 나타내는 것

4. 다음은 무엇에 들어가야 하는 내용을 설명한 것인가?

> • 회의의 정식 명칭과 회의의 종류(정기총회, 임시총회)
> • 개회일시 및 장소
> • 출석회원 수 및 성명
> • 부의 안건과 그 내용
> • 각종 보고사항 및 보고서
> • 의제가 된 안건(또는 동의)의 제출자와 그 내용
> • 발언자와 그 요지
> • 표결 수와 의결사항
> • 지난번 회의록의 낭독 여부와 승인 여부
> • 회의록 작성자의 성명

5. 문서 이해의 구체적인 절차에 대해 서술하시오.

 학습내용 요약 Review (오늘의 Key Point)

1. 문서란 제안서, 보고서, 기획서, 편지, 이메일, 팩스, 메모, 공지사항 등 문자로 구성된 것을 의미한다.

2. 좋은 비즈니스 문서의 특징

① 상사의 입장을 고려해 상황을 객관적으로 바라보고 정확히 진단해 핵심을 짚는 문서

② 체계적이고 논리적 일관성이 있는 문서

③ 사실관계가 명확하고 객관적인 문서

④ 적절한 사례와 비유, 통계 등으로 흥미를 유발하는 문서

3. 좋은 비즈니스 문서를 위한 4가지 질문

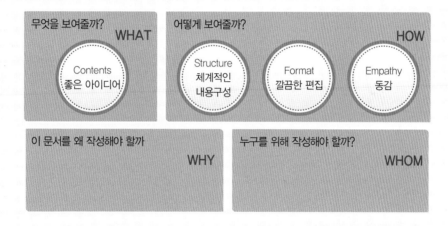

4. 문서를 구성하는 3가지 방법

① 차트 표현 : 개념이나 주제 등을 나타내는 문장 표현, 통계적 수치 등을 한눈에 알아
볼 수 있게 표현하는 것

② 데이터 표현 : 수치를 표로 나타내는 것

③ 이미지 표현 : 전달하고자 하는 내용을 그림이나 사진 등으로 나타내는 것

5. 회의록

회의록은 회의가 이루어지는 장소에서 나오는 핵심 안건, 결론, 행동사항, 스케줄, 책임자 정보 등 모든 내용을 작성하는 문서를 말한다. 회의록은 결정된 사항을 증명하고 기록할 수 있기 때문에 중요 회의 시 꼭 작성하는 것이 좋다.

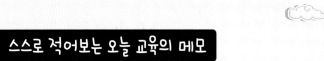

스스로 적어보는 오늘 교육의 메모

# 경청 & 질문과 피드백

## Contents

## Learning Objectives

1. 경청의 개념과 경청능력 향상방안에 대해 설명할 수 있다.

2. 바람직한 질문의 조건에 대해 설명할 수 있다.

3. 효과적인 피드백 방안에 대해 설명할 수 있다.

**3**
Chapter

한나라의 주인을 결정지은 경청의 중요성

중국 최초의 황제 진시황제가 세상을 떠난 뒤 천하의 주인이 되고자 최후까지 치열한
싸움을 벌였던 두 사람은 바로 초나라 귀족 출신의 항우와 패현 출신의 백수건달 유방
이었다. 8년 동안 유방과의 대결에서 백전백승한 항우. 천운은 항우에게 기우는 듯 해
보였다.

그러나 그들의 운명을 바꾼 한마디는 바로 동의를 구하는 물음 "어떠냐(何如)?"와 의견
을 구하는 물음 "어떻게 하지(如何)?"였다. 항우는 전투에서 승리한 뒤 참모들에게 "어
떠냐(何如)?"는 동의만을 구했고, 유방은 모든 전투에 앞서 "어떻게 하지(如何)?"라고
물으며 참모들의 의견을 먼저 들었다.

이렇듯 경청이 최고의 전략이었던 유방의 진가는 8년 후가 되어서야 비로소 나타나기
시작한다. 두 사람의 운명을 결정지은 마지막 승부인 기원전 202년 해하전투였다. 이
때 유방의 참모진들은 특별한 작전 하나를 내놓는다. "곳곳에 군사를 매복시키고 항우
를 유인하라." "그 다음, 겹겹이 둘러싸 군량과 원조를 끊어지게 한 뒤, 혼란에 빠트려
라."이러한 유방의 작전에 항우는 결국 패한다.

그 후, 패현 출신의 백수건달이었던 유방은 천하제일의 항우를 꺾고, 한나라의 왕이 되
어, 한고조로 역사에 기억된다. 이처럼 경청은 과거에도 그리고 21세기 지식경쟁시대
에도 최고의 전략 도구로 쓰인다고 할 수 있다.

- http://rheee0729.tistory.com/84 Brave David 블로그 中에서 (내용 수정) -

3장에서는 경청의 개념과 중요성에 대해 살펴볼 것이며 경청의 향상방안도 함께 학습
한다. 또한 바람직한 질문과 효과적인 피드백 방안에 대해 학습해본다.

1. 다음 중 적극적 경청 기법이 아닌 것은?

　① 환언　　　　　　　② 요약
　③ 명료화　　　　　　④ 피드백


2. 다음 중 바람직한 질문의 조건에 해당되지 않는 것은?

　① 미래지향적　　　　② 긍정적
　③ 개방적　　　　　　④ 주관적


3. 다음 중 효과적인 피드백 방안에 해당되지 않는 것은?

　① 기억한다　　　　　② 설명한다
　③ 계획한다　　　　　④ 개방한다

# 1. 경청능력

## 1) 경청의 개념과 중요성

20여 년간 미국 토크쇼의 전설인 오프라 윈프리는 자신의 성공비결이 초대 손님의 이야기를 공감하며 듣는 경청에 있다고 한다. 그녀는 상대방이 이야기를 다할 때까지 참았다가 자기가 할 말은 제일 마지막에 꺼낸다. 그리고 상대방이 말할 때 눈을 맞추고, 고개를 끄덕이거나 메모를 하기도 하며 때로는 상대방의 말을 더 이해하기 편한 말로 바꾸어 표현하기도 한다.

청취에는 듣기와 경청이 있다. 듣기(hearing)는 음파가 뇌의 신경을 자극하여 소리를 신체적으로 받아들이는 생리적 활동과 무의식적인 과정이다. 이와 달리 경청(listening)은 심리적이고 다발적인 과정이며, 이해, 분석, 평가와 반응을 포함한다.

경청이란 다른 사람의 말을 주의 깊게 들으며, 공감하는 능력이다. 경청은 대화의 과정에서 신뢰를 쌓을 수 있는 최고의 방법이다. 상대가 경청하면 우리는 본능적으로 안도감을 느끼고, 경청하는 우리에게 무의식적인 믿음을 갖게 된다. 자신에게 정말로 중요한 문제를 이야기하고 있는데 상대방이 건성으로 들으며 아무 말 없이 앉아있기만 했다는 것을 알게 된다면 얼마나 서운하겠는가? 자기 말을 경청해주는 사람을 싫어하는 사람은 이 세상에 없을 것이다.

[표3-1] 듣기와 경청의 비교

| 듣기(hearing) | 경청(listening) |
| --- | --- |
| 무의식적, 본능적 | 자발적인 |
| 수동적 | 능동적 |
| 생리적(physiological) | 심리적(psychological) |
| 의식적 노력 불필요 | 노력과 집중 필요 |

미국 매사추세츠주 웰슬리대학의 심리학자 C. 클라인케 박사 연구팀은 자신이 이야기하는 시간이 상대방의 33%, 50%, 67%일 때, 상대방이 어느 정도 호감을 갖는지를 조사하는 실험을 했다. 그 결과 상대방에게 이야기를 많이 하게 할수록, 다시 말해 자신은 듣는 역할을 해주고 33%만 이야기할 때, 상대방이 가장 호감을 갖는다는 사실이 밝혀졌다. 상대방의 이야기를 경청할수록 나에 대한 호감도가 높아진다는 것이다. 이렇듯 경청은 우리 삶의 중요한 영역에 큰 영향을 미친다. 친구 사이의 신뢰, 가족 간의 친밀감, 업무의 효율성이 듣는 능력에 달려 있다.

"성공하는 사람과 그렇지 못한 사람의 대화 습관에는 뚜렷한 차이가 있다. 그 차이점이 무엇인지 단 하나만 꼽으라고 한다면, 나는 주저 없이 '경청하는 습관'을 들 것이다. 우리는 지금껏 말하기, 읽기, 쓰기에만 몰두해 왔다. 하지만 정작 우리의 감성을 지배하는 것은 '귀'다. 경청이 얼마나 중요한 능력인지, 그리고 우리가 어떻게 경청의 힘을 획득할 수 있는지 알아야 한다."라고 스티븐 코비는 [성공하는 사람들의 7가지 습관]에서 경청의 중요성을 강조했다.

적극적 경청(active listening)은 다른 사람이 말하는 것에 집중하고 메시지에 근거한 내용, 정서와 느낌의 이해를 확인하는 것으로 목적을 가지고 듣는 것이다. 적극적 경청을 잘하는 사람은 핵심사항을 찾아내려고 노력하며, 단순히 듣는 것이 아니라 그 말의 동기와 의도에 대해서도 생각한다. 그러기 위해서 말하는 사람의 비언어적인 부분(목소리의 음색, 얼굴표정, 제스처 등)까지도 잘 읽어내는 것도 적극적 경청의 일부라고 할 수 있다.

하지만 경청은 지적인 노력을 요구하고 전적으로 정신력의 집중을 필요로 하기 때문에 그리 쉬운 일이 아니다. 따라서 상대방의 입장에서 생각하려고 노력하면서 감정이 이입될 때, 현재 일어나고 있는 의사소통에서 무엇이 이야기되고 있는가를 주의 깊게 경청하므로 적극저 경청은 용이해진다.

 [표3-2] 적극적 경청기법

| 기법 | 목적 | 방법 | 사례 |
|---|---|---|---|
| 환언 | 듣고 있는 것을 보여주고, 느낌의 이해를 보여준다. | 수신한 정보를 자신의 단어로 재진술한다. | ~라는 말씀이지요? |
| 질문 | 더 많은 정보를 구한다. | 질문한다. | 귀하는 신제품 아이디어를 어떻게 찾나요? |
| 요약 | 중요한 아이디어와 사실을 결합한다. | 주요 생각과 느낌을 재진술, 제시와 요약한다. | 이것들이 핵심 아이디어로 보입니다. |
| 명료화 | 들은 메시지를 화자에게 확인한다. | 모호한 표현을 질문한다. 잘못된 해석을 재진술한다. | 귀하의 생각은 제품의 감성적 편익인거죠? |
| 장려 | 말을 계속하도록 한다. | 다양한 음성을 사용한다. | 그것에 관심이 있죠. 예, 알지요. 그렇죠. |
| 균형 | 화자가 그 자신의 느낌을 평가하도록 돕는다. | 질문한다. | 귀하는 불편하게 인식했나요? |

〈비즈니스 커뮤니케이션〉, 유순근 저, 무역경영사, 2016, p.203

 **사례 1 : 적극적 경청**

R호텔 양식당의 이 캡틴은 적극적 경청에 대한 교육 후 배운 내용을 실습해 보고 싶어 김 지배인과 대화를 시도해봤다. 적극적 경청을 가르쳐준 오 박사는 상대방의 마음을 여는 가장 좋은 방법은 질문을 하는 것이라고 했다. 이 캡틴은 그가 알려준 질문법을 되새겼다.

이 캡틴 : 지배인님, 이렇게 부서교육자의 역할도 하시면서 얼마 전 유럽 소믈리에 대회에서 1등을 하시다니 정말 대단하시다는 생각을 했습니다. 시간도 많지 않으셨을텐데 꿈을 위한 열정이 매니저님을 탁월하게 이끌어가는 것처럼 보입니다.

김 지배인 : 이 캡틴, 제 꿈이 뭔지 아세요?

이 캡틴 : 세계 최고의 소믈리에가 되는 것 아닌가요?

김 지배인 : 맞기도 하고, 틀리기도 합니다.

김 지배인의 얼굴에 오랜만에 화색이 돌았다. 이 캡틴은 온몸의 신경을 지배인의 입술과 표정, 태도에 집중하면서 한마디도 놓치지 않으려고 혼신의 힘을 다 기울이고 있었다. 이 캡틴의 태도는 상대가 스스로 자기 얘기를 꺼내놓을 수 있는 분위기를 만들어 주었다. 온몸으로 집중해서 들어주는 사람이 앞에 있다면 누군들 흥이 나지 않겠는가.

김 지배인 : 제 꿈은 세계 최고의 소믈리에가 아닙니다. 우리나라 고유의 와인을 대량생산하여 외국에 수출하는 것이 바로 제 꿈이에요.

뜻밖의 얘기가 지배인의 입에서 흘러 나왔다. 이 캡틴은 오 박사 덕분에 중요한 대목을 다시 묻곤 하는 버릇이 생겼다. '말하는 사람은 되물어 주는 것을 좋아한다. 상대가 자신에게 집중하고 있다는 것을 확인할 수 있기 때문이다.'

이 캡틴 : 우리나라 고유의 와인을 대량생산해서 외국으로 수출한다고요? 복분자주 같은 거 말씀이십니까?

이 캡틴의 질문에 지배인은 더욱 열심히 설명하기 시작했다. 이 캡틴은 지배인의 말에 고개를 끄덕였다. 중간에 메모도 잊지 않으며 분명하게 이해가 되지 않는 부분은 다시 물었다.

- 〈경청〉, 조신역 · 박현진, 위즈덤하우스, 2007, pp.108~111 (내용 수정) -

## 2) 경청의 방해요인

강의실에서 수업을 듣고 있다가 교수님과 얼굴을 마주쳤을 때, 교수님이 "A학생, 자네 생각은 어떤가?" 하고 질문을 던진다. 앞에 내용을 흘려들었던 A학생은 "네?"라고 반문하거나 한눈판 것을 감추면서 "네, 저도 그렇게 생각합니다."라고 얼버무리는 대답을 할 것이다. 자신의 강의를 경청하고 있지 않았다는 걸 알았을 때 교수님은 어떤 마음이 들겠는가? 이와 같은 상황처럼 올바른 경청을 하는 데 있어서 방해가 되는 경청의 방해요인 10가지는 다음과 같다.

### (1) 짐작하기

상대방의 말을 듣고 받아들이기보다 자신의 생각에 들어맞는 단서들을 찾아 자신의 생각을 확인하는 것을 말한다. 짐작하고 넘겨짚으려고 하는 사람들은 상대방의 목소리 톤이나 얼굴 표정, 자세 등을 지나치게 중요하게 생각한다. 이들은 상대방이 하는 말의 내용은 무시하고 자신의 생각이 옳다는 것만 확인하려 한다. 교수님이 "학생은 부모님께 용돈 받아 쓰니 좋겠다."라고 말하면, 학생은 '내가 내 힘으로 용돈을 벌어 쓰지 않고 부모님께 의존하는 마마보이라는 건가?'라고까지 지레짐작한다.

또 다른 예로 감기에 걸려 표정이나 목소리가 좋지 않은 여자친구에게 "내가 조금 늦었다고 화가 나서 성의 없게 말하는 거야?"라고 지레짐작한다면 대화는 처음부터 어려워질 것이다.

### (2) 대답할 말 준비하기

처음에는 상대방의 말을 듣고 곧 자신이 다음에 할 말을 생각하기에 바빠서 상대방이 말하는 것을 잘 듣지 않는 것을 말한다. 결국 자기 생각에 빠져서 상대방의 말에 제대로 반응할 수가 없다. 예를 들어, 면접장에서 순서대로 자기소개를 시킨다면 자신의 차례에 말할 내용을 생각하느라 말하는 사람의 이야기를 경청하지 않는 경우를 들 수 있다.

### (3) 걸러내기

상대의 말을 듣기는 하지만 상대방의 메시지를 온전하게 듣는 것이 아닌 경우이다. 상대방이 분노나 슬픔, 불안에 대해 말하는 것을 들어도 그러한 감정을 인정하고 싶지 않다거나 회피하고 싶다거나 무시하고 싶을 때 자기도 모르는 사이에 상대방이 아무 문제도 없다고 생각해버린다. 걸러내기는 듣고 싶지 않은 것들을 막아버리는 것을 말한다. 흔히 상대방과 다툴 때 본인이 듣고 싶은 것만 듣고 믿고 싶은 것만 믿는 경우를 들 수 있다.

### (4) 판단하기

상대방에 대한 부정적인 판단 때문에, 또는 상대방을 비판하기 위해 상대방의 말을 듣지 않는 것을 말한다. 당신이 상대방을 어리석다거나 고집이 세다거나 이기적이라고 생각한다면, 당신은 경청하기를 그만두거나 듣는다고 해도 상대방이 이렇다는 증거를 찾기 위해서만 귀를 기울일 것이다.

### (5) 다른 생각하기

상대방에게 관심을 기울이는 것이 점차 더 힘들어지고 상대방이 말을 할 때 자꾸 다른 생각을 하게 된다면, 이는 현실이 불만족스럽지만 이러한 상황을 회피하고 있다는 위험한 신호이다.

예를 들어, 남편은 최근 아내가 수강하는 취미클럽 활동에 대해 말할 때마다 다른 생각을 했다. 사실 그는 아내가 취미 활동을 하는 것에 대해 못마땅하게 생각하고 있었기 때문에 부인이 신나서 이야기할 때마다 다른 생각을 하면서 자신의 감정을 드러내지 않았던 것이다. 그러나 이렇게 표현하지 못하는 부정적인 감정이 밑바닥에 깔려 있어 시도 때도 없이 고개를 내밀기 때문에 상대방은 오해받고 공격받는다는 느낌을 갖게 된다.

### (6) 조언하기

어떤 사람들은 지나치게 다른 사람의 문제를 본인이 해결해 주고자 한다. 당신이 말끝마다 조언하려고 끼어들면 상대방은 제대로 말을 끝맺을 수 없다. 올바른 해결책을 찾고 모든 것을 제대로 고치려는 당신의 욕구 때문에 마음을 털어놓고 이야기하고 싶은 상대방의 소박한 바람이 좌절되고 만다. 이야기를 들어주기만 해도 상대방은 스스로 자기의 생각을 명료화하고 그 사이에 해결책이 저절로 떠오르게 된다.

남편이 아내에게 직장에 대한 좌절과 낙담을 털어놓자 "당신은 윗사람 다루는 기술이 필요해요. 당신 성격에도 문제가 있어요. 당신 자신을 개조하기 위해 성격 개선 프로그램을 신청해서 참여해봐요."라고 지체 없이 퍼붓게 되면 남편이 진실로 원했던 것, 즉 서로 공감하고 잠시 위로 받고 싶었던 욕구가 좌절된다. 이러한 대화가 매번 반복된다면 상대방은 무시당하고 이해받지 못한다고 느끼게 되어 다른 사람에게 마음의 문을 닫아버리게 된다.

### (7) 언쟁하기

단지 반대하고 논쟁하기 위해서만 상대방의 말에 귀를 기울이는 것이다. 상대방이 무슨 말을 하든 자신의 입장을 확고히 한 채 방어한다. 언쟁은 문제가 있는 관계의 전형적인 의사소통 패턴이다. 이런 관계에서는 상대방의 생각을 전혀 들을 생각이 없기 때문에 어떤 이야기를 해도 듣지 않게 된다. 상대방이 무슨 주제를 꺼내든지 설명하는 것을 무시하고 상대방의 생각과는 다른 자신의 생각을 장황하게 자기 논리대로 늘어놓는다. 지나치게 논쟁적인 사람은 상대방의 말을 경청할 수 없다.

### (8) 옳아야만 하기

자존심이 강한 사람은 자존심에 관한 것을 전부 막아버리려 하기 때문에 자신의 부족한 점에 대한 상대방의 말을 들을 수 없게 된다. 당신은 자신이 잘못했다는 말을 받아들이지 않기 위해 거짓말을 하고, 고함을 지르고, 주제를 바꾸고, 변명을 하게 된다.

### (9) 슬쩍 넘어가기

대화가 너무 사적이거나 위협적이면 주제를 바꾸거나 농담으로 넘기려 한다. 문제를 회피하려 하거나 상대방의 부정적 감정을 회피하기 위해서 유머를 사용하거나 핀트를 잘못 맞추게 되면 상대방의 진정한 고민을 놓치게 된다.

### (10) 비위 맞추기

상대방을 위로하기 위해서 혹은 비위를 맞추기 위해서 너무 빨리 동의하는 것을 말한

다. 그 의도는 좋지만 상대방이 걱정이나 불안을 말하자마자 "그래요, 당신 말이 맞아.", "미안해, 앞으로는 안 할 거야."라고 말하면 지지하고 동의하는 데 너무 치중함으로써 상대방에게 자신의 생각이나 감정을 충분히 표현할 시간을 주지 못하게 된다.

 사례 2

인기 작가이며 칼럼니스트였던 짐 비숍은 언젠가 자신을 짜증나게 하는 것들 중 한 가지는 자신의 안부를 물으면서도 자신의 대답은 듣지 않는 사람들이라고 했다. 특히 그 가운데 상습범이 하나 있었다. 그래서 짐은 그가 얼마나 남의 말을 흘려듣는지 시험해보기로 했다.

그래서 어느 날 아침 그 남자가 짐에게 전화를 해서는 늘 하던 대로 말을 시작했다.

"안녕하세요, 잘 지내시죠?"

짐은 이렇게 이야기했다.

"그런데, 내가 폐암에 걸렸다네."

"참 잘 되었네요, 그런데…"

짐은 자신의 추측이 맞았다는 확증을 얻을 수 있었다. 데일 카네기는 1,500만 부나 팔린 그의 저서 〈카네기 인간관계론〉이란 책에서 이 점을 아주 적절하게 언급했다.

'남의 관심을 끌려면, 남에게 관심을 가져라.' 카네기는 또한 이렇게 덧붙였다. "상대방이 대답하기 좋아하는 질문을 하라. 그들 자신이 이룩한 성취에 대하여 말하도록 하라. 당신과 대담하고 있는 상대방은 당신이나 당신의 문제보다는 자신의 희망이나 자신의 문제에 백배나 더 관심이 많다는 사실을 명심하라. 사람은 본래 100만 명을 희생시킨 중국의 기근보다 자신의 치통이 더 중요한 법이다. 아프리카에서 발생하는 40번의 지진보다 자신의 목전의 이익을 더 소중하게 여긴다. 대화를 시작할 때는 이 점을 꼭 명심하라."

- 〈대화의 신〉, 래리 킹 저, 강서일 역, 위즈덤하우스, 2015, p.72 -

## 3) 경청능력 향상 방안

우리가 대화를 할 때 진실한 감정과 태도를 전하는 것은 어렵다. 그러나 경청함으로써 상대방의 심정과 감정, 태도를 전달받는 것이 가능하고, 그 과정에서 자신의 생각과 느낌

도 상대방이 이해하려고 노력하게 된다.

적극적 경청의 태도에는 상대가 무엇을 느끼고 있는가를 상대의 입장에서 받아들이는 공감적 이해가 중요하고, 자신이 가지고 있는 고정관념을 버리고 상대의 태도를 받아들이는 수용의 정신, 자신의 감정을 솔직하게 전하고 상대를 속이지 않는 성실한 태도가 필수적이다.

적극적 경청을 위해서는 ① 비판적·충고적인 태도를 버리고, ② 상대방이 말하고 있는 의미 전체를 이해하고, ③ 단어 이외의 표현에도 신경을 쓰며, ④ 상대방이 말하고 있는 것에 반응하며, ⑤ 감정을 흥분시키지 않는 것 등이 중요하다. 적극적 경청은 커뮤니케이션의 기본적인 태도이므로 관리·감독자를 대상으로 대인능력 향상 프로그램으로 채택되는 일이 많다.

### (1) 좋은 경청이란

대다수의 사람들이 말하고, 읽고, 쓰는 것보다 듣는 데 더 많은 시간을 보내고 있다. 하루 24시간 가운데 45%는 듣는 것에, 30%는 말하는 것에, 16%는 읽는 것에, 9%는 쓰는 것에 사용한다. 또한 대다수의 사람들은 20~25%의 효율성을 가지고 들으며 듣는 내용의 50%는 즉시 잊혀진다.

경청에는 '듣다, 관찰하다, 초점을 맞추다. 집중하다, 주의하다. 귀를 기울이다'와 같은 단어들이 포함된다. 즉, 경청을 잘한다는 것은 단순히 잘 듣는(hearing) 것만이 아닌 말하는 사람의 생각을 듣는 사람이 잘 이해하고 있다는 의미이다.

사람들은 읽기를 할 때 읽은 내용을 이해하기 위해서 필요한 만큼 몇 번이고 단어들을 반복하게 된다. 그러나 듣기를 할 때는 들은 내용을 이해하기 위해 다시 들을 수 없다. 그러므로 효율적으로 들어야 하는데, 이것은 적극적인 수행을 요구한다.

경청을 하는 사람은 화자에게 듣기를 원해야 하고, 화자가 발표하는 내용은 경청자에게 중요한 지식이라고 믿어야 한다. 즉, 경청자는 화자가 발표하는 것에 항상 동의하는 것은 아니지만 충분히 이해하도록 하기 위해 항상 마음을 열어두고 있어야 한다.

좋은 경청은 화자와 상호작용하고, 말한 내용에 관해 생각하고, 무엇을 말할지 기대하는 것을 의미하기 때문에 경청자는 자신이 들은 내용을 정신적으로 요약해야 한다. 그러므로 좋은 경청자가 되기를 원한다면 화자에게 집중할 수 있는 자기 트레이닝이 필요하다.

### (2) 효과적인 경청방법

상대방과 의사소통을 하거나 많은 사람 앞에서 프레젠테이션을 할 때 이용하도록 정보를 가지기 위해서 많은 내용을 듣고 이해하는 것은 중요한 것이다. 다음에 소개하는 기법은 적극적인 경청자가 되기 위해서 필요한 것들이다.

① 준비한다 : 수업시간이나 강연에 참가하면 수업계획서나 강의계획서를 나누어준다. 이때 올바른 경청을 하려면 강의의 주제나 강의에 등장하는 용어에 친숙하도록 하기 위해 미리 읽어 두어야 한다.

② 집중한다 : 말하는 사람의 모든 것에 집중해서 적극적으로 들어야 한다. 말하는 사람의 속도와 말을 이해하는 속도 사이에 발생하는 간격을 메우는 방법을 학습해야 한다.

③ 예측한다 : 대화를 하는 동안 시간 간격이 있으면, 다음에 무엇을 말할 것인가를 추측하려고 노력한다. 이러한 추측은 주의를 집중하여 듣는 데 도움이 된다.

④ 나와 관련짓는다 : 상대방이 전달하려는 메시지가 무엇인가를 생각해보고 자신의 삶, 목적, 경험과 관련시켜 본다. 자신의 관심이라는 측면에서 메시지를 이해하면 주의를 집중하는 데 도움이 될 것이다.

⑤ 질문한다 : 질문에 대한 답이 즉각적으로 이루어질 수 없다고 하더라도 질문을 하려고 하면 경청하는 데 적극적이 되고 집중력이 높아진다.

⑥ 요약·메모한다 : 대화 도중에 주기적으로 대화의 내용을 요약 후 메모하면 상대방이 전달하려는 메시지를 이해하고, 정보를 예측하는 데 도움이 된다.

⑦ 반응한다 : 피드백은 상대방이 말한 것에 대해 당신이 이야기하고, 질문을 던져 이해를 명료화하고 난 다음에 하는 것이다. 피드백은 상대방에 대한 당신의 지각이 옳았는지 확인할 수 있는 기회로서 오해가 있었다면 고칠 수 있도록 해준다. 또한 당신이 하는 피드백은 상대방에게 자신이 정확하게 의사소통을 하였는가에 대한 정보를 제

공할 뿐만 아니라, 상대방이 당신의 관점을 받아들일 수 있도록 해준다.

반응을 하는 데는 세 가지 규칙이 있는데, 피드백의 효과를 극대화시키려면 즉각적이고, 정직하고, 지지하는 자세여야 한다는 것이다. 즉각적이라 함은 시간을 낭비하지 않는 것이다. 다시 말하기를 통해 상대방의 말을 이해했다고 생각하자마자 명료화하고, 바로 당신의 피드백을 주는 것이 좋다. 시간이 갈수록 영향력은 줄어든다.

정직함은 당신이 느끼는 진정한 반응뿐만 아니라, 조정하고자 하는 마음, 또는 보이고

 **사례 3 : 경청하며 대화의 맥을 짚어라**

어린이집의 김교사는 이번 부모참여수업에 대한 기획안을 제출했다. 서류를 받아 든 원장선생님의 표정이 심각하게 굳었다.

원장선생님 : 이번 참여수업은 좀 더 구체적이고 체계적으로 준비해야 할 것 같군요.

김교사 : 왜요?

원장선생님 : (김교사의 질문에 어이없다는 듯이 되물으며) 김선생님은 요즘 뉴스도 안 보나요?

김교사 : 예?

원장선생님 : 요즘 버스운행 안전사고가 빈번하게 발생해서 큰 이슈가 되고 있는데 이렇게 안전지침이나 예방책에 관한 내용이 체계 없이 안내되어서야 되겠나 이 말이에요!

김교사 : 아무래도 요즘 어린이집 관련 사고로 부모님들께서 걱정이 많아서 이런 부분을 해소할 만한 내용을 모색해 볼 계획이며…

뒤늦게 원장선생님의 의중을 알아챈 김교사는 그 점을 자신도 감안했다고 변명했지만,

이미 대화의 첫 단추는 잘못 끼운 뒤였다. 김교사는 원장선생님이 처음 말문을 열었을 때 무턱대고 "왜요?"라고 되묻지 말았어야 한다. 아무리 짧은 순간이라도 상사가 무슨 의도로 그런 말을 하는지 제대로 파악하고 대꾸했다면 뉴스도 안 보는 사람 취급을 당하진 않았을 것이다.

사회생활을 하면서 누군가의 호감을 얻으려면 듣는 귀가 밝아야 한다. 올바른 경청자의 역할은 상대의 이야기를 놓치지 않고 듣는 데서 출발한다. 그래야 이야기의 전체 맥락을 파악하고 핵심을 꿰뚫어볼 수 있다.

- 〈성공한 1% 리더들의 고품격대화〉, 신영란 저, 평단, 2016, p.194 내용 수정 -

싶지 않은 부정적인 느낌까지 보여주어야 함을 의미한다. 예를 들어, 당신이 상대방에게 잘못했다고 생각하고 위협을 느낀다면 이러한 것까지 솔직하게 피드백을 할 수 있어야 한다.

지지함은 당신이 정직하다고 해서 잔인해서는 안 된다는 것이다. 부정적인 의견을 표현할 때도 상대방의 자존심을 상하게 하거나 약점을 이용하거나 위협적인 표현방법을 택하는 대신에 부드럽게 표현하는 방법을 발견할 필요가 있다. 이러한 쌍방적 의사소통은 말하는 사람에게 중요한 피드백이 되고, 듣는 사람 역시 좋은 듣기 기술을 연습하는 데 도움이 된다.

## 2. 바람직한 질문

'질문'은 앞 장에서 다룬 '경청'에 이어 상대방과의 의사소통을 활발하게 하기 위한 중요하고도 적극적인 행동이다. 우리는 늘 별 생각 없이 누군가와 이야기를 주고받는 일상적인 대화를 하고 살고 있다. 그러나 사실 우리는 상대방의 질문능력을 의외로 엄격하게 평가하는 편이다. 질문은 그 사람의 수준과 능력을 드러낸다. 뻔하고 흥미 없는 질문만 하는 사람을 굳이 만나고 싶지 않을 것이다. 질문을 잘 하는 사람은 핵심을 찌르는 포인트에 집중한다.

### 1) 바람직한 질문의 조건

### (1) 미래지향적이고 긍정적인 질문

질문은 과거에 있었던 상황에 대해 묻는 과거형 질문과 미래에 예상되는 상황에 대해 질문하는 미래형 질문이 있다. 그리고 같은 상황에 대해서 부정적으로 질문하는 부정형 질문과 동일한 상황이라도 관점을 긍정적으로 바꾸어 묻는 긍정형 질문이 있다. 바람직한 질문은 미래지향적이고 긍정적인 질문이다.

① 과거형 질문보다 미래형 질문이 효과적

과거형 질문은 하다 보면 대부분의 사람들은 감정적으로 반응하며 변명이나 핑계를 댄다. 나의 잘못이 아님을 강조하고 싶은 것이다. 그러나 해결책을 제시하는 데는 관심이 없다. 자기 자신을 방어하는 데 급급하기 때문이다. 그러나 미래형 질문은 사람들이 미래의 희망적인 해결책을 찾도록 한다. 그리고 제시한 해결책을 위해 자신이 앞으로 무엇을 해야 할지를 생각하도록 한다. 다음 사례는 유치원 원장과 교사 간의 대화이다. 과거형 질문과 미래형 질문의 차이를 살펴보자.

 **사례 4 : 과거형 질문 VS 미래형 질문**

◉ 과거형 질문

원장 : 김 선생님, 지난번에도 학부모와 언성이 높아진 적이 있지 않았나요? 그때는 무엇 때문이었지요?

김교사 : 규리 어머님께서 제 얘기를 들어보지도 않고 짜증부터 내시더라고요. 제가 어리다고 무시하는 것 같다는 생각이 들어 저도 짜증이 나더라고요.

원장 : 평상시에는 차분하고 현명한 사람인데 도대체 그때는 왜 그랬어요?

김교사 : 규리 어머님과 신뢰가 쌓일 정도의 교류가 없었던 것도 이유인 것 같습니다.

◉ 미래형 질문

원장 : 김 선생님, 앞으로는 학부모님과 어떻게 지내는 게 좋겠어요?

김교사 : 학부모님의 의견을 잘 들어주고 신뢰를 쌓아 나가는 것이 중요하겠습니다.

원장 : 지난번과 같은 실수를 반복하지 않기 위해서 무엇을 할 수 있을까요?

김교사 : 학부모님과 대화를 할 때 제 감정을 잘 조절해야 될 것 같습니다. 그리고 무엇보다 상황을 공감하고 문제해결을 위한 방안도 함께 찾아보는 게 필요할 것 같습니다.

- 〈비즈니스 커뮤니케이션〉, 이재희 · 최인희 저, 2014, 한올, p.89 (내용 수정) -

② 부정형 질문보다 긍정형 질문이 효과적

과거형 질문과 마찬가지로 부정형 질문을 하면 상대방은 자신에게 잘못이 있음을 지적 당하고 있다고 생각한다. 그래서 자신의 잘못이 아님을 표현하고자 방어적이거나 회피 하는 태도를 보이게 된다. 반면에 긍정형 질문은 미래형 질문과 마찬가지로 상대방 스스 로 희망적인 해결책을 찾도록 노력하게 만든다. 또한 질문을 던진 상대방에 대해 긍정적 인 반응을 보이게 되어 상호 간에 긍정적인 방안을 찾게 된다.

## (2) 개방적이고 중립적인 질문

질문을 할 때는 상대방의 생각과 의견을 묻는 개방적인 질문을 하는 것이 좋다. '당신의 의견은 무엇인가?, 당신은 왜 그렇게 생각하는가?' 등과 같이 묻는 것이 상대방이 넓은 범 위에서 생각해볼 수 있기 때문에 서로에게 더 유익한 대화를 나눌 수 있게 된다. 반대로 '예, 아니오'로 답할 수 있는 폐쇄형 질문을 하게 되면 상대방의 생각의 폭이 그만큼 좁아 지게 되며 서로에게 아쉬움이 남는 대화가 된다.

이 외에도 다양한 질문의 유형을 다음 〈그림 3-1〉에서 살펴보자.

### 〈그림 3-1〉 다양한 질문의 유형

💡 **개방형 질문**(Open Questions)
- 아침에 무엇을 드셨습니까?
- 오늘 미팅에서 잘된 점은 무엇인가요?

💡 **폐쇄형 질문**(Closed Questions)
- 아침 식사 하셨습니까?
- 오늘 미팅은 잘 진행된 것 같으십니까?

💡 **중립적 질문**(Neutral Questions)
- 오늘 회의는 어디서 하는 것이 좋을까요?
- 이유를 알기 위해서 할 수 있는 방법은 어떤 것 들이 있을까요?

💡 **유도 질문**(Value-Loaded Questions)
- 오늘 저녁은 한식당이 어떨까요?
- 이유를 알기 위해서 오정주 교수님을 모셔 보면 어떨까요?

💡 **대안탐색형 질문**(Possibility-Searchig Questions)
- 이번 시험에서 목표점수를 달성하기 위해서 어떻게 해야 할까요?
- 내가 무엇을 도와주면 될까요?

💡 **책임추궁형 질문**(Accountability-Searching Questions)
- 이번 성적이 왜 이렇게 저조해?
- 왜 리포트 제출 마감 시간을 넘긴거지?

## 2) GROW 모델

### (1) Goal 목표 정하기

질문과 피드백은 목표가 분명히 정해진 '목적지향적 대화'이어야 하며 그것은 우리가 스스로 원하는 목표여야 한다. 또한 상대방이 모호하고 분명하지 않은 목표를 이야기할 때에는 SMART 목표설정규칙에 맞춰 설정한다.

〈이 단계에서 유용한 질문〉

• 당신이 진정으로 이루고 싶은 것은 무엇인가?

• 대화를 통해서 해결하고 싶은 주제는 무엇인가?

• 만약에 그것이 이루어졌다면 무엇을 보고 알 수 있을까?

• 목표가 이루어졌다면 당신의 삶에 무슨 의미가 있을까?

• 목표를 이루었다면 어떤 결과를 예상하는가?

 [표 3-3]  SMART 목표설정규칙

| SMART 목표설정규칙 |
| --- |
| • Specific 구체적인 　　　　• Measurable 측정 가능한<br>• Agreed 합의된 　　　　　　• Realistic 현실적인<br>• Time Phased 시간이 정해진 |

### (2) Reality 현실 파악하기

목표를 정했다면 다음 단계는 그 목표의 어디쯤에 자신이 있는지 현실 파악하기이다. 현실을 검토하여 우리 눈앞에 놓인 일에서 한걸음 뒤로 물러나서 상황을 보다 객관적으로 검토할 수 있는 여유를 갖는 것이다. 주제를 둘러싼 현실적 요소들에 대해 서로가 어떤 연관성을 갖는지에 대한 통찰을 얻을 수 있다.

〈이 단계에서 유용한 질문〉

• 지금까지 목표를 이루기 위해 무엇을 했는가?

• 목표를 이루는 데 힘든 장애물이나 애로사항이 있는가?

• 당신이 가지고 있는 자원은 무엇인가?

• 그 자원 외에 당신이 필요한 것은 무엇인가?

• 구체적으로 현재 상황에 대해 설명해줄 수 있는가?

### (3) Options 대안찾기

이전의 단계에서 얻어진 내용을 바탕으로 새롭게 무엇을 시도해보면 좋을지에 대한 아이디어를 생각해 본다. 현실에 맞지 않는 것도 떠오를 수 있으나 그런 것에 연연해하지 말고 창의적인 아이디어도 찾아보자. 그 후에 흐름상 자연스러운 대안이자 다양한 아이디어를 담고 있는 대안을 표현해 본다.

〈이 단계에서 유용한 질문〉

• 지금 구체적으로 세울 수 있는 대안은 무엇이 있는가?

• 다른 사람들은 당신과 같은 상황에서 어떻게 할까?

• 새롭게 시도해보고 싶은 일이 있다면 무엇인가?

• 대안들의 장점과 단점은 무엇인가?

• 과거를 통해서 배운 점은 무엇인가?

### (4) Will 실행의지

다양한 대안들을 생각했다면 이제는 대안들을 정리하고 계획을 세워야 한다. 무엇을 할지 실행계획을 구체화하고 언제까지 어떤 방식으로 이루어갈 것인지에 대해서도 결정해야 한다. 이때 실행 가능하고 실행하기 쉬운 것부터 하면 좋다.

〈이 단계에서 유용한 질문〉

• 당신은 무엇을 구체적으로 어떻게 할 것인가?

• 실행계획을 세운다면 무엇이 있을까?

- 목표가 이루어졌다면 그것의 측정기준이나 방식은 무엇인가?

- 다른 고려해야 할 것이 있는가?

- 누군가의 도움이 필요한가?

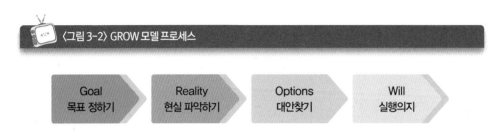

〈그림 3-2〉 GROW 모델 프로세스

| Goal 목표 정하기 | Reality 현실 파악하기 | Options 대안찾기 | Will 실행의지 |

## 3. 효과적인 피드백 방안

### 1) 피드백의 개념 및 기능

피드백(feedback)이란 용어는 2차 세계대전 당시에 미국 공군에서 적을 효과적으로 제거하기 위해 사용됐던 전술용어에서부터 시작되었다. 적군에게 폭탄을 떨어뜨리려면 파일럿에게 정확하게 선로정보를 주어야 했다. 이때 조정, 교정에 해당되는 단어가 바로 오늘날 우리가 흔히 쓰고 있는 '피드백' 이다. 현대사회에서는 일을 끝내고 그것에 대한 평가를 하여 앞으로 비슷한 일을 했을 때 실수가 반복되는 것을 방지하며 더 좋은 결과를 얻기 위하여 사용되고 있다.

즉, 피드백은 행동이나 아이디어, 성과 등에 대하여 정보 및 의견을 전하는 것이다. 예를 들어, 학교에서 과제를 하거나 회사에서 프로젝트를 맡았을 때 지금까지 진행한 일을 교수님이나 상사 등에게 보여준다고 가정해보자. 이때 지금까지 자신이 한 일을 보여주며 교수님과 상사 등에게 어떻게 생각하냐고 물을 때 그들이 객관적인 의견을 내놓는 것을 피드백이라고 할 수 있다.

이와 같이 피드백은 앞으로의 개선에 의지를 둔 미래지향적인 활동이라고 할 수 있다. 그저 상대방의 의견을 듣는 것이 아니라 현재까지의 자신의 행동이나 성과에 대해 되돌아보고 개선하도록 촉진할 수 있다.

## 2) 피드백의 유형

피드백은 크게 강화, 조언, 침묵, 그리고 비난의 네 가지 유형으로 나누어 볼 수 있다. 각 피드백 유형별 개념과 영향은 다음의 [표 3-4]와 같다.

 **[표 3-4] 피드백의 4가지 유형**

| 구분 | 개념 | 영향 |
| --- | --- | --- |
| 강화 | 적극적 피드백으로 바람직한 행동이나 결과에 대해 이야기하여 지지, 격려한다. | 상대방의 자신감을 높이고 동기를 강화시킨다. 성과가 향상된다. |
| 조언 | 기대에 미치지 못하는 행동이나 결과에 대해 이를 개선, 보완하기 위한 방법을 권유하거나 제시한다. | 행동을 교정하고 성과를 향상시킬 수 있다. |
| 침묵 | 아무런 반응을 하지 않는다. | 자신감이 떨어지고 불안감을 초래한다. |
| 비난 | 기대에 미치지 못하는 행동이나 결과에 대해 규명하고 지적하고 질책한다. | 변명이나 핑계, 저항을 가져온다. 행동이나 성과를 왜곡한다. 상황을 회피한다. 관계를 악화시킨다. |

출처: 〈비즈니스 커뮤니케이션〉, 이재희 · 최인의 저, 한올, 2014, p.104

각 피드백의 유형별 예시를 들어보면 다음과 같다.

① 강화 : "이번에 제출한 과제를 보니 외국기업의 사례까지도 다양하게 있어서 좋았네. 졸업시험 준비도 바빴을 텐데 과제까지 이렇게 열심히 준비하다니 고생 많았네. 수고했어."

② 조언 : "이번에 제출한 과제를 보니 최근의 사례보다는 과거 사례가 많아 보이네. 수
정작업할 때는 최근의 사례로 대체하는 것도 좋겠네."

③ 침묵 : "음…"

④ 비난 : "아니, 시간을 그렇게 많이 줬는데 아직까지 이것밖에 못하다니…자네는 도대
체 뭘 하고 돌아다니는 건가? 이래서야 어떻게 좋은 평가를 해줄 수 있겠어."

### 3) 효과적인 피드백 방안

피드백을 줄 때에는 비판이나 충고부터 하려고 들지 말고 문제를 개선하는 데 초점을
맞춰야 한다. 야단을 치거나 화를 내는 것은 피드백이 아니다. 그것은 단순히 감정의 표
출일 뿐이다. 피드백은 감정이 아니라 이성적이어야 한다. 그리고 사람이 아닌 행동을 지
적하라. 그 행동이 어떤 지장을 초래했는지 구체적으로 묘사하라. 효율적인 대안을 피드
백을 받는 상대방이 스스로 제시할 수 있도록 유도하라. 〈곽숙철의 혁신이야기〉에서 제
시한 다음의 효과적인 4가지 피드백 방안을 살펴보자.

### (1) 기억하라 (Remember)

자신 앞에 벌어진 일이 한 사람의 책임 때문이라는 생각이 들어 그를 비난하고 있다면
당장 그 비난을 멈추고 이 말을 기억하라. "최대한 긍정적으로 생각하라."이 짧은 문장을
통해 우리는 상대방이 처음에는 선의가 있었다는 사실을 기억할 수 있다. 또한 자기 안에
내재된 '과실 편향성'에 대해 돌아볼 여유가 생긴다. 별 것 아닌 것 같지만 이 문장을 되새
기는 것만으로도 다음 단계로 나아갈 준비를 마친 것이다.

### (2) 설명하라 (Explain)

직원에게 잘못을 따지기 전에 그가 왜 그런 행동을 하는지 그 이유를 5가지 정도 생각
해보라. 직원 개인의 잘못을 '포함하지 않는' 시나리오 말이다. 조직문화 때문에 이런 결
과가 나온 것은 아닐까? 무언가 그 직원에게 영향을 미칠 만한 일이 발생한 건 아닐까? 아
니면 긴장한 탓에 그런 것은 아닐까?

### (3) 질문하라 (Ask)

직원에게 피드백을 할 때 자신이 생각한 직원의 좋은 의도에 대해 언급한 뒤 이유를 물어보라. 예컨대 미팅 시간에 집중하지 못한 직원에게 이렇게 말할 수 있다. "지난 미팅 때 무언가를 생각하는 것 같던데, 어떤 생각을 했는지 공유해준다면 좋겠어요."

### (4) 계획하라 (Plan)

함께 원인을 분석하고 해결방안을 찾아라. 앞의 예에서 직원이 미팅 때 집중하지 못한 이유가 리더의 의사소통 방식을 따르는 데 어려움이 있었던 것이라면, 그 문제를 해결하기 위해 함께 찾은 방법은 결국 직원의 몫이 아니라 리더의 몫이다.

 학습평가 Quiz

1. 다음은 경청에 대한 설명이다. 잘못된 설명은?

① 경청이란 다른 사람의 말을 주의 깊게 들으며, 공감하는 능력이다. 경청은 대화의 과정에서 당신에 대한 신뢰를 쌓을 수 있는 최고의 방법이다.

② 경청하면 상대는 본능적으로 안도감을 느끼고, 경청하는 우리에게 무의식적인 믿음을 갖게 된다.

③ 자기 말을 경청해주는 사람을 좋아하기도 하고, 싫어하기도 한다.

④ 경청을 하면 상대방은 매우 편안해져서, 말과 메시지, 감정을 아주 효과적으로 전달하게 된다.

2. 다음은 적극적 경청 기법 중 어떤 것에 해당하는가?

> 듣고 있는 것을 보여주고, 느낌의 이해를 보여주는 것으로 "~라는 말씀이지요?"와 같은 사례를 들 수 있다.

① 질문      ② 환언
③ 요약      ④ 명료화

3. 다음 중 효과적인 피드백 방안에 해당되지 않는 것은?

① 기억한다.      ② 설명한다.
③ 계획한다.      ④ 개방한다.

4. 다음은 경청의 중요성에 대한 설명이다. (A), (B), (C)에 들어갈 적당한 말을 적으시오.

경청을 함으로써, 상대방을 한 개인으로 (A)하게 된다. 경청을 함으로써, 상대방을 (B) 마음으로 대하게 된다. 경청을 함으로써, 상대방의 입장에 (C)하며 이해하게 된다.

- (A) - (　　　　　　　　　　)
- (B) - (　　　　　　　　　　)
- (C) - (　　　　　　　　　　)

5. 적극적 경청(active listening)이란 무엇인가?

 학습내용 요약 Review (오늘의 Key Point)

1. 경청이란 다른 사람의 말을 주의 깊게 들으며, 공감하는 능력이다. 적극적 경청(active listening)은 다른 사람이 말하는 것에 집중하고 메시지에 근거한 내용, 정서와 느낌의 이해를 확인하는 것으로 목적을 가지고 듣는 것이다.

2. 경청의 방해요인 10가지는 ① 짐작하기, ② 대답할 말 준비하기, ③ 걸러내기, ④ 판단하기, ⑤ 다른 생각하기, ⑥ 조언하기, ⑦ 언쟁하기, ⑧ 옳아야만 하기, ⑨ 슬쩍 넘어가기, ⑩ 비위 맞추기이다.

3. 효과적인 경청방안으로는 ① 준비한다, ② 집중한다, ③ 예측한다, ④ 나와 관련짓는다, ⑤ 질문한다, ⑥ 요약·메모한다, ⑦ 반응한다가 있다.

4. 바람직한 질문의 조건은 미래지향적, 긍정적, 개방형, 중립형 등이 있다.

5. 피드백의 네 가지 유형은 강화, 조언, 침묵, 그리고 비난이다.

스스로 적어보는 오늘 교육의 메모

# 상황에 따른 의사표현 능력과 회의

## Contents

## Learning Objectives

1. 효과적인 칭찬, 거절, 사과의 방법을 말할 수 있다.

2. 회의의 종류를 말할 수 있다.

3. 효과적인 회의 진행을 위한 준비사항과 소통방법을 설명할 수 있다.

**4**

Chapter

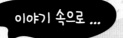

이야기 속으로 ...

세상에 거절이 쉬운 사람이 있을까? 무리한 부탁인 것을 뻔히 아는데도, 혹은 뭔가 좀 잘못된 일인 거 같은데도 누군가 부탁해오면 얼마 지나지 않아 후회할 걸 알면서도 또 YES라고 하고 만다.

『성격 및 사회심리학지(Personality and Social Psychology Bulletin)』에 실린 한 연구에 의하면 그저 지나가는 사람 1인에 불과한 누군가가 부탁해도 많은 이들이 '잘못된'일에 참여하고 만다는 결과가 나왔다.

지나가는 사람들을 대상으로 '장난을 치고 싶어서 도서관 책에 낙서를 해달라'는 부탁을 했을 때 이런 이상한 부탁에 몇 명이나 응했을 것 같은가? 실제 평균적으로 4~5명에게만 부탁하면 충분했다.

대부분의 사람들이 '이런 행동은 옳지 않다', '불편하다', '나중에 문제가 될까 두렵다' 같은 말을 하면서, 즉 잘못된 일이라는 걸 분명히 알면서도 또 거절했을 때 '후환'이 두려운 상황이 전혀 아니었음에도, 단지 부탁하는 사람 앞에서 NO라고 이야기하기가 어려워서 그릇된 부탁을 들어주는 경향을 보인 것이다.

특별한 합리적인 이유 없이 단지 갈등을 피하고 싶다는 마음, 또 원만한 사람으로 보이고 싶은 욕구를 가지고 있으며, 때로는 친한 사람들의 잘못된 부탁을 거절하지 못해 도덕적으로 그른 행동에 동참하기도 한다는 연구 결과들도 있다. 우리 사회에서는 '정', '우리가 남이가'로 행해지는 불의의 묵인과 동조들이 떠오른다.

이렇게 우리는 사회적 동물로서 타인의 영향과 부탁에 약한 본성을 지녔지만 보통 이를 잘 인식하고 있지는 않다. 따라서 바네사 본스(Vanessa Bohns)의 연구를 눈여겨볼 필요가 있는데 이 연구에서는 각종 요구 또는 부탁이 가진 힘과 거절의 어려움을 얕보지 말아야 한다고 이야기한다.

4장에서는 일상생활을 영위하면서 가장 많이 부딪히게 되는 칭찬, 거절, 사과에 대한 내용과 회의에 효과적으로 임할 수 있는 방법을 학습한다. 그동안 이러한 상황이 어려웠던 사람이라면 보다 효과적인 방법으로 의사소통할 수 있는 방향을 찾을 수 있을 것이다.

ㅍㅍㅅㅅ 거절은 어려워, 2017년 3월 27일 기사 참조

1. 다음 중 긍정적 관계의 중요성을 일깨워주고 상대를 동기부여시켜주는 말하기는 무엇인가?

   ① 칭찬                      ② 설득
   ③ 토론                      ④ 피드백


2. '[대화 참여자들 간에 서로의 욕구나 의도가 충족되지 못해 갈등이 발생하는 순간]'은 어떤 대화로 인해 발생하는 상황이라고 볼 수 있는가?

   ① 신뢰                      ② 거절
   ③ 질투                      ④ 원망


3. 다음 중 회의의 올바른 뜻은?

   ① 어떤 문제에 대하여 여러 사람이 각각 의견을 말하며 논의함

   ② 2명 이상의 다수인이 모여서 어떤 안건을 의논·교섭하는 행위

   ③ 어떤 목적에 부합되는 결정을 하기 위하여 여럿이 서로 의논함

   ④ 상대편이 이쪽 편의 이야기를 따르도록 여러 가지로 깨우쳐 말함

 ## 1. 상황에 따른 의사표현능력

상황에 따른 말하기의 범주는 매우 다양하다. 본 챕터에서는 상대의 좋은 점이나 잘한 행동에 대해 하는 칭찬과, 자신의 잘못에 대한 사과, 그리고 상대의 요청에 대해 거절하기 등을 알아본다. 이는 우리의 일상생활에서 흔히 사용하는 중요한 말하기이다. 칭찬과 사과는 상대의 기분을 긍정적으로 만드는 소통법이지만 표현에 인색해 사람들이 많이 하지 않는 말하기이다. 그리고 사과와 거절하기는 상대의 기분을 상하게 하는 말로 어려운 말하기라고 볼 수 있다. 이 두 가지의 상황은 인간관계에서 빈번하게 발생하며 어떻게 표현하는가에 따라 이후 관계에 많은 영향을 주기 때문에 특히 주의를 기울여 사용해야 하는 말하기 방법이다. 따라서 이번 챕터에서는 칭찬과, 사과, 거절의 중요성에 대해 알아보고 보다 바람직한 표현법을 살펴보기로 한다.

### 1) 칭찬

칭찬 한마디로 끌어올리는 긍정의 에너지!

대한민국에 '칭찬 열풍'을 불러일으켰던 『칭찬은 고래도 춤추게 한다』는 책은 세계적인 경영 컨설턴트인 켄 블랜차드가 긍정적 관계의 중요성을 깨우쳐주고 칭찬의 진정한 의미와 칭찬하는 법을 소개하기 위해 2003년에 집필한 책이다. 이 책은 칭찬이 가져다주는 긍정적인 변화와 인간관계, 그리고 동기부여 방식 등을 재미있고 흥미로운 이야기로 풀어내서 큰 사랑을 받았다. 이 책에서는 칭찬으로 긍정적 인간관계를 만드는 '고래 반응'을 제안한다. 몸무게 3톤이 넘는 범고래가 관중들 앞에서 멋진 쇼를 펼쳐 보일 수 있는 것은 고래에 대한 조련사의 긍정적 태도와 칭찬이 있었기 때문이라는 것이다.

보통의 사람들은 긍정적 태도로 칭찬을 하고 싶어 하지만, 현실에서 긍정적 태도와 칭찬의 중요성을 제대로 알고 실천하는 사람은 드물다. 칭찬을 잘못하면 아부로 보일수도 있고, 서투른 표현을 사용하면 오히려 상대의 기분을 상하게 할 수도 있기 때문이다. 그렇기 때문에 칭찬을 할 때는 자신의 진심이 상대에게 잘 전달될 수 있도록 진행해야 한다.

A : 자네 이름이 강지후던가?

B : 어? 원장님 제 이름을 어떻게...?

A : 자네가 그렇게 주사를 잘 놓는다며? 환자분들의 칭찬이 자자해.
　　게다가 고객 편의를 위한 휴게실 개선 아이디어도 자네가 낸 것이라 들었네.
　　그런데 내가 어떻게 자네 이름을 모르겠는가?

B : (머리를 긁적이며 흐뭇해 한다)

위의 상황에서 A는 조직의 리더로서 자신의 직원 이름을 기억하고 업무에서 보인 능력을 칭찬해준다. 대부분의 사람들은 타인에게 인정받고 존경받고자 하는 욕구가 있는데 칭찬의 말하기는 바로 이러한 상대의 욕구를 존중하고 인정하는 마음에서 비롯된다. 칭찬은 상대의 입에서 전해지는 순간 그 자체로 자신의 존재가치나 능력을 인정받는 것인 셈이다.

칭찬은 상대를 성장시키고 상황에 대한 열정과 용기를 북돋아준다. 또한 칭찬을 행하는 자신에게는 마음의 여유와 행복을 가져다준다. 그렇다면 칭찬을 잘하는 방법이 따로 정해져 있을까?

### 💬 칭찬을 잘하는 방법

① 구체적으로 칭찬한다.

칭찬을 할 때 막연하고 추상적인 표현을 쓰면 성의가 없고 진심이라 느껴지지 않는다. 또한 자칫 아부로 느껴지는 칭찬은 서로의 관계에 아무런 도움이 되지 않는다.

칭찬을 할 때는 능력과 자질, 태도, 성과, 행동 등에 대한 구체적인 내용이 드러나야 한다.

## Level up Mission Step 1

 다음의 예를 비교해 보자. 어떤 차이가 느껴지는지. 그리고 진심어린 칭찬을 위해서는 어떤 것을 고려해야 하는지 이야기 나누어 보자.

A : 나 오늘 미용실 가서 헤어컷 했는데 어때?
B : 응. 멋있네
A : 정말? 내가 보기엔 그냥 그런데. 너 그냥 나 듣기 좋으라고 하는 말이지?


A : 나 오늘 미용실 가서 헤어컷 했는데 어때?
B : 어쩐지. 오늘 뭔가 달라보인다 했더니 짧게 자르니까 훨씬 세련되고 멋있어 보인다.
　　너한테 정말 잘 어울려.
A : 정말? 고마워. 다행이다.


② 진심을 담되 과장되지 않도록 한다.

구체적으로 표현하는 것은 좋지만 도가 지나치면 오히려 신뢰를 얻지 못한다. "교수님의 오늘 강연은 세계 최고의 강연이었습니다."보다는 "설득력 있고 공감이 가는 표현이었습니다"가 훨씬 효과적일 것이다. 마음에서 우러난 인정과 격려면 충분하다.

③ 칭찬은 그 자리에서 해야 한다.

시간이 지난 뒤의 칭찬은 칭찬하는 사람과 듣는 사람 모두 열정이 없어서 효과는 반감된다. "2년 전 너의 노래 실력은 정말 대단했지."라는 말은 지금에 와서는 큰 의미가 없다. 오히려 '아니, 그럼 지금은 어떻다는 말인가?'라는 생각이 들거나 왜 지금 와서 그런 말을 하는지 의도를 찾으려 하기 때문이다. 꼭 칭찬할 일이 있는데 그 자리에서 칭찬이 이루어지지 않았다면 가장 적절한 타이밍을 찾는 것이 좋다.

④ 칭찬은 공개적으로 해야 한다.

타인이 알아주지 않는 칭찬은 크게 의미가 없다. 칭찬은 공개적으로 드러내놓고 하는 것이 원칙이다. 이러한 칭찬은 받는 사람뿐 아니라 다른 사람들에게도 긍정적인 영향을

미친다. 노력에 따라 인정과 보상을 받는 모습에 동기부여될 수 있기 때문이다.

### 💬 칭찬을 받아들이는 방법

칭찬은 하는 것 못지않게 받아들이는 방법도 중요하다. 보통 한국 사람들은 칭찬을 받게 되면 겸손의 의미로 부정함으로써 공손함을 표현하려 한다. 하지만 칭찬에 대해 지나치게 겸손한 태도를 보이는 것도 바람직하지 않다. "어머, 아니에요~"와 같은 부정적인 반응을 보이면 칭찬을 한 사람이 무안해지거나, 칭찬을 들은 사람이 어떤 마음상태인지 알아차리기 힘들기 때문이다. 이와 함께 지나친 자신감을 표현하는 것도 인간관계에 부정적인 영향을 미칠 수 있다.

> A : 남희씨 동생 보니 그 집안은 정말 유전자가 좋은가봐. 모두 미인이잖아.
> B : 네. 맞아요. 그런 말 하도 들어서 이제 지겨워요. 따라다니는 남자들이 너무 많아서 피곤하다니까요.

하지만 반대로 위와 같이 칭찬을 너무 당연한 것으로 받아들이면 상대방은 당황할 수 있다. 얼핏 유머로 웃고 넘어갈 수도 있지만 상황과 대상을 고려하지 않으면 오히려 비호감을 불러일으켜 대화의 걸림돌이 될 수 있다.

### 2) 거절

일상생활을 해 나가면서 우리는 누군가에게 부탁을 하고 부탁을 들어주게 된다. 부득이한 상황에 부탁을 거절할 때도 있지만 이는 쉬운 일이 아니다. 상대방이 섭섭해 하지는 않을까, 혹여 관계가 틀어지지 않을까 두려움이 생기기도 하고, 혹은 예전에 받은 고마움에 대한 빚을 갚아야 한다는 생각에 거절을 못하기도 한다. 하지만 원하지 않는 일을 수용했을 때 경우에 따라서 후회할 일이 생기기도 한다.

거절 시에 중요한 것은 상대의 체면이 상하지 않도록 하는 것이다. 상대방의 호의를 거절할 때는 우선 고마움을 먼저 표현하는 것이 좋다. 이때 제의를 수용하지 못하는 이유에 대해 변명하거나 거짓말을 하게 되면 순간의 난처함을 피할 수 있을지 모르지만 궁극적

인 해결책은 될 수 없다.

다음의 상황을 보자.

> 성신 : 지후야. 우리 오늘 저녁에 서점에 갈래?
>
> 지후 : 미안해. 엄마가 아프셔서 일찍 들어가야 해.

거절의 이유가 사실이라면 위와 같이 거절할 수도 있지만 사실은 단순히 상황을 모면하기 위한 거짓말이라면 후에 문제가 될 수 있다. 거절의 내용이 거짓인 것을 알게 되는 순간 인간관계에는 치명적인 손상을 줄 수 있다.

따라서 거절할 때에는 문제해결뿐 아니라 상대와의 관계에 긍정적인 방향으로 도움을 줄 수 있는 방법을 찾는 것이 좋다. 적절한 거절의 방법으로는 대안 제시, 합당한 이유 제시, 상대의 입장 고려하기 등이 있다.

• 대안 제시

대안 제시는 상대의 요구나 호의를 거절해 생기는 갈등상황에서 두 사람이 모두 만족할 만한 새로운 해결안을 제시하는 방법이다. 거절을 통해 손상될 수 있는 상대의 자존심을 세워주면서 상황을 해결할 수 있는 가장 좋은 방법이다.

순간을 모면하기 위한 거짓 이유로 거절을 하게 되면 부탁한 사람과의 관계가 깨지는 건 시간문제이다. 이런 거짓말은 곧 탄로가 나기 때문에 이러한 상황에서는 오히려 상황을 솔직히 이야기하고 새로운 대안을 찾아 제시하는 방법을 택하는 것이 좋다.

 **사례 : 고양이를 맡아달라고 하는데 거절하는 경우 · 바람직한 대안 제시의 경우**

상욱 : 소윤아. 나도 고양이 돌봐주고 싶어. 근데 사실 나는 동물을 키워 본 적이 없어서 조금 걱정이 되네. 그리고 가족들 생각도 어떨지 몰라서 지금 당장 말해주기가 좀 어렵네. 고양이 좋아하는 내 친구가 있는데 그 친구가 혹시 도와줄 수 있는지 한 번 물어볼까?

상욱 : 소윤아. 나도 고양이 돌봐주고 싶어. 근데 사실 나는 동물을 키워 본 적이 없어서 조금 걱정이 되네. 그리고 가족들 생각도 어떨지 몰라서 지금 당장 말해주기가 좀 어렵네. 이러면 어떨까? 너희 동네에 자주가는 애견센터에 맡기고 내가 하루에 한 번씩 퇴근길에 들려보도록 할게. 그러면 괜찮지 않을까? 어때?

위에서 소개한 거절의 방법은 수락이 어려운 상황에서 상대의 부탁에 대한 새로운 대안을 제시하는 것이다. 고양이를 더 잘 보살필 수 있는 방법을 제시하면 상대의 체면을 세워줄 뿐 아니라 두 사람 모두 만족할 만한 해결책이 될 수 있다.

• 합당한 이유 제시

거절할 수밖에 없는 상황에서 합당한 이유를 제시해 상대의 이해와 동의를 구하는 방법이다. 이는 상대가 거절의 이유를 수락할 것이라는 것을 전제로 진행되기 때문에 제안한 당사자의 경우, 상대에 대한 지지발언을 함께 사용하면 서로 간의 신뢰를 쌓는 긍정적인 분위기를 유도할 수 있다.

**사 례**

> 종윤 : 남희야, 너 오늘 저녁에 나 옷 사러 백화점 갈 건데 같이 가지 않을래?
>
> 남희 : 어떡하지? 나 오늘은 들어가서 아기 봐야 하는데. 맞벌이하는 육아맘이다 보니 개인적인 약속은 잡기가 쉽지 않네. 미안.
>
> 종윤 : 그러게. 네 말이 맞다. 아기 있으면 다 그렇지 뭐. 힘내.

위의 사례에서 남희는 종윤의 제안을 거절하는 이유에 대해 설명하고 있으며, 남희도 그 이유에 대해 수용하고 인정하는 분위기를 엿볼 수 있다. 그리고 마지막에 한 지지발언에는 상대를 인정하고 이해하는 마음이 표현됨으로써 상대와의 좋은 관계를 지속적으로 유지할 수 있다.

• 상대의 입장 고려하기

이는 거절을 하면서도 상대방의 입장에 대해서 충분히 이해하는 마음을 전하는 표현법이다. 상대의 요구를 거절은 하지만 상대에 대한 걱정이나 배려가 원인이라는 것을 전달할 수 있도록 한다. 따라서 거절을 말할 때에는 상대의 체면을 고려하면서도 자신이 처한 상황을 긍정적으로 해결하려는 노력이 필요하다. 두 사람 모두 만족할 만한 대안을 찾는 것이 쉽지는 않은 일이지만 적절한 대안을 생각하며 같이 고민하는 모습을 보여준다면 상대도 상황을 이해하게 될 것이다.

## 3) 사과

사과하기는 말하는 사람이 자신의 잘못을 스스로 인정하고 용서를 구하는 행동을 말한다. 사과는 받아들이는 사람이 거부하게 되면 말하는 사람의 체면에 치명적인 손상을 주기 때문에 대화 당사자들 사이의 조화와 배려가 필수적이다.

사과를 할 때는 사과의 의도를 명백하게 알 수 있는 "미안하다.", "죄송하다.", "용서를 구한다." 등의 표현과 더불어 부가적인 표현을 병행할 때 듣는 입장에서 더욱 공손하다고 느끼게 된다. 명료한 사과 표현만 사용하는 것보다는 부가적으로 연결되는 내용이 공손성을 나타내는 요소로 작용하기 때문이다. 흔히 사과 표현과 함께 나타나는 표현에는 자기비난이나 설명, 재발에 대한 방지 약속 등을 들 수 있으며, 이 세 가지가 병행될 때 화자의 진심이 상대에게 좀 더 쉽게 전달될 수 있다.

• 자기 비난

사과할 때 사용하는 자기 비난의 표현은 사건에 대한 책임이 전적으로 자신에게 있음을 밝힘으로써 적극적인 사과를 표명하는 데 효과적이다.

 사례

> 직장동료 A : 애초에 자네가 거래처로부터 그 돈만 안 받았어도 일이 이렇게까지 꼬이지는 않았을 거 아냐. 바보같이 왜 그 돈을 받아서 일을 어렵게 만드냐. 지금 상황이 얼마나 곤란하게 됐는 줄 알아?
>
> 직장동료 B : 미안해 정말. 이게 다 나 때문에 벌어진 일이니 뭐라 할 말이 없네. 미안해.

상대방의 질책에 대해 자기를 비난하는 표현은 자신의 잘못 인정뿐 아니라 동시에 자신을 낮춤으로써 상대를 높이는 공손의 태도를 동시에 보여준다. 자기 비난은 자신의 잘못을 인정하는 것에서부터 시작된다.

• 설명하기

설명하기는 문제가 된 상황에 대해 상대방의 이해를 구하기 위한 내용으로 구성하는 말하기이다. 일반적으로 설명하기는 자신의 책임보다는 사건이 발생할 수밖에 없는 이유를 주로 말하는 것이 특징이다. 설명하기는 모두가 용납할 수 있는 상세한 설명을 통해 상대방이 이해해주기를 기대하는 마음이 나타난 말하기이다.

• 재발 방지 약속하기

사과할 때 말하는 사람이 자신의 잘못을 인정하는 것을 넘어서 앞으로 동일한 잘못을 되풀이하지 않겠다는 다짐을 부가적으로 사용하는 경우를 말한다. 이와 같은 말하기에서는 "다시는/ 다음부터는"과 같은 표현을 같이 사용하기도 한다.

**사 례**

아들 : 엄마. 죄송해요. 제가 요즘 취업도 안 되고 일이 잘 안 풀려서 예민해졌었나봐요.

엄마 : 아니다. 네 마음이 오죽하겠냐. 엄마가 다 이해한다. 좀 더 좋은 환경에서 너를 교육시키지 못해 미안한 마음도 들고. 지금 이렇게 마음 고생하는데 부모로서 딱히 해줄 수 있는 것도 없고… 엄마가 많이 미안하다.

아들 : 아니에요 엄마. 엄마 아니면 내가 어떻게 이렇게 잘 자랄 수 있었겠어. 내가 다 잘못했어요. 미안해요. 다시는 성질 안 부릴게요.

위의 사례를 보면 사과를 하면서 앞으로 다시는 문제가 된 행동을 되풀이하지 않겠다는 다짐을 표현하고 있다. 사과하는 사람 스스로 재발 방지를 약속하게 되면 상대의 비난이 반복되는 것을 막고 상황을 빠르게 종결시키는 기능을 하기도 한다. 이런 부가적인 말하기는 상대의 체면을 세워주는 공손한 말하기로 서로의 관계가 회복되는 효과를 불러일으킨다. 곧, 이러한 말하기는 상대의 지지를 얻어내 사과가 쉽게 받아들여지도록 한다.

하지만 무엇보다도 중요한 것은 사과를 하는 데 있어서 스스로 잘못을 시인하고 자신의 행동에 책임을 지고자 하는 태도이다. 또한, 잘못한 행동을 다시는 되풀이하지 않기 위한 실천적 변화가 필요하다. '3분력'의 저자인 다카이 노부오[1997]는 사과를 한 이후에 나타나는 결과를 5단계로 구분해 제시하고 있다.

| 1단계 | 문제를 크게 만들거나 새로운 마찰의 원인을 만들어 낼 가능성이 있다. |
| 2단계 | 상대의 마음을 진정시키는 최소한의 선을 지킨다. |
| 3단계 | 신뢰 회복까지는 이르지 못해도 한편에서는 상대를 안심시킨다. |
| 4단계 | 사과를 통해 신용을 회복한다. |
| 5단계 | 사과를 통해 상대방으로부터 전보다 새로운 신뢰를 얻는다. |

레스토랑에서 음식을 주문했는데 음식에서 머리카락이 나왔다. 불만을 제기하는 고객에게 매니저가 하는 사과의 말을 위의 단계에 적용해보면 다음과 같다.

| 1단계 | 죄송합니다. 그런데 음식을 하다 보면 머리카락 정도는 들어갈 수가 있습니다. 집에서 음식할 때도 종종 그런 경우가 있잖아요? |
| 2단계 | 음식을 다시 만들어드리려고 하는데 괜찮으실까요? |
| 3단계 | 죄송합니다. 오늘 식사 값은 받지 않겠습니다. |
| 4단계 | 정말 죄송합니다. 곧 음식을 다시 만들어드리겠습니다. 물론 오늘 식사 값은 받지 않겠습니다. |
| 5단계 | 정말 죄송합니다. 곧 음식을 다시 만들어드리겠습니다. 물론 오늘 식사 값은 받지 않겠습니다. 그리고 사과의 뜻으로 다음에 방문하셔서 드실 수 있도록 2인 식사권을 제공해 드리려 합니다. 사과의 뜻으로 너그러이 받아주시면 좋겠습니다. |

살다 보면 실수하는 상황은 언제든 발생할 수 있다. 중요한 것은 실수에 대해 상대방이 만족할 만한 조치를 신속하고도 적절하게 취했는가이다. 위에서 보듯이 가장 좋은 사과의 방법은 5단계이지만 최소한 3단계는 유지해야 한다. 1단계처럼 책임전가나 변명으로 무마하려 한다면 상대로부터의 신뢰 회복은 어려워진다. 또한 요즘처럼 SNS가 발달한 시대에는 고객의 작은 불만이 생각지도 못한 파장을 일으켜 보다 커다란 문제 상황을 만들수도 있다.

사과의 말은 표현법보다는 자신의 잘못을 인정하고 상대에게 진실하게 사과하려는 태도가 더욱 중요하다. 본인의 잘못인 것을 알면서도 자존심 때문에 적절한 타이밍에 솔직하게 사과하지 못하게 되면, 다른 사람들로부터 신뢰를 잃고 더욱 큰 어려움에 처할 수도 있게 될 것이다.

**Level up Mission**

 다음 대화의 문제점을 찾아보고, 이와 같은 상황에서 올바르게 사용할 수 있는 사과의 표현을
적어보자.

1) 이거 늦어서 미안하게 됐습니다. 뭐 요즘 교통체증이 심하니 흔히 있는 일이긴 하지만…

2) 어머, 밥에 돌이 들어 있다고요? 씻는다고 씻었는데 가끔 그런 일이 있네요. 잘 골라서 드세요.

3) (유치원에서 아이들끼리 싸움이 나서 한 명이 얼굴에 멍이 들었다) 우리 아기 좀 힘이 세요.
서로 아이 키우는 입장이니까 이해하시죠? 애들이 놀다 보면 그러죠 뭐.

 **Level up Mission**

 사과할 때 그동안 자신이 어떤 표현을 많이 사용했는지 적어보자. 또한 갈등 상황이 발생했을
때 어떤 사과 표현이 효과적이었는지 자신의 경험을 바탕으로 옆 사람과 이야기 나누어 보자.

## 2. 회의 종류와 커뮤니케이션 방법

'2명 이상의 다수인이 모여서 어떤 안건을 의논·교섭하는 행위'를 말하는 회의는 효과적으로 조직을 이끌어가는 데 많은 역할을 담당한다. 회의를 통해 직원들은 정보를 주고받고, 아이디어를 나누며, 의욕을 고취하고 팀워크를 다질 수 있다. 또한 다양한 의견이 존중받는 회의 문화가 정착되면 직원들의 비판적인 사고능력이 길러지고 문제해결능력 또한 키울 수 있다. 하지만 대부분의 회사에서는 회의가 효율적인 방법으로 운영되고 있지 않다. 어떻게 하면 모두가 만족하는 회의, 성과가 나는 회의를 진행할 수 있을까?

회의를 진행할 때마다 우리는 늘 다음의 두 가지 의문을 품고 있어야 한다.

첫째, 회의에 들어간 시간이 생산적으로 사용되었는가?
둘째, 회의에서 결과를 도출해 내었는가?

### 1) 회의의 종류

회의는 종류에 따라 크게 보고형 회의와 참여형 회의 두 가지 종류로 나눌 수 있다.

• 보고형 회의

보고형 회의는 기본적으로 회의를 주도하는 사람이 참석한 사람들에게 일방적으로 내용을 전달하는 일방향 커뮤니케이션이다. 보고형 회의는 다시 두 가지로 구분되는데 하나는 일반적인 정보를 제공하는 회의와, 조직 내 공유할 만한 일이 있을 때 함께 모여 축하해 주는 동기유발형 회의로 나누어진다.

• 참여형 회의

참여형 회의는 크게 두 가지로 문제해결형과 아이디어 창출 회의로 나눌 수 있다. 먼저 문제해결형 회의의 목적은 현안을 해결하는 것이다. 분석적인 접근을 통해 현 상황에 대한 개선점을 찾아내고 문제상황의 재발을 방지, 혹은 예방하는 것이 초점이라고 볼 수 있다.

이에 반해 아이디어 창출 회의의 초점은 미래지향성과 조직의 발전에 맞춰져 있다. 자유롭고 창조적인 분위기가 편안하게 조성되며 이러한 과정을 통해 새롭고 신선한 아이디어를 찾아 실무에 적용하는 것이 목적이다.

 **Tip** 회의 말고 다른 방법은 없을까?

회의를 결정하기 전에 회의를 진행할 경우의 시간의 효율성, 기회비용 등을 고려해 보자. 만약 간단한 보고서, 벽보에 공고하는 방식, 메모 등으로 해결할 수 있는 상황이거나, 여러 명의 의견을 듣고 결정을 내릴 만한 사안이 아니라면 굳이 회의를 소집할 필요가 있을까?

 **Level up Mission Step 1**

그동안 회의를 진행하면서 아쉬웠던 점은 무엇이 있을까?

 **Level up Mission Step 2**

회의가 잘 진행되기 위한 방법을 3가지만 적어보자.

1.

2.

3.

## 2) 효과적인 회의 준비

### • 회의 준비

일반적으로 회의 준비를 잘 하면 회의를 통해 기대했던 좋은 결과를 얻을 수 있다. 그러므로 회의의 목적을 정확히 하고, 계획을 수립한 뒤, 참석자를 잘 선정하는 것이 필요하다.

**사 례**

공지 : 하단의 내용을 참조하여 회의 준비 부탁드립니다.

일시 : 6월 30일, 금요일
시간 : 오전 10~11시
장소 : 회의실 A
의제 : 신메뉴 출시를 위한 메뉴 콘셉트 회의
첨부 : 신메뉴 제안과 관련된 정보 정리

추신 : 첨부 파일을 숙지하고 회의에 참석 부탁드립니다.

### ① 목적

회의 시작 전에 목적을 정확히 하는 것은 무엇보다 중요한 일이다. 목적은 회의를 통해 얻고자 하는 결과를 명확히 정리한 것으로 정해야 하는데 다음의 형식을 참고해보자.

"회의가 끝나면 참석자들은 _____ 할 것이다."

예를 들어, 정보를 전달하는 회의라면 회의의 목적은 다음과 같이 정리할 수 있다.

"회의가 끝나면 직원들은 신제품 출시에 따른 부서별 준비사항을 숙지하고 실행하게 된다."

목적과 얻고자 하는 결과를 분명하고 구체적으로 정하게 되면 회의시간을 정하고, 참석자들을 선정하는 것도 수월해진다. 회의 시작 전에는 다시 한번 회의의 목적을 공유해 참석자들이 활발하게 의견을 제시할 수 있도록 한다. 또한 회의가 끝나면 목적에 부합한

결과가 도출되었는지 확인한다.

② 계획 수립

회의 목적을 정하면 다음은 어떻게 회의를 진행할지 계획을 수립할 차례이다. 회의일
정은 한눈에 들어오도록 아래와 같이 작성하는 것이 바람직하다.

| 시간 | 주제 | 기법 | 누가 | 결과 |
|---|---|---|---|---|
| 9:00 – 10:30 | 신메뉴 개발 | 토론 | 전원 | 개발 메뉴 선정 |
| 10:30 – 11:30 | 상반기 매출 보고와 동향 | 보고 | 강성신 | |
| 11:30 – 1:00 | 점심식사 및 휴식 | | | |
| 1:00 – 2:00 | 신메뉴 광고 방향 논의 | 브레인스토밍 | 전원 | 광고 콘셉트 / 모델 선정 |
| 2:00 – 2:20 | 향후 행동계획 | 토론 | 전원 | 롤 분담 |
| 2:20 – 2:30 | 성찰 | 돌아가며 한마디 | | |

• 주제 명시

회의 주제가 여러 개라면 초반에 집중도가 높으므로 중요한 주제는 앞에 배치한다. 그리
고 각각의 주제를 어떤 방식으로 다룰지도 명시한다. 예를 들어 토론, 보고, 브레인스토밍,
발표 등 명확히 정해 놓으면 참가자들이 맞추어서 준비하고 올 수 있다.

참고로 회의를 마칠 때에는 긍정적인 분위기로 마무리할 수 있도록 한다. 회의가 성과가
있었고, 참가했던 자신에게도 도움이 되었다고 생각해야 다음 회의에 대한 기대감도 생길
수 있기 때문이다.

• 시간 배분

주제의 중요도와 긴급도에 따라 미리 시간을 정하고 회의에 임한다. 이때 너무 빠듯한
스케줄을 짜지 않도록 주의한다. 일반적인 성인의 집중시간은 45~50분으로 중간에 적절
하게 휴식시간을 갖도록 하고, 회의가 여러 개 진행된다면 회의 진행 형식을 토론. 발표
등으로 다채롭게 구성하는 것이 좋다.

• 참여 유도

활발한 참여를 이끌어내기 위해 회의에서 발언한 사람을 우대해주는 규칙을 만들거나,

발언한 사람이 낸 아이디어가 자신의 일이 되는 것을 방지할 수 있는 나름의 방지막을 만들어 주는 것이 좋다.

③ 참여자 선정

모든 사람이 다 회의에 참여할 필요는 없다. 그렇기 때문에 회의 목적을 고려해 누가 회의에 참석해야 하는지 잘 검토하도록 한다. 그리고 회의 주제가 여러 개인데 하나만 모두 참석해야 하는 주제라면 그 주제를 먼저 진행해 자신에게 해당하는 회의를 마친 뒤에는 개인 업무로 복귀할 수 있도록 배려한다.

회의를 진행할 때에는 역할을 선정해 놓고 진행하는 것이 좋다. 회의를 진행하고 마무리하는 리더와, 상황에 따라 주제에 대한 브리핑을 해줄 발표자, 시간을 관리하는 사람, 서기 등을 미리 선정해 회의가 원활하게 진행될 수 있도록 한다. 그리고 이러한 역할은 돌아가며 맡아서 직원들 모두에게 주인의식을 고취시키고 자발적으로 참여할 수 있도록 한다.

## 1분 회의록

팀 / 부서 _____        회의 일시 _____

주제 _____

회의 요지 _____

_____

결정 사항 _____

과제         책임자         마감일         보고양식

- 임원 보고

- 참석자 모두에게 메일로 공지

- 다음 회의에서 보고

• 회의 진행

① 시간관리

- 정시에 시작한다.

- 늦게 오는 사람을 기다리는 것은 시간 맞춰 온 사람을 배려하지 않는 일이다.

② 규칙 수립

- 회의 준비를 해서 참석하고 누군가 발언할 때 끼어들지 않는다.

- 혼자 이야기를 독점하지 않고 다양한 사람이 발언할 수 있도록 한다.

- 회의 중 휴대전화 사용은 금지하며 휴식시간을 정확히 지킨다.

- 직급에 상관없이 참석자를 존중하는 태도로 예의를 지킨다.

③ 주제에서 벗어나지 않게 하기

회의에서 결론으로 얻고자 하는 문제해결의 답이 있다면 논리적이고 계통적인 과정으로 진행하도록 한다. 각 과정은 다음의 4단계로 이루어진다.

문제 정의 → 문제 진단 → 아이디어 발산 → 아이디어 수렴(해답 결정)

이러한 과정을 거치면서 단계 안의 과정을 명확히 하면 회의 중간에 주제에서 벗어나는 일을 줄일 수 있다.

• 회의 마무리

회의를 마칠 때는 다음의 세 가지 질문을 던져 회의가 잘 진행되었는지 확인한다.

① 오늘 회의에서 어떤 것을 논의했는가?

② 향후 업무처리 분배가 명확히 이루어졌는가?

③ 오늘 회의에서 어떤 것을 얻었는가?

Check List

## 회의 평가 양식

가장 적당하다고 생각하는 곳에 체크하시오.

|  | 자주 | 종종 | 거의 없다 |
|---|---|---|---|
| 회의를 정각에 시작한다. | 1 | 2 | 3 |
| 회의 일정에 맞춰 진행한다. | 1 | 2 | 3 |
| 기본 규칙을 지킨다. | 1 | 2 | 3 |
| 모든 참석자가 회의 내용을 숙지하고 준비를 해왔다. | 1 | 2 | 3 |
| 모두 열심히 참여했다. | 1 | 2 | 3 |
| 예의바르고 건설적으로 발언했다. | 1 | 2 | 3 |
| 문제해결 방식에 따라 진행됐다. | 1 | 2 | 3 |
| 회의 목적을 달성했다. | 1 | 2 | 3 |
| 회의가 정시에 끝났다. | 1 | 2 | 3 |
| 리더가 효과적으로 회의를 이끌었다. | 1 | 2 | 3 |
| 논의 내용이 향후 실행되었으며 적절한 피드백이 있었다. | 1 | 2 | 3 |

## 3) 회의 커뮤니케이션

• 효과적인 질문 기술

① 입장 바꿔 생각하도록 유도

예 당신이 고객이라면 이 신제품을 고르겠습니까?

② 상대 의견 재확인을 통한 푸시 전략

예 방금 하신 말씀에 따르면, 이 메뉴의 성공 확률이 100이라고 확신하시는 것 같네요. 맞습니까?

③ 타당한 근거를 찾기 위한 "왜?"

예 "왜 그렇게 생각하십니까?", "왜 고객들이 이 메뉴에 관심이 없다고 생각하십니까?"

• 상대의 의견에 대한 반응법

① 상대의 의견이 회의 주제에서 벗어날 때

• "우리가 논의하고 있는 주제에 초점을 맞춰 주시겠습니까?"(주제와 맞지 않는다는 사실을 인지시킨다.)

② 대안 없이 문제만 지적할 때

• "저또한 여기 말씀하신 문제들을 인식하고 있습니다. 지금 ○○씨가 생각하고 있는 해결책이 어떤 것인지 궁금하네요."(구체적인 해결책을 요구한다.)

③ 나와 같은 의견이 나왔을 때

• "저도 같은 생각입니다. 그런데 그 방법이 적용되었을 때 혹시 문제점은 없을까요? 혹시 이 부분은 생각해보셨나요?(적극적으로 동의하고 내용을 발전시킬 수 있도록 돕는다)

• 효과적인 메모의 기술

① 중요한 내용은 밑줄이나 다른 색 펜을 통해 핵심이 한 눈에 보이게 정리한다.

② 그림이나 마인드 맵 등의 도구를 통해 쉽고 간단히 메모한다.

③ 이야기의 논점이 달라질 때 마다 숫자를 넣어 구분해 정리한다.

④ 회의 전용 노트를 따로 만들어 별도로 관리한다.

학습평가 Quíz

1. 거절할 때의 상황과 태도로 옳지 않은 것을 고르시오.

① 원하지 않는 일을 수용했을 때 경우에 따라서 후회할 일이 생기기도 한다.

② 거절 시에 상대의 체면이 상하지 않도록 하는 것이 중요하다.

③ 상대의 호의를 거절 할때는 먼저 고마움을 표현하는 것이 좋다.

④ 거절은 곧 인간관계의 단절로 이어지므로 절대 해서는 안 된다.

2. 회의를 마칠 때 사용하는 3가지 핵심 질문에 해당하지 않는 것을 고르시오.

① 오늘 회의에서 어떤 것을 논의했는가?

② 회의는 부서의 모든 사람이 참석했는가?

③ 향후 업무처리 분배가 명확히 이루어졌는가?

④ 오늘 회의에서 어떤 것을 얻었는가?

3. 참여형 회의의 종류로 올바르게 묶인 것을 고르시오.

① 문제해결형 회의, 아이디어 창출 회의

② 아이디어 창출 회의, 교섭 회의

③ 문제해결형 회의, 사례탐구 회의

④ 사례탐구 회의, 아이디어 창출 회의

4. 다카이 노부오가 이야기한 사과를 한 이후에 나타나는 5가지 단계를 서술하시오.

5. 회의 목적을 정하면 다음은 어떻게 회의를 진행할지 계획을 수립할 차례이다. 회의 일정은 한눈에 들어오도록 다음과 같이 작성하는 것이 바람직하다. 빈칸에 알맞은 말을 순서대로 고르시오.

| 시간 | (         ) | (       ) | (       ) | (        ) |
|---|---|---|---|---|
| 9:00-10:30 | 신메뉴 개발 | 토론 | 전원 | 개발 메뉴 선정 |
| 10:30-11:30 | 상반기 매출 보고와 동향 | 보고 | 권영옥 | |
| 11:30- 1:00 | 점심식사 및 휴식 | | | |
| 1:00-2:00 | 신메뉴 광고 방향 논의 | 브레인스토밍 | 전원 | 광고 콘셉트/모델 선정 |
| 2:00-2:20 | 향후 행동계획 | 토론 | 전원 | 롤 분담 |
| 2:20 -2:30 | 성찰 | 돌아가며 한마디 | | |

## 학습내용 요약 Review (오늘의 Key Point)

1. 칭찬을 잘하는 방법
   - 구체적으로 한다.
   - 그 자리에서 한다.
   - 진심을 담되 과장되지 않도록 한다.

2. 효과적인 거절의 방법
   - 대안 제시
   - 합당한 이유 제시
   - 상대의 입장 고려하기

3. 효과적인 사과의 원칙
   - 자기 비난
   - 설명하기
   - 재발 방지 약속하기

4. 회의 준비를 잘 하면 회의를 통해 기대했던 좋은 결과를 얻을 수 있다. 회의의 목적을 정확히 하고, 계획을 수립한 뒤, 참석자를 잘 선정하는 것이 필요하다.

5. 회의 진행 시에 주제에서 벗어나지 않고 안건의 해결에 집중하기 위해서 '문제 정의 → 문제 진단 → 아이디어 발산 → 아이디어 수렴(해답 결정)' 프로세스에 따른다.

6. 회의를 마칠 때는 다음의 세 가지 질문을 던져 회의가 잘 진행되었는지 확인한다.

   ① 오늘 회의에서 어떤 것을 논의했는가?
   ② 향후 업무처리 분배가 명확히 이루어졌는가?
   ③ 오늘 회의에서 어떤 것을 얻었는가?

스스로 적어보는 오늘 교육의 메모

# 설득과 프레젠테이션

## Contents

## Learning Objectives

1. 설득의 개념과 프로세스를 설명할 수 있다.

2. 설득의 6가지 법칙을 설명할 수 있다.

3. 프레젠테이션의 개념과 프로세스에 대해 설명할 수 있다.

4. 효과적인 프레젠테이션 방안에 대해 설명할 수 있다

**5**
Chapter

제갈량에게 배우는 설득법

상대의 마음을 읽어내는 제갈량의 탁월한 통찰력은 현대인들에게 매우 중요하다. '지피지기 백전백승 知彼知己 百戰百勝'이란 말이 있다. '적을 알면 백 번 싸워 모두 이긴다.'는 뜻이다. 상대방의 전략과 내부 상황을 알면 그만큼 유리하다는 것이다. 개인과 개인, 개인과 단체, 기업과 기업, 국가와 국가 간에도 상통하는 말이다. 물론 싸우지 않고 이긴다면 그야말로 최상의 방법이다. 그러나 매우 어려울 뿐만 아니라 확률적으로도 매우 미미할 수밖에 없다.

제갈량은 상대의 마음을 읽어내는 눈이 밝았다. 상대가 무슨 생각을 하는지, 무엇을 원하는지를 알고 대비하였기에 원하는 것을 얻었다. 유비는 제갈량이 하는 말이라면 무엇이든 들어주었다. 제갈량이 하는 말들이 유비의 마음을 움직였기 때문이다. 제갈량은 유비가 원하는 것이 무엇인지 마음을 읽고 말했던 것이다.

현대는 다양성이 요구되는 사회이다. 개개인끼리는 물론 각계층마다 만남이 빈번하고, 인간관계의 중요성이 어느 때보다도 크다. 인간관계에 있어 가장 보편적인 방법은 대화이다. 대화를 통해 나의 생각을 전하고 원하는 것을 얻어낸다.

무조건적인 대화는 별 효용 가치가 없다. 추구하는 것을 실현하기 위해서는 상대를 나의 생각 안으로 끌어들여야 한다. 이것이 쉽지가 않다. 상대 역시 같은 입장이다. 그러니까 어떻게 해서라도 상대를 나의 생각 안으로 끌고 들어와 동의하게 해야 한다. 이를 성공적으로 하느냐, 그렇지 않느냐에 따라 결과는 완전히 극과 극으로 나타난다.

상대로부터 내가 원하는 것을 얻으려면 어떻게 해야 할까. 바로 나의 생각에 동의하게 상대를 설득하는 것이다. 설득을 잘하느냐, 못하느냐에 따라 모든 성패가 달려 있다고 해도 지나침이 없다. 설득이 그만큼 중요하다.

- 〈책사들의 설득력〉, 김옥림, 팬덤북스, p.23 -

5장에서는 설득의 개념과 설득의 6가지 법칙에 대해 살펴볼 것이며 효과적인 프레젠테이션 방법도 함께 학습한다.

1.다음 중 설득의 5단계 프로세스에 해당되지 않는 것은?

① 귀를 기울인다.
② 공감한다.
③ 이해한다.
④ 결정한다.

2.다음 중 '황금률의 법칙'과 같은 맥락의 법칙은 무엇인가?

① 일관성의 법칙
② 호감의 법칙
③ 상호성의 법칙
④ 권위의 법칙

3.다음 중 프레젠테이션의 목적이 아닌 것은 무엇인가?

① 행동화
② 커뮤니케이션
③ 설득
④ 정보제공

## 1. 설득력 있는 의사표현

### 1) 설득의 개념과 프로세스

설득(persuasion)은 다양한 형태의 의사소통 행위를 사용해 상대방의 신념, 태도, 가치관, 행동에 변화를 줄 수 있는 것을 의미한다. 인간은 다른 사람과의 관계 속에서 도움을 주기도 하고 받기도 하면서 살아가는 존재이다. 아무리 아는 것이 많고 실력이 뛰어난 사람이라도 모든 일을 스스로 해결할 수는 없다. 따라서 다른 사람의 도움을 얼마만큼 잘 받아낼 수 있느냐가 그 사람의 실력을 평가하는 잣대가 되기도 한다. 그런데 사람마다 각자 성격과 생각이 다르고 처한 입장이 다르기 때문에 다른 사람을 내 뜻대로 움직여서 내 사람으로 만드는 일이 결코 쉽지만은 않다. 말하는 데에 어떤 특별한 이론이 필요한 것은 아니지만, 상황에 맞는 전략과 요령이 필요한 것은 분명한 사실이다. 주변 사람들이 자신을 따르게 하기 위해서는 지금과는 다른 새로운 설득 기술이 필요하다.

설득은 일반적으로 5가지 프로세스를 거쳐 결과가 나오게 되는데 ① 먼저 상대방이 자신의 이야기에 귀를 기울일 수 있도록 분위기를 유도하고, ② 알아듣기 쉬운 말과 태도로 설명을 하여 이해시킨 다음, ③ 상대방의 입장을 충분히 이해해 요구나 제시를 받아들일 만한 가치가 있다는 납득과정을 통해, ④ 긍정적인 의사 결정을 유도해, ⑤ 최종적으로 실행하도록 하는 방법이다. 특히 상대방이 믿을 만한 자료나 구체적인 근거가 뒷받침되어야 더 빠른 실행결과를 얻을 수 있다.

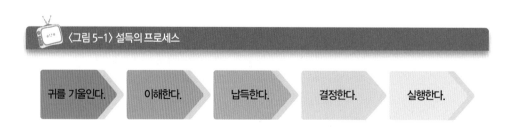

〈그림 5-1〉 설득의 프로세스

| 귀를 기울인다. | 이해한다. | 납득한다. | 결정한다. | 실행한다. |

- 그림 및 자료 출처 : 〈비즈니스 커뮤니케이션〉, 박상희 저, 대왕사 2015, p.164 -

## 2) 설득의 6가지 법칙

상대로부터 내가 원하는 것을 얻으려면 어떻게 해야 할까. 미국 애리조나 주립대학 심리학과의 로버트 치알디니 교수는 '사람의 마음을 사로잡는 6가지 불변의 법칙'이라는 제목으로 설득의 심리학을 잘 설명하고 있다. 다음 설득의 6가지 법칙에 대해 살펴본 후 대화에 임한다면 훨씬 더 효과적으로 내가 원하는 것을 얻게 될 것이다.

### (1) 호감의 법칙

사람들은 자신이 좋아하는 사람이 하는 것은 모두 좋아 보이기 마련이다. 또한 자신을 좋아해주는 사람을 좋아하며 자신과 유사한 부분이 많으면 호감을 가지게 된다. 이것이 인간 사이의 호감의 법칙이다.

우리가 좋아하는 사람이 어떤 부탁을 하면, 냉정하게 거절하지 못하고 상대방의 부탁을 들어주는 것이 대부분 사람들의 일반적 성향이다. 미국 자동차 판매왕 조 지라드의 말을 빌리면, 고객은 그들이 좋아하는 영업사원에게 차를 구입한다고 한다. 이는 자기가 좋아하는 사람이 말하면 설득이 잘 된다는 것이다.

### (2) 상호성의 법칙

상대방을 설득하고자 할 때 내가 무언가를 받고 싶으면, 내가 먼저 상대방에게 주는 경우가 많다. 'Give and Take', '황금률의 법칙'과 같은 상호성의 법칙을 협상에서 활용하면 내가 먼저 하나 양보하면 상대방도 하나 양보하겠지 라고 생각할 수 있는 '일보후퇴 이보전진' 설득전략이 될 수 있을 것이다.

저명한 문화인류학자인 리키(Leakey)는 상호성의 법칙이야말로 인간을 인간답게 하는 가장 중요한 원천이라고 규정하고 있다. 그의 주장에 따르면 우리가 인산답세 된 것은 우리의 조상들이 가진 식량과 기술을 서로 나누는 방법을 습득하였기 때문이라고 한다.

### (3) 사회적 증거의 법칙

사람들은 어떤 행위나 요구 혹은 결정을 할 때, 대부분 남들이 하는 대로 따라 하려는 경향이 있다. 즉, 사회적으로 남들이 많이 하는 것을, 자신도 하고 싶어 하는 것이다. 수많

은 다이어트 방법 중에서 인기를 끄는 방법이 언론매체에 소개되었다면 사람들은 자신의 체질이나 건강에 상관없이 인기 있는 다이어트 방법을 따라 한다. 인간은 사회적 동물이기 때문에 타인이 느끼는 감정과 유사하게 느끼고, 설득되는 심리를 가지고 있다.

### (4) 일관성의 법칙

일관성의 법칙은 우리가 지금까지 행동해 온 것과 일관되게 혹은 일관되게 보이도록 행동하려 하는, 거의 맹목적인 욕구를 말한다. 일단 우리가 어떤 선택을 하거나 입장을 취하게 되면, 그러한 선택이나 입장과 일치되게 행동해야 한다는 심리적 부담감을 느끼게 된다. 그리하여 그러한 부담감은 우리가 이전에 취한 선택이나 입장을 정당화하는 방향으로 행동하게 만들고 있다.(Fazio, Blascovich, & Driscoll, 1992)

예를 들면, 홈쇼핑이나 인터넷쇼핑 후 게시판에 베스트 상품평을 쓴 고객에게 추가 증정품을 보내주겠다고 하면 이에 공모한 사람들은 포상의 유무와 상관없이 그 제품의 열렬한 응원자가 되는 것이다.

### (5) 권위의 법칙

권위의 법칙은 보편적으로 누구나 활용하는 설득 기법이다. 즉, 어떤 분야의 권위자의 말은 당연히 말에 힘이 실린다. 어느 분야의 전문가는 해당 분야의 문제점을 상대방에게 설득시키기가 쉽다. 예를 들어, 화장품 광고에 저명한 피부과 의사가 나와서 주름을 없애주는 성분이 들어있다고 하면 소비자들을 설득하는 데 더 효과적인 경우도 이러한 권위의 법칙에 해당된다고 할 수 있다.

### (6) 희소성의 법칙

사람들은 귀한 것을 갖고 싶어 하는 본능을 가지고 있다. 특히 이 순간이 지나고 나면 없어지는 많은 것들에 대한 애착이 많다. 홈쇼핑 방송에서 자주 등장하는 "이 조건, 오늘 이 방송이 마지막입니다. 매진 임박입니다."라는 시간제한 또는 숫자제한 등이 있다. 이런 방송을 보면 당장 사야 할 것 같고, 안 사면 안 될 것 같은 조급한 마음이 든다. 사람의 마음을 조급하게 만들어 설득하는 것이다.

또한 보통 사람들은 자신이 갖지 못한 것을 더 갖고 싶어 한다. 로미오와 줄리엣 효과처럼 주변에서 반대하는 사람과 더 결혼하고 싶거나 한정판 시계를 꼭 사야 할 것 같은 심리이다.

 **사례 1 : 최고의 설득법 – 스토리텔링**

찰스 마이클 임은 창업자들을 대상으로 경연하는 미국 ABC방송의 〈샤크 탱크〉에 나가 25만 달러를 투자해 달라고 요청했다. 그의 발표는 다음과 같이 효과적인 스토리텔링의 중요한 요소들을 드러냈다.

"안녕하세요. 저는 찰스 마이클 임이라고 하며, 〈브레소미터〉의 창립자이자 CEO입니다. 여러분이 디너 파티장이나 (스포츠 팀 소유주인 마크 큐번을 가리키며) 음주 모임 혹은 (5잔의 샴페인이 놓인 작은 탁자를 가리키며) 바에 있다고 가정합시다. 일단 한 잔씩 하시겠습니까?(심사위원들은 임이 건넨 샴페인으로 건배를 한 후 발표가 계속되는 동안 마신다) 보통 어떻게 진행되는지 아실 겁니다. 음식을 먹고 술도 마시죠. 그러다가 어느새 시간이 다 되어 집으로 가야 합니다. 가장 중요한 문제는 차를 몰아도 되냐는 거죠. 그렇다고 누가 거추장스럽게 음주측정기를 갖고 다니겠습니까?(임은 경찰들이 쓰는 음주측정기를 들어 보인다) 그래서 우리는 브레소미터를 개발했습니다. 최초의 스마트폰 음주측정기죠. 주머니에 들어갈 정도로 아주 작습니다.(스티브 잡스를 흉내 내며 청바지 주머니에서 작은 기기를 꺼낸다) 어떻게 쓰는지 보여드리죠. 이렇게 오디오 잭을 빼서 스마트폰에 끼운 다음 앱을 켭니다.(기기에 대고 입김을 분다) 그러면 몇 초 만에 알코올 수치를 알 수 있습니다. 그뿐만 아니라 술이 깨는데 얼마나 걸리는지 알려주며, 필요한 경우 버튼만 누르면 택시를 부를 수 있습니다. 사람들이 이 기기를 통해 현명하고 안전한 결정을 내리도록 돕는다는 우리의 사명에 동참해주십시오!"

발표가 끝난 후 프로그램 역사상 처음으로 5명의 심사위원들이 모두 투자하기로 결정했다. 투자 총액은 100만 달러였다. 임이 탁월한 성공을 거둔 것은 설득력 있는 내용으로 스토리텔링 기법을 사용했기 때문이다.

- 〈최고의 설득〉, 카민 캘로 저, 김태훈 역, RHK, 2017, p.203 -

## 3) 설득력 있는 의사표현

### (1) 긍정의 분위기 조성

Yes라고 긍정할 때는 몸의 생리구조가 이완되어 외부의 자극을 편안히 받아들이는 부드러운 상태가 된다. 단호하게 거절하는 사람은 NO라는 정신적 준비 상태에 놓여 있으므로 거북한 표정이나 자세를 취하는 것이 보통이다. 이러한 사람에게 다짜고짜 자기 의견

을 늘어놓으면 오히려 NO라는 정신적 준비 상태를 더 강화시켜 줄 뿐이다. 상대방을 설득하는 것이 아니라 NO라는 마음을 더욱 확고히 해주는 꼴이 된다. 이때 먼저 상대방이 긴장을 풀고 반사적으로 'Yes'라고 대답할 수 있는 평범한 질문을 의도적으로 몇 가지 던져 보는 것이 좋다.

### (2) 대비효과

사물을 판단할 때 우리는 무의식중에 여러 조건을 대비시켜 본다. 이쪽에서 어떤 조건을 제시하면 상대방은 일방적인 상식을 기준으로 그것을 판단하려 한다. 일반적 판단기준과 제시되는 조건을 대비시켜 그것을 평가하려는 것이 인간의 심리이다. 상대방에게 상식에 벗어나는 조건과 자기가 제시하고자 하는 조건을 동시에 제시해 보라.

이것이 소위 '대비효과'라는 것으로서 큰 손해를 입기보다는 작은 손해를 감당하는 것이 낫다는 심리에서 비교적 손해가 덜한 것을 선택하는 것이다. 아인슈타인의 상대성 이론을 인용하지 않더라도 이 세상에서 일어나는 모든 일은 상대적인 것이다. 따라서 어떤 현상에 대한 절대적인 평가나 판단기준은 있을 수 없다.

### (3) 인용

일반인들은 신문이나 잡지 서평에서 권위 있는 사람이 추천하는 책은 좋은 책이라는 생각을 하게 된다. 이것은 일종의 착각이다. 우리는 추천된 책과 추천자의 권위를 무의식적으로 동일시하고 있다. 이러한 심리는 일상생활의 여러 장면에서 나타난다. 텔레비전의 광고나 홍보 포스터에 저명인사나 권위자를 등장시키는 것도 똑같은 심리학적 원리를 응용한 것이라고 할 수 있다. 광고의 수신자는 선전되는 상품과 등장인물의 이미지를 심층 심리에서 일치시켜 인지한다. 이러한 심리적 효과는 절대적인 힘을 가진다. 그러므로 설득에 뛰어난 사람은 권위 있는 사람의 말이나 작품을 인용하여 자신의 말을 정당화시킨다.

### (4) 구체적 차이 인식

가정에서도 용돈 인상 요구, 귀가시간 연장 요구 등의 구체적 문제로 자녀들의 요구가 거세어지는 경우가 많다. 이때 그들은 눈앞의 현실에만 집착하여 자신의 주장만을 늘어놓을 것이다. 그런 이들은 평범한 설득으로는 물러서려 하지 않고 잔뜩 벼르고 있으므로 논리적인 설득도 별반 효과가 없을 것이다. 구체적이고 현실적인 요구의 밑바탕에 있는 보다 근본적이고 추상적인 문제를 이끌어 내는 것이 좋다. 예를 들어, 용돈을 많이 올려 주기를 바라는 자녀들에 대해서는 성인이 될 때까지 드는 비용이나 불황에 허덕이는 경제, 가정 경제와의 관계, 또 그들이 해야 할 본분 등의 기본 문제를 들려준다. 이런 식으로 자신의 요구가 현실과 괴리되어 있다는 점을 서서히 인식시켜 주는 것이다.

### (5) 동조심리

인간은 동조심리에 의해 행동하는 수가 많다. 한마디로 말하면 대부분의 다른 사람들과 같은 행동을 하고 싶어 하는 심리이다. 이것은 유행이라는 현상을 생각하면 쉽게 알 수 있다. 다른 사람들과 같아지고 싶은 충동이 유행을 추구하게 만든다. 사람들끼리 다툰다거나 반감을 가지고 있을 때는 이러한 동조심리가 작동하지 않는다.

회사에 불만이 가득한 부하 직원이 있다고 하자. 이런 부하 직원을 회사 일에 적극적으로 협조하게 만들려면 그와 공동의 적을 만드는 방법이 있다. "이번에도 실적이 떨어지면 자네와 나는 지방 영업소로 밀려나겠지?"라는 식으로 가상의 적을 만들면 동조심리가 작용하여 불평만 늘어놓던 부하 직원은 상사에게 협력하게 된다.

또한 라이벌 의식을 부추기는 것도 한 가지 방법이다. 좀처럼 협력하지 않는 상대를 설득시키려면 공동의 적을 만들어 함께 방어할 생각을 가지게 하면 효과적이다. 이쪽에서 열심히 설득하면 '자기 넋두리만 늘어놓고 있군.' 하면서 오히려 반발심을 가진다. 이러한 유형의 사람은 '자아'라는 방벽을 튼튼히 쌓아두고 있으므로 어떤 설득에도 움직이려 하지 않는다. 이러한 사람을 설득하기 위해서는 '우리'라는 표현을 자주 사용함으로써 서로 공통점이 있다는 것을 깨우쳐 주어야 한다. 이런 타입은 자아에 민감하고 귀속의식도 강하므로 '우리'라는 말을 자주 쓰면 이쪽으로부터 강요받고 있다는 생각을 가지지 않게 된다. 다시 말하면 강요받기를 싫어하는 상대방에게는 이쪽의 주관만 내세우지 말고 공동의 목표를 찾아보자고 회유해야 한다.

(6) 칭찬

설득을 하기 전에 일단 상대방의 입장에 서서 지금까지의 노고를 치하할 필요가 있다. 상대방에게 있어 가장 견디기 힘든 것은 지금까지 열심히 해 온 일을 대수롭지 않게 여기는 때이다. 그래서는 설득하기가 어려울 수밖에 없다. 그러므로 "당신들이 열심히 해 온 것을 잘 압니다. 그러나 문제가 있는 것도 사실입니다."라고 강조하는 것이 중요하다. 그리고 "지금까지 애써왔지만 보다 완벽한 것이 될 수 있도록 한 번 더 노력해 주기를 바랍니다."라고 부탁하면 상대방은 지금까지의 노력이 허사가 되지 않게 하기 위해서 보다 전향적인 자세로 이쪽의 요구에 응하게 된다.

## 2. 의사표현으로서의 프레젠테이션

### 1) 프레젠테이션의 개념과 목적

발표(presentation)란 프레젠터(발표자)가 원하는 의도와 목적 달성을 위해 특정 주제를 다수의 청중들이 알기 쉽게 전달하는 의사소통 방법이다. 우리는 일상생활에서도 자주 프레젠테이션을 하고 있다. 스티브 잡스처럼 무대 위에서 멋진 디자인을 보여주며 내용을 전달하는 프레젠테이션뿐만 아니라, 학교에서 조별 과제 내용을 발표하는 것, 직장 내 회의 시간의 발표도 프레젠테이션이다. 그중에서도 특히 '비즈니스 프레젠테이션'이란 비즈니스상의 목적을 달성하기 위해 실행하는 프레젠테이션으로, 프레젠터가 준비한 핵심 메시지를 바탕으로 상대를 설득하는 커뮤니케이션 행위라고 할 수 있다.

프레젠테이션을 실시하는 목적에 의해 다음 〈그림 5-2〉와 같이 분류할 수 있다. 먼저 설득 목적은 청중이 특정 주제나 사안에 대한 태도를 변화시켜, 어떤 일을 실행하기로 결심하게 만드는 것이다. 동기부여를 위한 프레젠테이션은 특정 주제에 대하여 관심을 가지도록 변화시켜 실행할 수 있는 마음을 가질 수 있도록 하는 것이다. 정보제공을 위한 프레젠테이션은 청중들이 특정 내용에 대해 모르는 것을 알게 하기 위한 것이다. 마지막으

로 행동화를 위한 프레젠테이션은 청중이 특정 행동을 취하게 만들기 위한 것으로 단체나 협회 등에서 캠페인 홍보 및 참여 방법으로 쓰이기도 한다.

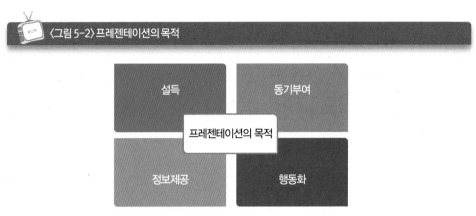

〈그림 5-2〉 프레젠테이션의 목적

자료출처: 〈프레젠테이션 프로페셔널〉, 유종숙 · 최환진 저, 커뮤니케이션북스, 2014

## 2) 프레젠테이션의 프로세스

프레젠테이션의 프로세스는 크게 기획단계와 실행단계로 나눌 수 있다. 기획단계에서는 프레젠테이션을 하는 목적을 확인하고 청중 및 상황을 고려하는 환경 분석, 발표자료 수집 및 준비 그리고 발표내용을 구성한다. 실행단계에서는 준비한 발표 내용을 연습해보고 이를 수정 · 보완한 후 발표한다.

〈그림 5-3〉 프레젠테이션 프로세스

### (1) 기획단계

**① 목적 확인**

효과적인 프레젠테이션을 하기 위해서는 우선 프레젠테이션을 하는 목적을 확인하여 성취하고자 하는 목표를 명확히 하는 것이 중요하다. 예를 들면, 취업 면접 시에 진행되는 프레젠테이션이라면 이 프레젠테이션의 최종 목표는 면접합격일 것이다. 이렇듯 "이 프레젠테이션을 통해서 달성하고자 하는 것이 무엇인가?"의 목적을 확인하는 것이 기획 단계의 첫걸음이다.

**② 환경 분석**

프레젠테이션을 하는 목적을 확인한 이후에는 정보수집을 하여 환경을 분석해야 한다. 프레젠테이션의 청중에 대한 분석과 주변 상황에 대한 분석 등 다양한 정보를 수집할수록 도움이 된다고 할 수 있다. 정보수집 단계에서 가장 중요한 것은 청중에 대한 분석이며, 그들이 어떠한 동기를 가지고 이 프레젠테이션을 듣는가에 대한 니즈 파악이 프레젠테이션의 성공을 판가름 짓는다.

**③ 자료 준비 및 내용 구성**

목적에 맞고 청중의 니즈가 반영된 자료를 수집한 뒤 발표 내용을 구성하는데 이 단계에서 중요한 것은 '3'이라는 숫자이다. 발표 내용을 구성할 때는 핵심만 간단히 해야 한다. 많은 내용이라면 3개 이내의 항목으로 규정하여 효과적인 전달을 해야 한다. '대-중-소', '과거-현재-미래', '좋음-보통-나쁨', '서론-본론-결론' 등 우리는 세 가지로 요약하는 것에 익숙하여 실제로 전달할 때 '3'이라는 숫자는 힘을 발휘한다.

### (2) 실행단계

실행단계에서는 프레젠테이션 리허설을 통한 수정·보완을 하여 프레젠테이션의 완성도를 높이도록 한다. 예행 연습에 중요한 것은 스피치 연습이다. 이를 통해 스피치가 매끄럽게 진행되는지, 앞뒤의 내용이 자연스럽게 연결되는지 등을 점검해 볼 수 있다. 프레젠터 본인의 음성이나 억양, 발음, 속도 등을 체크하여 실수가 없는지 여부를 사전에 체크해 보아야 한다.

 **사례 2 : 오프라 윈프리의 숫자 3의 활용**

자, 오늘 저는 여러분들과 몇 가지 교훈을 나누고자 합니다.

제가 인생의 여정에서 배웠던 세 가지 교훈입니다.

기쁘지 않나요?

누군가 몇 가지 말한다고 해놓고 10가지를 말하면 싫죠?

여러분들은 이럴 겁니다.

"이거 보세요, 제가 졸업하는 거라고요. 당신이 아니고요."

그래서 세 가지만 말하려고 합니다.

제 인생에 큰 영향을 미친 세 가지 교훈은 직감과 실패

그리고 행복을 찾는 것에 관한 이야기입니다.

- 오프라 윈프리, 2008년도 스탠포드 졸업식 연설에서 -

## 3) 효과적인 프레젠테이션 방안

### (1) 효과적인 프레젠테이션 방안

① 목적을 명확히 하라.

프레젠테이션을 기획하고, 실행하면서 내가 왜 이 프레젠테이션을 하는가에 대해 끊임없이 생각하여 목적을 명확히 하라.

② 청중이 누구이고, 그들의 니즈는 무엇인지 파악하라.

프레젠테이션은 청중을 설득하기 위한 의사표현 방법이다. 그렇기 때문에 청중에 대해서 잘 파악하는 것이 가장 중요하다고 할 수 있다. 청중이 속한 조직의 문화를 파악하고, 청중이 원하는 정보가 무엇인지를 파악하는 것이 성공하는 프레젠테이션의 첫걸음이다.

③ 차별화된 메시지를 효과적으로 전달하라.

청중은 다양한 프레젠테이션에 이미 과도하게 노출된 경우가 많기 때문에 식상한 진행이나 내용에는 귀를 기울여주지 않는다. 전달하고자 하는 내용의 핵심은 포함하고 있지

만 기존의 프레젠테이션과는 차별화된 메시지를 차별화된 방법으로 전달한다면 청중의 니즈를 만족시키고 그들의 기억에 오래 남게 될 것이다.

④ 강렬하고 호감가는 인상을 보여줘라.

첫인상의 효과는 매우 중요하며 첫인상의 속도 또한 매우 빠르다는 연구 결과에서도 알 수 있듯이 프레젠테이션의 내용도 중요하지만 프레젠터의 이미지도 매우 중요하다. 프레젠터가 준비한 메시지 전달에서 그치는 것이 아니라 호의적인 인상을 보여주기 위해서는 밝은 표정과 신뢰감을 주는 모습을 연출해야 한다.

⑤ 핵심만 간단히 전달하라.

앞서 숫자 '3'의 힘을 강조했듯이 발표 내용을 구성할 때와 청중에게 전달할 때 핵심만 간단히 해야 한다. 많은 내용이라면 3개 이내의 항목으로 규정하여 효과적인 전달을 해야 한다. 부득이하게 많은 내용을 전달해야 한다면 5개 이하의 항목으로 정리한다.

### (2) 프레젠테이션 방해요인 극복방안

**• 연단공포증 극복 방법**

연단공포증은 누구나 겪게 되는 현상으로 정도의 차이는 있으나 많은 이들이 고민하는 부분이다. 특히 익숙하지 못한 임무, 생소한 환경, 의사표현 성과에 대한 불안 등 심리적 불안요인에 의해 생기며, 이러한 요인들은 다음과 같은 방법으로 극복할 수 있다.

① 완전무결하게 준비하라.

② 청중 앞에서 말할 기회를 자주 가져라.

③ 시간보다 더 많이 준비하라.

④ 충분히 휴식하라.

⑤ 처음부터 웃겨라.

⑥ 심호흡을 하라.

⑦ 청자 분석을 철저히 하라.

⑧ 청자를 호박으로 보라.

⑨ 청자의 코를 보라.

• 스피치 연습방법

① 등이 의자 등에 닿지 않도록 몸을 앞으로 조금 당겨라.

② 앉은 채로 키를 최대한도로 높일 수 있도록 상체를 위로 쭉 뻗어라.

③ 가장 큰 소리로 말하는 것처럼 가능한 한 성대와 목의 근육을 조여라.

④ 한꺼번에 긴장된 모든 근육을 풀어라.

⑤ 가능한 한 몸을 이완시키고 곧바로 앉아, 목과 목구멍의 근육이 완전히 이완되도록
  하라.

⑥ 머리는 정상적인 자세보다 더 어깨에 가까워져야 한다.

⑦ 말하는 동안 하품을 하는 자세로 목의 근육과 목청을 유지할 수 있도록 네댓 번 하품
  을 하여 보아라.

⑧ 이러한 자세를 계속 유지하면서 짧은 문장을 크게 소리 내어 읽어 보아라.

• 음성을 좋게 하는 방법

① 숨을 얕게 들이마시면 목소리가 떨리기 때문에 숨을 깊게 들이마셔라.

② 음가를 정확히 내기 위해서는 입을 크게 벌려라.

③ 입안이 타는 듯하면 소금을 먹어라.

④ 긴장이 되면 껌을 씹어라.

⑤ 당분과 지방질 음식이 성대 보호에 좋다(오미자차, 꿀, 과일, 주스, 사탕 등).

⑥ 술과 담배를 절제하고, 충분한 휴식을 취하라.

• 몸짓을 자연스럽게 하는 방법

① 두 다리 사이를 너무 넓게 벌리지 않는다.

② 몸의 체중을 한쪽 다리에 의존하지 않는다.

③ 지나치게 경직된 자세를 피한다.

④ 갑자기 자세를 고치지 않는다.

⑤ 뒷짐을 지든가, 팔짱을 끼든가, 손을 주머니에 넣지 않는다.

⑥ 화자와 청자의 시선을 연결시킨다.

⑦ 시선을 골고루 배분한다.

⑧ 눈동자를 함부로 굴리지 않는다.

⑨ 시선을 둘 곳에 둔다.

⑩ 대화의 내용과 시선을 일치시킨다.

• 유머를 활용하는 방법

① 자기의 실패담을 이야기한다.

② 기발한 재료를 모은다.

③ 한 단계 더 파고 든다.

④ 습관적인 사고방식을 배제한다.

⑤ 청자 가운데 한 사람을 화제로 삼는다.

⑥ 쾌활한 태도로 간단한 이야기를 임기응변식으로 처리한다.

⑦ 이야기는 빨리 하고 빨리 끝낸다.

⑧ 서투른 유머를 해서는 안 된다.

⑨ 무리하게 웃기려 해서는 안 된다.

⑩ 청자를 염두에 두고 이야기를 선택해야 한다.

⑪ 뒷말이 나쁜 이야기는 하지 말아야 한다.

⑫ 화자가 먼저 웃어버리면 안 된다.

⑬ 진지한 내용의 연설을 전개할 때, 요점 보강에 주력하되 유머 삽입은 가능하면 피한다.

## 학습평가 Quiz

1. 설득력 있는 의사표현을 하기 위한 방안이 아닌 것은?

① 대비효과 　　　　　　　　② 인용

③ 동조심리 　　　　　　　　④ 권위의식

2. 다음의 내용은 설득력 있는 의사표현을 하기 위한 방안 중 어느 것에 해당되는가?

> 라이벌 의식을 부추기는 것도 한 가지 방법이다. 좀처럼 협력하지 않는 상대를 설득
> 시키려면 공동의 적을 만들어 함께 방어할 생각을 가지게 하면 효과적이다.

3. '설득(persuasion)'의 의미를 쓰시오.

4. 다음 중 프레젠테이션 기획단계에 해당하지 않는 것은?

① 환경 분석 　　　　　　　　② 자료 준비

③ 내용 구성 　　　　　　　　④ 수정 · 보완

5. "요령 있는 화자는 청중을 무시하지 않으면서도, 그들을 호박으로 볼 수 있는 자이다."라는 말
이 있듯이, 90% 이상의 사람들이 연단에만 오르면 긴장하고, 당황하는 현상을 무엇이라고 하
는가?

 ## 학습내용 요약 Review (오늘의 Key Point)

1. '설득(persuasion)'이란 다양한 형태의 의사소통 행위를 사용해 상대방의 신념, 태도, 가치관, 행동에 변화를 줄 수 있는 것을 의미한다.

2. 설득의 5단계 프로세스는 '① 귀를 기울인다, ② 이해한다, ③ 납득한다, ④ 결정한다, ⑤ 실행한다'이다. 설득의 6가지 법칙은 '① 호감의 법칙, ② 상호성의 법칙, ③ 사회적 증거의 법칙, ④ 일관성의 법칙, ⑤ 권위의 법칙, ⑥ 희소성의 법칙'이다.

3. 설득력 있는 의사표현을 하기 위한 방안은 ① 긍정의 분위기 조성, ② 대비효과, ③ 인용, ④ 구체적 차이 인식, ⑤ 동조심리, ⑥ 칭찬 등이 있다.

4. 프레젠테이션(presentation)이란 프레젠터(발표자)가 원하는 의도와 목적 달성을 위해 특정 주제를 다수의 청중들이 알기 쉽게 전달하는 의사소통 방법이다.

5. 프레젠테이션의 프로세스는 크게 기획단계와 실행단계로 나뉘며 기획단계는 ① 목적 확인, ② 환경 분석, ③ 자료 준비, ④ 내용 구성이 있고, 실행단계는 ① 예행 연습(리허설), ② 수정·보완, ③ 발표가 있다.

스스로 적어보는 오늘 교육의 메모

# 기초외국어능력

## Contents

## Learning Objectives

1. 기초외국어능력의 개념과 중요성을 설명할 수 있다.

2. 기초외국어능력이 필요한 상황과 그에 따른 사례에 대해 설명할 수 있다.

3. 기초외국어능력을 향상시킬 수 있는 효과적인 공부방법에 대해 설명할 수 있다.

6
Chapter

"車업계 글로벌 경쟁력, 직원들 외국어능력 키운다"

김용근 한국자동차산업협회 회장이 협회 직원들에게 외국어능력을 강조하고 있다. 생산량 세계 5위라는 한국 자동차산업의 위상과 협회의 업무에 걸맞게 임직원들도 글로벌 경쟁력을 갖춰야 한다는 판단 때문이다.

협회에 따르면 김회장은 최근 직원들에게 "협회 업무에서도 영어 등 외국어능력의 필요성이 더 커지고 있는데 아직 부족한 사람들이 많은 것 같다."며 "협회 경쟁력을 높이려면 직원들의 외국어능력을 향상시키는 일도 중요하다."고 주문했다.

협회 조직은 통상협력팀과 산업조사팀, 환경기술팀 등으로 구성돼 있다. 해외 유관기관과의 산업협력 강화와 국제 통상이슈 대응, 통상관련 국제회의 참가, 수출입 국내 규정과 제도 개선, 자동차 환경 관련 규제 등 해외 자료조사와 활용, 국내외 자동차산업 통계 관리 등 상당수가 글로벌 업무다.

그는 협회의 역할에 대한 새로운 변화와 현안 대응능력을 키우기 위해 힘쓰고 있다. 최근 몇 년간 국내 자동차 생산량과 고용 수준이 정체 국면에 있고 글로벌시장에서의 경쟁은 더 치열해지면서 협회도 국내 자동차산업 경쟁력을 고도화하는 데 적극적인 역할을 수행해야 하기 때문이다. 직원들의 외국어능력 향상을 주문한 것도 이 같은 이유다. 협회는 현재 직원들 외국어 교육을 위해 매월 10만원 수준에서 비용을 지원하고 있다.

김회장은 평소에도 "국내 자동차산업의 글로벌화가 진전되면서 해결해야 할 새로운 이슈들도 계속 제기되고 있다."며 "협회 임직원 모두가 자동차산업 위상에 걸맞은 실력과 전문성을 높여 나가는 데 최선을 다해야 한다."고 강조해왔다.

자동차산업협회 관계자는 "협회가 세계적인 수준으로 발전해 나갈 수 있도록 다양한 노력을 기울이고 있다."며 "앞으로도 전문성을 갖춘 협회인을 육성하고 우리 자동차산업이 세계적인 최상급 위상으로 발전하는 데 힘써 나갈 것"이라고 말했다.

- 아시아경제 2016.07.25. 일자 작성자: 김대섭 기자 -

1. 다음 중 기초외국어능력에 해당하지 않는 것은?

　① 문서이해
　② 의사표현
　③ 경청
　④ 문서전달

2. 다음 중 외국어능력이 필요한 상황이 아닌 것은?

　① 외국인들과의 업무를 할 때
　② 공장의 외국기계를 사용할 때
　③ 취미활동을 할 때
　④ 외국산 제품의 사용법을 확인할 때

3. 기초외국어능력 향상을 위한 공부방법으로 적절하지 않은 것은?

　① 외국어 공부의 목적을 설정한다.
　② 반복적으로 학습한다.
　③ 주요 용어를 암기한다.
　④ 혼자 열심히 공부한다.

## 1. 기초외국어능력의 개념과 중요성

우리는 국제화, 세계화가 당연시되는 시대에 살고 있다. 세계는 우리를 향해 국경과 장벽을 허물고 있으며, 매일의 직업생활에서 국제 간 물적, 인적 자원의 자유로운 이동으로 우리는 비단 우리나라에서만 업무를 추진하는 것이 아니라 세계와 함께 하고 있다. 이처럼 세계는 서로 밀접한 영향을 주고받으며 살아가고 있다.

### 1) 기초외국어능력의 개념

기초외국어능력이란 직업생활에 있어 우리의 무대가 세계로 넓어지면서 우리만의 언어가 아닌 세계의 언어로 의사소통을 가능하게 하는 능력을 말한다. 기초외국어능력은 외국인들과의 유창한 의사소통을 뜻하는 것은 아니다. 다만, 직업생활 중에 필요한 문서이해나 문서작성, 의사표현, 경청 등 기초적인 의사소통을 기초적인 외국어로서 가능하게 하는 능력을 말한다.

기초외국어능력이란 외국어로 된 간단한 자료를 이해하거나, 외국인과의 전화응대와 간단한 대화 등 외국인의 의사표현을 이해하고, 자신의 의사를 기초외국어로서 표현할 수 있는 능력이다.

### 2) 기초외국어능력의 중요성

국제화, 세계화 시대에 살고 있는 우리들은 다른 나라와의 무역을 당연하다고 여긴다. 다른 나라와의 무역을 위해서는 우리의 언어가 아닌 국제적인 통용어를 사용하거나, 경우에 따라서는 그들의 언어로 의사소통을 해야 하는 경우가 생기기도 한다. 기초외국어능력은 외국어로 된 메일을 받고 이를 해결하는 상황, 외국인으로부터 걸려온 전화응대, 외국어로 된 업무관련 자료를 읽는 경우, 외국인 고객을 상대하는 경우 등 다양한 상황에서 필요한 능력이다.

하지만 기초외국어능력이 필요한 경우는 비단 외국인들과의 업무가 잦은 특정 직업인의 경우에만 필요한 것은 아니다. 우리의 주변을 둘러보면 흔히 컴퓨터에서부터 공장의 기계사용, 외국산 제품의 사용법을 확인해야 하는 경우에 이르기까지 외국어로 작성되어 있는 것이 많고, 이때 기초외국어를 모르면 불편한 경우가 많기 때문에 기초외국어능력은 직업인으로서 중요하다고 할 수 있다.

국제화 시대가 가속화됨에 따라 직업인들은 외국인과 함께 일할 기회가 증가되었지만, 그들과의 의사소통을 위한 기초외국어능력의 부족으로 때로는 심각한 결과에 이르는 경우가 있다. 이러한 실수를 막기 위해서는 먼저 자신의 업무를 파악하고, 자신의 업무에서 기초외국어능력이 필요한 상황에는 어떤 상황이 있을지 아는 것이 중요하다. 외국인이라고 해서 그들과의 의사소통에 특별한 방법이 있을 것이라고 생각하지 말고, 그들도 우리와 똑같은 업무를 보지만 사용하는 언어가 우리와 다르다고 생각하면 외국어로 의사소통하는 일이 그리 어렵지만도 않다고 느낄 것이다.

  Level up Mission

현재 나에게 필요한 외국어는 어떤 것인지 우선순위를 고려하여 세 가지를 적어보고 그 이유를 이야기해 보자.

1.

2.

3.

**사례 : 내 발목을 잡는 외국어**

특급호텔의 총무팀에서 근무하고 있는 김대리는 그동안 비용절감 등으로 큰 성과를 보이며 승승장구 해왔지만 요즘 따라 외국어능력 때문에 주눅이 많이 들고 있다. 외국계 호텔이지만 고객을 대면하지 않고 사무실에서만 근무하기 때문에 그동안에는 영어 등의 외국어 실력이 드러나지 않았다. 그러나 최근 호텔 전체의 유선 전화 시스템을 재정비하고 있는 기간이라 그런지 객실의 전화가 총무팀으로 자주 연결되고 있다. 외국인 손님이 70% 이상을 차지하는 호텔이라 객실의 전화가 대부분 외국어이기 때문에 김대리는 요즘 전화받기가 두려울 정도이다.

오늘 아침에도 영어를 사용하는 고객의 전화가 김대리에게 연결되어 김대리는 당황하여 식은땀이 나기도 했다. 그는 고객에게 연신 "Sorry~"를 해대며 다른 직원에게 전화를 연결해주고 끊어버리기도 했다. 우연히 사무실을 지나치던 사장님이 이 장면을 보고 눈살을 찌푸리며 김대리의 상사를 불러 조치를 취하라고 지시했다.

김대리의 상사는 김대리를 불러 이러한 상황을 설명해주었지만 김대리도 그의 상사도 답이 없어 한숨만 연신 내쉬고 있다. 지금 김대리에게 필요한 것은 무엇일까?

## 2. 기초외국어능력이 필요한 상황과 사례

### 1) 기초외국어능력이 필요한 상황

외국인과 함께 일하는 국제 비즈니스에서는 의사소통이 매우 중요하다. 직업인은 자신이 속한 조직의 목적을 달성하기 위해 외국인을 설득하거나 이해시켜야 한다. 하지만 이런 설득이나 이해의 과정이 모든 업무에서 똑같이 이뤄지지는 않는다. 예를 들어, 비서 업무를 보는 사람은 외국인과의 의사소통 상황에서 전화응대나, 안내 등의 기초외국어를 숙지하는 것이 필요하고, 공장에서 일하는 사람의 경우에는 새로 들어온 기계가 어떻게 작동되는지 매뉴얼을 봐야 하는 상황에서 기초외국어능력이 필요하며, 일반 회사원의 경우 다양한 상황에 직면할 수 있지만 주로 외국으로 보낼 서류를 작성하거나, 외국에서 온 서류를 이해하여 업무를 추진해야 하는 상황에서 기초외국어능력이 필요할 것이다.

기초외국어능력은 직업생활에 따라 다양한 상황에서 필요한 것이며, 외국어라고 해서 꼭 영어만 중요하거나 필요한 것은 아니고, 자신의 분야에서 주로 상대해야 하는 외국인 고객이나 외국회사에 따라 요구되는 언어는 다양하다. 무엇보다 중요한 것은 자신에게 기초외국어능력이 언제 필요한지 잘 숙지하고, 그에 대비하여 자신의 업무에서 필요한 기초외국어를 적절하게 구사하는 것이다.

비즈니스를 하다 보면 점차 다양한 외국의 선진기술을 접할 기회가 증가하게 된다. 다른 나라의 기술이나 기계 등은 시스템 자체가 우리나라의 것과는 다른 경우가 종종 있다. 그러므로 원활한 업무상황을 위하여 업무와 관련한 간단한 기초외국어를 익혀둔다면 갑작스러운 상황이 닥쳐도 당황하지 않고 업무를 해결해 나갈 수 있을 것이다.

## 2) 외국어 문서작성 사례

### ① 영문메모(Business memorandum)

'영문메모 Business memorandum'는 간단히 줄여서 우리가 흔히 'Memo'라고 부르는 것으로 의사소통을 위한 문서의 한 형태이다. 최근 비즈니스 선상에서 이메일의 사용 증가로 조직 내에서 서신이나 팩스를 통한 의사소통은 많이 줄었지만 여전히 문서를 게시판에 게시하는 등의 정보교환은 이루어지고 있다.

비즈니스 메모와 비즈니스 서신과의 차이점은 수신인주소, 서두인사말, 결구 등과 같은 격식이 많이 생략된다는 점이다. 대부분의 회사들이 비즈니스 메모의 고유양식을 가지고 있다. 아래 ABC회사의 영문메모의 사례를 살펴보고 Level up Mission에 답하여 보자.

 **Level up Mission**

아래 영문메모의 사례를 읽고 다음의 질문에 답하여 보자.

1. 회의 일시와 장소는?

2. 이 회의의 안건은 무엇인가?

3. 회의에 참석 못할 경우 누구에게 알려줘야 하는가?

 사례 : 비즈니스 영문메모 – 회의공지

ABC
Memorandum

To : John G. Roy, Vice President
From : Ann Dunkin
Subject : Public Affairs Meeting
Date : June 15, 2017

This note will confirm that the Public Affairs Meeting will be held on Monday, June 15, at 10 a.m. in the ABC conference Room. Agenda is as follows:

(1) New-product Publicity
(2) Chamber of Commerce Awards Ceremony
(3) Corporate Challenge Marathon

Please notify Ms. Oh if you cannot attend.

-〈의사소통의 이해와 실제〉, 장은주 · 송현정 저, 청람, 2016, pp.215~216 (내용수정)-

② 영문 이메일(Business e-mail)

'이메일(e-mail)'이란 전자우편(electronic mail)으로 인터넷을 통하여 정보를 전달하는 시스템이다. 전자우편은 상대방과 네트워크로 연결되어 있어 전자우편의 주소만 가지고 있다면 전 세계 어느 곳에서든 몇 분 이내로 메시지를 수신할 수 있으며 우편이나 팩스보다 비용 또한 저렴하여 세계적으로 가장 널리 이용되고 있다.

아래 홍콩지사의 Mr. Smith 씨의 비서인 Ann Dunkin이 Steven Roy에게 'conference call'의 일정에 대해 알려주는 이메일이다. 사례를 읽고 level up Mission에 답하여 보자.

 **Level up Mission**

 아래 영문 이메일의 사례를 읽고 다음의 질문에 답하여 보자.

    1. Mr. Smith는 언제 Steven Roy에게 'conference call'을 할 예정인가?

    2. Mr. Roy가 여행 중일 경우 어떻게 대처해야 하는가?

    3. 이번 주말 전에 서로 알아야 할 내용은?

---

**사례 : 비즈니스 영문 이메일 : coference call 일정공지**

To : "Steven Roy" 〈sroy@cellfirst.com〉
From : "Ann Dunkin" 〈adunkin@cellfirst.com〉
Date : Tue, June 27, 2017 13:07:24
Subject : Conference Call

Dear Steven,
This coming Tuesday 2$^{nd}$ July at 4:00pm(Hong Kong time), Mr. John Smith will speak on a conference call to you. Please let me know if you are unable to call in or if you be traveling and calling in from a mobile.

The telephone number, pass code and conference room location will be communicated before the end of the week.

Best regards,
Ann Dunkin

-〈의사소통의 이해와 실제〉, 장은주 · 송현정 저, 청람, 2016, p.217(내용수정)-

## 3. 기초외국어능력 향상을 위한 공부방법

국제화 시대에서 살아가는 우리들은 국내 시장 중심의 업무반경이 세계로 넓혀지면서 기초외국어능력에 대한 관심이 더욱 증대되고 있다. 특히 누구나 외국어 하나쯤, 특히 영어를 잘해야 한다는 강박관념에 시달리고 있는 현대의 직업인들에게는 외국어를 유창하게 한다는 것이 그리 쉬운 일은 아니다.

직업인으로서 유창한 외국어실력을 갖추지 못했다 하더라도 이제는 기초외국어능력만은 필수적으로 갖추어야 하는 시대에 살고 있지만 어디서부터 어떻게 시작해야 하는지 막막하기만 하다.

매일 벅찬 업무에 시달리는 직업생활로 자기투자, 특히 외국어 공부를 위한 시간을 내기 어려운 직업인이 많다. 하지만 직업생활에서 요구되는 기초외국어능력의 향상은 그리 거창하지 않아도 된다. 조금의 노력으로 일상에서 이뤄나갈 수 있는데, 많은 노력을 들이지 않고도 실천할 수 있는 방법들은 다음과 같다. 기초외국어능력은 하루아침에 길러지는 것이 아니므로, 매일 규칙적으로 실행해서 축적해 나가는 것이 중요하다.

- 외국어 공부의 목적부터 정하라.
- 매일 30분씩 눈과 손과 입에 밸 정도로 반복하라.
- 실수를 두려워하지 말고, 기회가 있을 때마다 외국어로 말하라.
- 그림만 구경해도 좋으니 외국어 잡지나 원서와 친해지자.
- 혼자 공부하다 보면 소홀해 지기 쉬우니 라이벌을 정하고 공부하라.
- 업무와 관련된 주요 용어의 외국어는 꼭 알아두자.
- 출퇴근 시간에 외국어방송을 보거나, 듣는 것만으로도 귀가 트인다.
- 어린이가 단어를 배우듯 외국어 단어를 암기할 때 그림카드를 사용해보라.
- 가능하면 외국인 친구를 사귀고 대화를 자주 나눠보라.

기초외국어능력 향상을 위해서 가장 중요한 점은 다른 나라와 문화에 대해 적극적으로 관심을 가지고 새로운 것을 받아들일 때 즐거운 마음을 가지는 것이다.

 학습평가 Quiz

1. 다음 중 기초외국어능력에 해당하지 않는 것은?

① 문서낭독        ② 의사표현

③ 문서이해        ④ 문서전달

2. 다음 중 외국어능력이 필요한 상황은 언제인가?

① 거래처와의 미팅에 참석할 때

② 거래처에 대한 해외평가 정보를 수집할 때

③ 거래처와 이메일을 주고 받을 때

④ 거래처 담당자와 통화할 때

3. 기초외국어능력 향상을 위한 공부방법으로 적절하지 않은 것은?

① 외국 잡지에서 그림을 감상한다.

② 그림카드를 활용한다.

③ 주요 용어를 암기한다.

④ 영어사전 한 권을 통째로 외운다.

4. 우리가 흔히 사용하는 영문메모 'Memo'는 어떤 단어의 줄임말인가?

_____

5. 기초외국어능력이란 무엇인가?

 학습내용 요약 Review (오늘의 Key Point)

1. 기초외국어능력이란 외국어로 된 간단한 자료를 이해하거나, 외국인과의 전화응대와 간단한
   대화 등 외국인의 의사표현을 이해하고, 자신의 의사를 기초외국어로서 표현할 수 있는 능력
   이다.

2. 기초외국어능력에 해당하는 의사소통은 문서이해나 문서작성, 의사표현, 경청 등이 있다.

3. 외국어능력이 필요한 상황은 ① 외국인들과의 업무를 할 때, ② 공장의 외국기계를 사용할 때,
   ③ 외국산 제품의 사용법을 확인할 때 등 다양하다.

4. 기초외국어능력 향상을 위한 공부방법으로는 ① 외국어 공부의 목적을 설정한다. ② 반복적으
   로 학습한다. ③ 주요 용어를 암기한다. ④ 짜투리 시간을 활용해서 자주 듣는다.

스스로 적어보는 오늘 교육의 메모

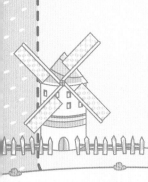

참고문헌

• 간결한 소통의 기술, 브리프, 조셉 맥코맥 저, 홍선영 역, 더난출판, 2015
• 간호사의 팀워크가 직무만족에 미치는 영향, 강소영 외, 2014
• 갈등관리와 협상전략, 백종섭, 2015, 창민사
• 경청, 조신역 · 박현진, 위즈덤하우스, 2007
• 고객 서비스 실무, 심윤정 · 신재연 저, 한올, 2013
• 관광서비스 매너, 나태영 외 공저, 한올, 2013
• 기초직업능력 프로그램, 한국산업인력공단, 2016
• 나의 강점을 설득하는 프레젠테이션 - 홍종윤 강연 내용 中
• 뇌신경연결을 만드는 '반복의 힘' 2017.3 brainup
• 대인관계능력, 박경록 · 이철규, 한올, 2017
• 대인관계능력, 이재희 외, 양성원, 2016
• 대화의 신, 래리 킹 저, 강서일 역, 위즈덤하우스, 2015
• 리더십 프레임, 이재희, 한올, 2016
• 리더십, 임창희 · 홍용기 저, 비엔엠북스, 2011
• 리더십의 이해, 백기복 외, 창민사, 2009
• 말콤 볼드리지 성공법칙, MAP자문단 저, 김영사, 2005
• 말하기의 정석, 하인츠 골트만 저, 윤진희 역, 리더북스, 2006
• 비즈니스 문서 작성의 기술, 강성범 · 정수용 공저
• 비즈니스 커뮤니케이션, 박상희 저, 대왕사, 2015
• 비즈니스 커뮤니케이션, 유순근 저, 무역경영사, 2016
• 비즈니스 커뮤니케이션, 유순근, 무역경영사
• 비즈니스 커뮤니케이션, 이재희 · 최인의 저, 한올, 2014
• 비즈니스 협상 전략, 송이재, 2014, 경성대학교 출판부
• 빠르게 명확하게 전달하는 힘, 김지영 저, 위즈덤하우스, 2016
• 삼성처럼 프레젠테이션하라, 박지영 저, 라온북, 2016
• 서울시 갈등관리매뉴얼, 2012
• 설득 커뮤니케이션, 정만수 · 이은택 공저, 한국방송통신대학교 출판문화원, 2001
• 설득, 경청, 논박의 기술, 윤치영, 일빛, 2005

• 설득의 심리학, 로버트 치알디니 저, 이현우 역, 2002, 21세기 북스
• 성공한 1% 리더들의 고품격대화, 신영란 저, 평단, 2016
• 아주 특별한 경영수업 中, 예종석 저, 리더스북, 2006
• 어떻게 말할까, 로버트 볼튼 저, 한진영 역, 페가수스, 2016
• 어떻게 탁월한 팀이 되는가 슈퍼팀, 코이 뚜 저, 이진구 역, 2014, 한국경제신문
• 유능한 관리자, 마커스 버킹엄 저, 한근태 역, 21세기북스, 2009
• 의사소통의 이해와 실제, 장은주·송현정 저, 청람, 2016
• 일 잘하는 사람의 커뮤니케이션, 윌리엄 장, 샘 앤 파커스
• 질문의 힘, 사이토 다카시 저, 남소영 역
• 책사들의 설득력, 김옥림 저, 팬덤북스, 2015
• 최고의 설득, 카민 캘로 저, 김태훈 역, RHK, 2017
• 최고의 협상, 로이 J, 레위키 저, 김성형 역, 스마트 비즈니스, 2005
• 카네기 인간관계론, 앤드류 카네기, 씨앗을 뿌리는 사람들, 2007
• 커뮤니케이션의 기술, 래니 어래돈도
• 코액티브 코칭, 김영순 옮김, 김영사, 2016
• 코칭 입문 교육, 최현국 저, PMA코칭센터, 2017
• 탁월한 리더는 피드백이 다르다, 김상범 저, 호이테북스, 2015
• 팀워크 툴박스, 김준성 외, 밥북, 2016
• 팔로워십, 리더를 만드는 힘, 신인철 저, 한스미디어, 2007
• 프레젠테이션 프로페셔널, 유종숙·최환진 저, 커뮤니케이션북스, 2014
• 하버드 협상 수업, 왕하이산, 2016, 이지북
• 한국형 협상스킬, 이재현 외, 형설아카데미, 2015
• 협상의 공식, 남학현, 고려원북스, 2016
• 협상의 기술, 짐 토머스 저, 이현우 역, 2007
• 화법의 이론과 실제, 도서출판 박이정, 2007
• 5가지 팔로워십 유형, 박정민, 리더스인사이트그룹, 2011
• CEO도 반하는 평사원 리더 中, 마크 샌번 저, 안진환 역, 비전과 리더십, 2007
• EBS 다큐프라임 설득의 비밀, EBS제작팀·김종명, 2009
• FBI 행동의 심리학, 마빈 칼린스, 조 내버로, 리더스북, 2010
• NCS 대인관계능력, 권인아·오정주 저, 한올, 2017
• NCS 의사소통능력, 한국산업인력공단
• NCS 직업기초능력평가 의사소통능력, 한국표준협회, 박문각, 2015
• Steve Mandel(2002), Effective Presentation Skills, Crisp Pubulications.

- The 코칭, 김혜경 외 5인 공저, 라온북, 2009
- Volante의 좋은 세상 만들기: 메라비언의 법칙(The Law of Mehrabian) | 볼란테
- Win 이기는 말, 프랭크 런츠 저, 이진원 역, 해냄, 2015


- http://2008-2edu.wikifoundry.com/page/3.+Berlo
- http://blog.naver.com/gnrbon/220889834096 대인관계의 중요성
- http://blog.naver.com/jjung54544 승민블로그
- http://blog.naver.com/sorcier008/155179886 블링크의 블로그
- http://blog.naver.com/sunstar000/220859959913
- http://blog.naver.com/trues7/220737984841 [출처] [인재경영]한화, 난임 여성에 시술비…경남은행, 출산휴가 휴일빼고 120일…삼성, 저염식 저칼로리 식단 제공 | 작성자 열린마음 리더십
- http://blog.naver.com/warmspeech3/220876710366 동기부여④알더퍼의 ERG이론 | 장한별
- http://blog.wishket.com
- http://cafe.naver.com/ohtour/3012 코닥의 몰락
- http://kiyoo.tistory.com/archive/20130523
- http://lgljk.blog.me/130128367128 [출처] 변화를 거부한 1등기업 _ 131년 코닥의 몰락!!! | 작성자 이정관 비즈니스코치 • http://mo-mo.tistory.com/40
- http://news.g-enews.com/view.php?ud=202001051150279995e8b8a793f7_1&md=20200108124800_M [데스크칼럼] 일본 반도체 몰락의 교훈 - 글로벌이코노믹 노정용 기자
- http://news.heraldcorp.com/view.php?ud=20170602000093
- http://rheee0729.tistory.com/84 Brave David 블로그
- http://rhkdghz2.blog.me/220684673419 매슬로우의 욕구 5단계 이론
- http://somnusgame.tistory.com/461 [튤립] 곽순철의 혁신이야기
- http://tip.daum.net/question/48923453
- http://www.charmvitpartners.com
- http://www.disciplen.com/View.asp?BID=2046 국제제자 훈련원 [리더십] 535호 - 감정은행계좌의 6가지 적립방법
- http://www.inews365.com/news/article.html?no=495406
- http://www.metroseoul.co.kr/news/newsview?newscd=2014081100183
- http://www.wikitree.co.kr/main/news_view.php?id=176091
- http://www.wpcon.co.kr/index.php(WISE POST Partners) · 변화관리란 무엇인가?
- https://ko.wikipedia.org/ 변화관리
- www.wisdom21.co.kr

- 간단한 회의록 작성과 진행방법 http://aedi.tistory.com/112
- 네이버 지식백과-미디어 리더십 (미디어 경영·경제, 2013. 2. 25., 커뮤니케이션북스) 리더십 이론
- 네이버 지식백과-인간의 가장 본능적인 욕구는 무엇일까? - 매슬로우의 인간 욕구 5단계 이론 (시장의 흐름이 보이는 경제 법칙 p.101, 2011.2.28., 위즈덤하우스)
- 다이퀘스트 블로그-신뢰도 높이는 비즈니스 이메일 작성요령 http://blog.diquest.com/238
- 변화에 저항하는 사람들의 4가지 유형 | 작성자 솔개 -《성공을 퍼트려라(Scaling up Excellence)》의 내용을 참고
- 소비자경제신문, 2011년 9월 28일 자
- 아시아경제 2016.07.25.일자 작성자: 김대섭 기자
- 의사소통 장애요인과 활성화 방안 http://lupinafwind.blog.me/120106595329
- 의사소통 칼럼- 충북일보 오피니언 기고. 충북도립대 자치행정학과 교수 조주연
- 의사소통의 의의: https://welfare.songwon.ac.kr/sb/SE_Board.asp?action=downLoad&boardID=H0501&SEQ=700&fileDownSEQ=1&pgKey=0
- 인생이 바뀌는 말습관, 사사키 케이이치 저, 황선종 역, 한국경제신문, 2017
- 중앙시사매거진. 심영섭의 심리학 교실 | 인간은 무엇으로 움직이나? 동기심리학의 세계-물통에 물을 채우기보다 인간의 마음에 불을 지펴라 -2015.12.27
- 직장인 92% "직장 의사소통 힘들다…상사와의 충돌 힘든 순간 1위" 2014.8.11.
- 직장인이 꼽은 회의실 꼴불견 1위 '답정너'-파이낸셜 뉴스, 2017.05.31 fair@fnnews.com 한영준 기자
- 충청타임즈 심리학으로 보는 세상만사- 양철기 박사(2014.07.21)
- 피피에스에스 거절은 어려워, 2017년 3월 27일 기사 참조 http://ppss.kr/archives/107267
- "피할 수 없는 비즈니스 글쓰기, 이렇게 시작하세요" 2014.06.11.

## 대인관계능력 & 의사소통능력

초판 1쇄 발행  2020년 8월 25일
초판 2쇄 발행  2022년 9월 15일

저 자   권인아 · 오정주
펴낸이   임 순 재
펴낸곳   (주)한올출판사
등 록   제11-403호
주 소   서울시 마포구 모래내로 83(성산동 한올빌딩 3층)
전 화   (02) 376-4298(대표)
팩 스   (02) 302-8073
홈페이지  www.hanol.co.kr
e-메 일  hanol@hanol.co.kr
ISBN   979-11-5685-968-0